번역의 이해

지은이 **이은숙**

      고려대학교 대학원 문학박사 (응용어문 전공)
      현) 한국번역연구원 연구위원
      현) 부산번역원 연구위원
      단국대학교, 국립 충주대학교 출강

      번역서 『번역학 입문』(*Introducing Translation Studies I —Theories and Applications*)
      논문 「해석이론과 등가에 관한 연구」
         「영어 수동구문의 한국어 번역 연구」
         「문학번역 평가의 문제: 충실성과 가독성을 중심으로」
         「문화적 차이에 따른 한 · 영 언어 비교 연구」
         「영어 수동구문에 대한 연구」 외 다수

번역의 이해

발행일 • 2009년 6월 10일
지은이 • 이은숙
발행인 • 이성모/발행처 • 도서출판 동인
주소 • 서울시 종로구 명륜동 아남주상복합빌딩 118호/등록 • 제 1-1599호
TEL • (02)765-7145, 55/FAX • (02)765-7165
E-mail • dongin60@chol.com/HomePage • www.donginbook.co.kr

ISBN 978-89-5506-397-4
정가 16,000원

※ 잘못 만들어진 책은 바꾸어 드립니다.

번역의 이해

UNDERSTANDING OF TRANSLATION

이은숙 지음

도서출판 동인

책머리에

번역은 세계를 향한 문화의 창이라고 할 만큼 현대에 이르러 번역의 역할은 더욱 중시되고 있다. 새로운 학문, 사상, 기술 등 모든 분야는 번역을 통해 다른 언어 권에서 유입되고 있는 만큼 번역은 문화유입의 가장 자연스러운 방법인 동시에 또한 경제적 방법이며 우리 문화를 타 언어권에 알리는 지름길이기도 하다.

번역은 단순히 언어기호의 전환이 아니고 문자라는 형식 안에 그 언어를 사용하는 민족의 정신, 세계관(이데올로기) 즉 넓은 의미에서 문화의 역동적이 고 고유한 내용이 농축되어 있는데 이 모든 것을 다른 형식으로 바꾸어 표현하 는 것이 번역작업이다.

근대부터 시작된 한국에서의 문학번역은 외국어의 중역으로 인해 한국어 독자들에게 단순한 표면적 의미만을 전달해 줄 수밖에 없었고, 본격적인 번역 은 현대에 이르러 시작되었다고 볼 수 있으나 아직도 한국어법과 동떨어진 외 국어법을 그대로 옮기거나 작품의 심층구도를 파악하지 못하고 무분별하게 번 역되는 사례들을 적잖이 볼 수 있다. 따라서 여러 가지 번역연구와 다양한 분석 으로 기초를 튼튼하게 세워 체계적이고 통합적인 번역에 관한 연구가 절실하다 하겠다. 국내의 번역 관련 학회가 2000년에 창립된 이래로 많은 번역학자들이 배출되었고 그들의 노력으로 이제 번역학은 그동안의 냉대와 종속성에서 벗어나 새로운 인문학의 독립된 분야로서 자리매김 하였고 실용적이고 문화통합의 학문으로 나아가고 있는 실정이다. 번역학은 이론과 실제가 모두 중요하며 그 깊이 또한 무궁무진한 학문이다.

이 책은 이 분야의 실질적인 소개를 목적으로 하며 번역의 기본원리와 주요 방법론 그리고 주요 쟁점 및 풍부한 사례분석을 특징으로 한다. 기본적인 개념을 알기 쉽고 객관적으로 설명하였으며 최근 번역 지망생들에게 많은 관심을 받고 있는 영상번역 부분도 꼼꼼하게 내용을 정리하였다.

잘된 번역·좋은 번역은 어떤 것이며 그 판단의 기준은 무엇일까? 라는 화두를 시작으로 번역은 가르칠 수 있는 것인가? 문학 텍스트는 충분히 번역될 수 있는 것인가? 문화의 차이는 번역에서 어떤 문제점을 일으키는가? 영상번역은 어떤 것일까? 등 필자가 번역학 공부를 하면서 수없이 스스로에게 던진 질문들에 하나하나 답을 찾아가는 노력으로 이 책은 탄생하였으며 번역에 관심 있는 학부생, 통·번역 대학원생, 일반인들에게도 번역의 기본적인 이해가 될 것으로 자부한다. 본 책자는 여전히 미진한 구석이 많고 번역학의 모든 내용을 정리하기에는 다소 아쉬움이 많다. 이에 필자는 앞으로 꾸준한 학문정진을 통하여 더욱 발전된 내용으로 증보판을 준비할 것이다.

그동안 번역학 입문에서부터 박사과정을 마칠 때까지 깊은 가르침으로 인도해주신 고려대학교 인문대학의 김랑혜윤 지도교수님께 진심으로 감사 인사를 올린다.

끝으로 흔쾌히 이 책자를 맡아 출판해주신 동인 출판사 사장님을 비롯하여 편집 선생님들과 그 밖의 관계자 여러분과 항상 진심 어린 격려를 해주신 어머님 장일심 여사께 고마운 마음을 전하고 싶다.

2009년 2월
이은숙

담긴 순서

1

....

서론

미국의 작가이면서 번역학자인 Henry James는 번역은 무엇인가 라는 질문에 "불가능이라는 새장 속에 갇힌 황금의 새"라고 표현하였다고 한다. 그 의미를 풀어서 설명해 본다면 '불가능'이란 언어적·문화적 차이를 극복하는데서 오는 어려움 또는 번역의 한계를 나타내는 것이고 '새장'은 번역의 방법 또는 번역자의 관점을 말하는 것이며 '황금의 새'는 전달할 내용 즉 문화적 가치를 의미하는 것으로 필자 나름대로 해석하고자 한다.

번역과 통역은 동일한 언어 행위인가? 라는 질문에 필자의 의견을 피력하면서 논의를 시작하고자 한다. 번역과 통역을 언어 대 언어의 교환 작업으로 파악하여 커뮤니케이션의 행위로 파악하는 것도 가능할 것이다. 즉 커뮤니케이션이란 동일한 의사소통 과정에 참여하는 당사자들끼리 서로 정보를 전달하고 교환하는 과정을 가리킨다. 한 언어(원문)로 쓰여진 텍스트의 의미를 해석하여 다른 언어(목표어)로 동일한 메시지를 소통해 주는 등가의 텍스트로 생산하는 것으로 파악하거나 제1언어로 이루어진 문어 커뮤니케이션과 동일한 의미를 갖도록 제2언어로 쓰여진 문어 커뮤니케이션으로 정의한다. 이러한 정의에서 살펴보면 통역과 번역은 커뮤니케이션 행위의 일종이고 커뮤니케이션과 불가분의 관계에 있다는 점을 설명해준다.

커뮤니케이션의 네 가지 요소는 메시지 생산자, 메시지 사용자, 메시지, 커뮤니케이션 상황으로 이루어져 있다. 여기서 서로 다른 언어가 사용되는 이문화간 커뮤니케이션 상황에서는 언어장벽을 극복 내지 완화시킬 수 있도록 통역사와 번역사의 중개가 필요해진다. 이때 통역사와 번역사는 중개자(intermediary)로서 원 메시지의 총체적인 의미에 변화 없이 그리고 있는 그대로를 옮기는 것이 중요하다. 커뮤니케이션의 네 가지 요소 가운데 '커뮤니케이션 상황'은 의사소통이 이루어지는 구체적인 상황과 맥락을 의미하는데 이것은 특히 시간과 공간적 제약을 받게 된다. 의사소통에 참여하는 사람들 간의 상호작용이 일어나는 구체적인 환경은 커뮤니케이션의 성공과 실패에 가장 중요한 요소가 된다.

또한 통역과 번역은 시간요소(time factor)에서 차이가 있으며 이 시간과의 관계가 통역에서는 행위의 긴장감을 유발하고 즉각적인 표현을 해야 하는 데서 오는 어려움이 있으며 이해와 동시에 적절하고 유려한 목표어로 나타내야 한다. 하지만 번역은 통역에 비해 비교적 적은 시간제약을 받으며 원문저자나 독자와 같은 공간에서 같은 시간에 작업을 하는 것이 아닌 만큼 상황 공유 면에서 어려움이 있으며 글로 남는 번역의 속성상 상대적으로 완벽한 결과물을 내야 하는 어려움이 따른다.

바로 이 경우에 번역사의 중개는 절대적으로 필요하며 문화 간의 거리를 메워줘야 한다. 통역이 메시지의 이해와 정확한 전달이 주목적이라면 번역은 이해를 통해서 감동을 재현해야 하는 것이다. 문화적 차이를 극복하고 원문의 의미를 공유하기 위해서는 표면적인 단어와 구절의 옮김이 아닌 내용을 중심으로 한 자유스러운 표현을 택하되 원문 텍스트의 범주를 벗어나서는 안 된다.

문화적 역사적으로 다른 배경 아래 각기 별도의 세계관을 가지고 성장한 언어 사이에서 등가를 추구하여 원문과 목표언어에 모두 충실한 번역을 하는 것은 모든 번역사들이 풀어야 할 과제이다. 일반적으로 우리의 영어 학습과정에서 등가성 문제를 도외시하였고 우리말 번역을 영어식 언어방식으로 생각하여 영어식 어법의 한국어 문장으로 번역되는 예가 흔하다. 상호 이해와 소통이 안 되는 언어들끼리 의사소통과 정보교환의 수단으로 번역을 사용함에 따라 원문과 번역문 어디에 중점을 두어야 하는가 하는 문제는 오랫동안 번역사들의 관심사가 되어 왔다. 좋은 번역을 하기 위해서는 영어 원문의 의미를 정확하게 파악해야 하는 것은 물론이며 두 언어의 구조적 차이를 이해하며 기계적 대응보다는 한국어의 언어 표현방식에 적합하고 인지적, 정서적 요소들도 고려하는 세심한 배려가 필요하다.

특히 문학번역에 있어서 관점에 따라 직역중심과 의역중심이 있으며 이 기준에 따라 충실성과 가독성의 평가규범이 도출될 수 있다. 하나의 텍스트에 대한 단 하나의 번역본, 그것이 가장 잘된 번역이며 결정적인 번역이라는 그러한 번역본은 존재할 수도 없을 뿐 아니라 존재한다는 것 자체가 벌써 문학텍스트의 본질을 저버리는 것이 될 것이다. 바람직한 번역이란 번역상황과 번역물이 도착언어권에서 수행하고자 하는 기능적인 측면을 고려해야 하며 하나의 완벽한 번역은 있을 수 없으며, 잘된 직역이 있을 수 있고 자연스러운 번역이 만병통치약은 아닌 것이다. 한 텍스트에 대한 번역본은 시대와 해석의 관점에 따라 다양한 번역본이 가능하며 번역본이 원본의 종속된 모방이라는 폐쇄적 개념에서 벗어나야 한다.

　또한 직역과 의역이라는 이분법적 사고에서 벗어나서 번역에 대한 의식과 인식을 새로이 하여 외국어번역을 통해 우리 국어를 한층 고양시키는 계기로 삼아야 한다. 번역사들의 숨은 노고와 일반 독자들의 정성어린 관심이 하나가 될 때 한국어는 표현역량을 확장시키며 세계 속의 언어로 나아갈 수 있다.

2

번역의 기본 원리

2.1 번역의 정의

"번역은 사랑과 같다. 즉 그 본질이 무엇인지는 알 수 없어도 무엇이 본질이 아닌지는 알 수 있을 것 같다."(Translation is like love: I do not know what it is but I think I know what it is not.) Newmark가 번역을 사랑에 비유하며 던진 말이다.[1] 이 말은 결국 번역에 대한 정의나 이론이 많아도 그 본질은 쉽게 파악하기 어렵다는 의미로 해석할 수 있다.

지금까지 번역의 정의 및 본질에 대해서 수없이 많은 학자들이 각자의 이론을 주장하며 논의해 왔는데 우선 의미를 살펴보기로 한다.

'번역(飜譯)'은 한자어로서 '옮기다', '통역하다', '뜻을 풀다'로 이해할

---

1) Newmark 1988: 30.

수 있다. 사전에 수록된 사전적 의미로는 "어떤 언어로 된 글을 다른 언어의 글로 옮김"이나 "어떤 나라의 말이나 글을 다른 나라의 말이나 글로 바꾸어 옮기는 것"이다.[2]

한편, '번역하다'라는 뜻의 불어동사인 "traduire"는 라틴어 동사 traducere에서 파생한 것으로서, 그 의미를 풀어보면 '저편으로 인도하다, 한 점에서 다른 점으로 옮기다'의 뜻으로 번역의 개념을 단순한 단어의 의미전달이 아닌 사고나 비언어적인 부분으로까지 그 개념이 확대됨을 알 수 있다.

다양한 학자들의 정의를 살펴보면 다음과 같다.[3]

- **Nida & Taber:** 번역의 본질은 원천언어가 전하는 의미에 가장 가깝고 자연스러운 등가를 목표언어[4]로 재생산하는 행위이다.
- **Gloria Anzilotti:** 번역이란 작가의 의도를 헤아리는 작업으로서 의사소통적 요소가 중요하다.
- **Gogol:** 이상적인 번역은 시야에 어떤 것이 끼어있는 것을 모르는 채 투명한 유리창을 통해 보는 것처럼 원문을 들여다보는 것이다.
- **Niranjana:** 번역은 문화를 맺어주는 다리이며 매개체이다.
- **Catford:** 어떤 언어로 쓰인 텍스트요소를 등가의 다른 언어로 교체하는 것이다.
- **Delisle:** 기호의 재현이 아니라 개념이나 의미의 재현이다.
- **Lawendowsky:** 어떤 언어 기호의 조합이 다른 언어 기호의 조합으로 전이되는 것이다.

---

2) 국립국어 연구원. 『표준국어대사전』. 2628; 두산동아. 『연세 한국어사전』. 833.
3) Nida & Charles R. Taber 1969: 12, Gloria Anzilotti 1983: 51, Gogol 1974: 45(유영난 1991 재인용), Niranjana 1992: 2. Catford 1965: 20, Delisle 전성기 2001: 3 재인용, Lawendowsky 1978: 267, Nord 1991: 28, Sager 1994: 293.
4) Source Language: 원천 언어, 원문 언어, 출발어라고 불린다.
   Target Language: 목표언어, 도착어, 역문이라고 불린다.

- **Nord:** 번역은 목표텍스트에서 의도하거나 요구하는 기능에 따라 선정된 특정 원천 텍스트와 관련이 있는 기능적인 목표텍스트의 생산이다.
- **Sager:** 외부의 요인으로 동기가 부여된 산업 활동으로서, 정보기술의 지원을 받으며 의사소통을 위한 특정요구에 따라 다양할 수 있다.

Roman Jakobson은 1959년에 번역의 유형을 다음과 같이 세 가지로 분류하였다.[5]

1. **언어 내부적(Intralingual) 번역:** 언어기호들을 동일한 언어내의 다른 기호들로 옮기는 번역
2. **언어 간(Interlingual) 번역:** 언어기호들을 다른 언어의 기호들로 옮기는 번역
3. **기호 간(Intersemiotic) 번역:** 언어기호를 음악이나 그림, 영화 등의 비언어적 기호들로 옮기는 번역

야콥슨의 이러한 구분은 한 언어의 기호들이 나타내고 있는 바를 다른 형태들, 즉 동일언어의 다른 기호들, 다른 언어의 기호들, 비언어적 기호들을 통해 전달할 수 있음을 전제로 하고 있다. 그것은 서로 다른 기호체계 사이에서 서로를 연결시켜주는 어떤 축, 즉 의미나 의미의 기능방식에 동일성 내지는 등가성이 있으리라는 생각의 반영이다. 우리가 통상 '번역'이라고 할 때는 서로 다른 언어 간의 치환, 즉 야콥슨이 말하는 언어 간 번역을 뜻한다.

또한 번역의 정의를 내리는데 있어 중심과 방향을 잡기 위해 Etienne Dolet가 규정한 다섯 가지 원리[6]를 살펴보면,

---

5) Jakobson 1959: 114.
6) Susan Bassnett 1991: 54.

(1) 번역사는 불분명한 것을 명백히 할 자유가 있음과 동시에 원작의 미와 의미를 완전히 이해해야 한다.

(2) 번역사는 원천언어와 목표언어를 완전히 통달해야 한다.

(3) 번역사는 단어 대 단어 식의 번역을 피해야 한다.

(4) 번역사는 일상 언어에서 통용되는 말씨를 사용해야 한다.

(5) 번역사는 정확한 어조를 살리기 위해 적절한 단어를 선택하고 배열해야 한다.

Dolet(1509-46)는 Plato의 대화편을 잘못 번역해서 처형을 당한 프랑스의 번역사7)로서 "번역한 언어가 영혼과 귀에 만족을 줄 수 있어야 한다"고 하면서 원천언어의 이해와 목표어의 완전함 둘 다를 모두 강조하고 있다.

F. G. Königs는 촘스키의 생성이론의 요소들을 수용하면서 번역을 다음과 같이 정의한다.

> 번역이란 도착언어의 통사론, 어휘, 및 문체의 규범들이 지켜지면서 출발 언어로 된 자료가 다른 언어로 적합하게 전환되는 과정이며, 이 전환의 적합성은 번역사의 능력에 의해 결정되며 번역사의 수행과정, 심리적 구조화 과정, 경험 및 상황적인 요소들의 영향을 받는다.8)

F. G. Königs에 의하면, 번역수행은 상황적 조건들과 결부되어 번역

---

7) 정호정(2008: 60)에 따르면 번역자(A person who translates a particular text)는 전문적 · 직업적 자격을 갖추지 않은 사람이 부수적인 업무로 번역하는 경우를 가리키며 번역사(Translator)는 전문적 훈련과정을 거쳐 고유 업무로 직업적으로 번역하는 경우를 말하며, 번역가(Master of translation)는 직업적 훈련 여부에 관계없이 번역에 매우 능하여 결과적으로 사회적 합의에 의해 일정수준이상의 번역능력을 가진 것으로 인정받는 경우라고 분류하였다. 필자는 논의의 통일을 위하여 '번역사'로 표현하기로 하며 일부에 있어서는 '번역가'라고도 나타낸 점을 미리 밝혀둔다.

8) 김애림. 2000: 5, 재인용.

능력을 실현시킨다. 동일한 텍스트를 동일한 번역사가 번역하더라도 매번 번역이 달라질 수 있는 이유는 바로 이 번역수행의 개념 때문이다.

앞에서 살펴보았듯이 여러 정의에서 번역의 대상과 출발어, 그리고 다양한 문제의 영역이 존재하며 그 어떤 정의도 완벽하다고 인정할 수 없을 것이다. 그러나 여러 학자들의 정의를 종합해보면 다음과 같은 결론을 이끌어낼 수 있다.

첫째, 번역은 서로 다른 언어 간에 일어나는 과정이다.

둘째, 번역은 원문에 가장 가까운 메시지의 재현을 목표로 한다. 효율적인 메시지의 재현은 개별적인 낱말에서부터 텍스트의 부분이나 전체 텍스트로까지 확대될 수 있다.

셋째, 번역사는 텍스트의 등가성을 이루기 위해 언어학적인 요소 외에도 언어 외적인 요소인 생활습관, 가치관, 문화 등을 고려해야 한다.

2.2 번역학의 구성

[1] Holmes의 번역학 지도

분명한 하나의 학제로서 번역학 발전을 살펴보기 위해서는 James S. Holmes의 『번역학의 명칭과 특성』(*The name and nature of translation studies* 1988b/2000)을 고찰할 필요가 있다. 이 책은 1972년 덴마크의 코펜하겐에서 열린 제3차 국제응용언어학회의 번역부분에서 발표한 논문을 보완하여 완성한 것이다. 번역연구는 좀 더 오래된 학파들 사이에서 이미 번역 부분이 다루어지고 있다는 사실로부터 당시 번역학에 부여된 한계에 대해 Holmes는 주목한다. 그는 또한 학문적 배경에 관계없이 각 분야에서 연구하는 개개의 학자들의 손길이 미치는 번역이론들과 관련하여 "다양한 의사소통의 경로"의 필요성을 강조한다.9) 결정적으로 Holmes는 번역학이 망라하는 영역들을 기술하면서 포괄적인 뼈대를 제시한다. 이 지도는 이스라엘의 저명한 번역학자인 Gideon Toury에 의해 제시되었다.

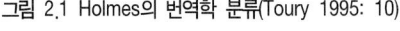
그림 2.1 Holmes의 번역학 분류(Toury 1995: 10)

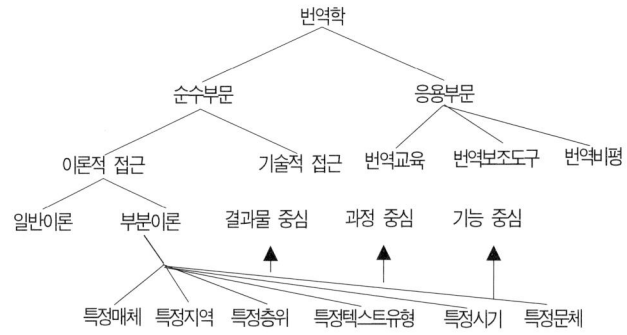

위의 그림에서 '순수부문'의 대상을 설명하면,

1. 번역현상 기술— 기술번역 이론(descriptive translation theory)
2. 이러한 현상을 설명하고 예측하기 위한 일반적인 원리 확립— 번역이론(translation theory)

이론적인 부분은 일반이론과 부분이론으로 나누어진다. '일반이론'에서는 Holmes는 대체로 번역의 다양한 형태를 설명, 기술하고 번역과 관련된 일반론을 위한 저술을 가리킨다. '부분'이론에서는 그림에서 논의된 여섯 가지 변수에 따라 제한된다. Holmes의 지도에서 순수부문의 또 다

---

9) Holmes 1988b, 2000: 173.

른 가지는 기술적이다. 기술적 접근법(DTS)은 ①번역 결과물 중심 ②번역과정 중심 ③번역 기능중심의 세 가지로 세분된다.

순수번역학과 구분되는 응용번역학 분야에는 번역사 훈련, 사전 및 용어은행 개발과 같은 번역지원, 번역정책 및 번역비평 등의 하위분야가 있다. Holmes는 번역학 연구의 나아갈 방향으로 몇 가지를 제시하였다. 우선 (1) 번역이론 자체에 대한 연구 (2) 번역연구 방법론 및 모델개발을 위한 연구라는 두 가지 연구유형의 중요성을 강조하였다. 또 번역학에 대한 이론적, 기술적, 응용적 연구가 서로 독립적이고 단선적이 아닌 서로 유기적으로 발전을 가져다주는 변증법적 관계를 유지하면서 관계간의 협력을 주장하였다.[10]

Holmes의 번역학 지도는 이전에 혼동되었던 번역학의 다양한 영역들을 정리하고 분야간의 명확성과 분야별 협동을 강조할 수 있게 하였다는 의미를 갖는다.

[2] Toury의 번역학 세부 지도

Holmes와 Toury(1995)의 번역학 세부 지도는 몇 가지 면에서 차이가 있다. Holmes는 이론적 · 기술적 · 응용적 접근의 3대 영역이 변증법적 협력관계를 강조하였다. 그러나 Toury는 번역사 훈련이나 번역 비평 같은 응용분야 활동을 번역학 연구의 핵심요소로 보지 않았다. 그 대신 이를 번역학의 확충영역에 해당한다고 보았다. 그리고 이론적 접근과 기술적 접근이 각각 독립된 형태로 발전해 갈 것이며 자신이 "번역학의 응용 확충분야(applied extensions of the discipline)"라고 이름 붙인 분야는 단독으로 발전할 것이라고 주장하였다.

---

10) Holmes 1988, 2000: 78-9.

그림 2.2 Toury의 응용번역학 분류

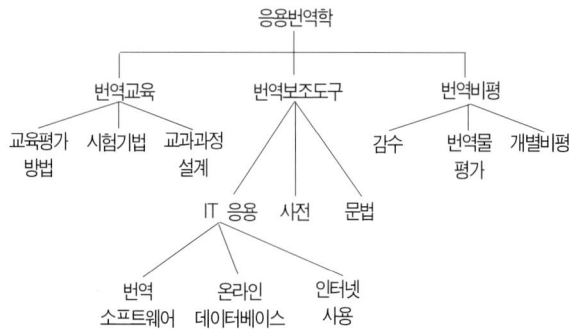

2.3 커뮤니케이션으로서의 번역

커뮤니케이션이란 동일한 의사소통 과정에 참여하는 당사자들끼리 서로 정보를 교환하는 과정을 가리킨다. 이때 정보전달 내지 교환의 형태는 지식과 경험의 제공, 충고하기, 명령하기, 질문하기 등이 포함된다. 커뮤니케이션은 크게 커뮤니케이션 두 당사자(speaker/audience or author/reader), 메시지, 커뮤니케이션 상황으로 이루어져 있다. 기본 개념을 간단히 살펴보면 먼저, 커뮤니케이션 당사자는 번역상황에서는 두 단계로 나누어서 볼 필요가 있다.

첫째는 원저자와 번역사와의 관계로서 둘째는 번역사와 독자와의 관계로 구분 할 수 있다. 서로 다른 언어를 사용하는 커뮤니케이션 상황에서는 번역사의 중개(mediation)능력이 중요한 요소가 된다. 번역사는 원메시지의 총체적인 의미전달에 변화가 없어야 하며 자의적인 가감 없이 있는 그대로를 옮겨야 한다.

둘째는 번역사가 다시 메시지의 생산자가 되어 자신이 이해한 내용을 독자에게 전달하는 단계이다.

다음으로는 커뮤니케이션의 직접적인 대상인 메시지이다. 커뮤니케이션을 시작하는 사람의 지식과 경험, 명령, 의도 등을 포함하는 총체적인 정보를 말하며 형식(form)과 내용(content)으로 이루어져 있다. 번역상황에서는 문어텍스트(written text)로 그 범위를 좁혀서 말할 수 있다.

마지막으로는 커뮤니케이션을 둘러싼 총체적인 상황으로서 특히 소통중심의 번역(communicative translation)11)에서는 상황 및 맥락이 중요한 요소가 된다. 동일한 메시지 생산자와 수신자를 대상으로 동일한 형태의 메시지를 전달하더라도 번역상황에서는 독자마다 다양한 반응과 해석을 줄 수 있다.

Wikipedia에서는 번역을 "한 언어로 쓰여진 텍스트의 의미를 해석하여 다른 언어로 ST와 동일한 메시지를 소통해주는 등가의 텍스트로 생산하는 것"이라고 정의하고 있다. 또한 Wordnet에서는 "제1언어로 이루어진 문어 커뮤니케이션과 동일한 의미를 갖도록 제2언어로 쓰여진 문어 커뮤니케이션"으로 정의한다.12)

이 두 가지 정의에서 번역은 커뮤니케이션 행위의 하나로 볼 수 있으며 서로 다른 언어문화집단간의 상이한 언어를 사용하여 이루어지는 의사소통을 돕는 행위인 것이다.

---

11) 통역·번역의 대상이 되는 메시지, 곧 의미는 구체적인 상황으로부터 독립적인 불변의 고정된 의미를 갖는 것이 아니라 통역·번역이 이루어지는 구체적인 상황과 맥락 속에서 만들어지고 해석되어지는 것이다. 이러한 접근법으로 Nida의 접근법, Newmark의 소통중심 번역방법, 해석이론 중심의 접근법, Nord를 중심으로 하는 기능주의적 접근법들이 있다(정호정 2008: 18).

12) 정호정 2008: 4 재인용.

2.4 총체적인 등가로서의 번역

[1] 등가 개념

등가(equivalence)라는 용어는 본래 수학과 형식논리학에서 유래하였으며 서로 뒤바꿀 수 있는 방정식의 요소들의 배열을 의미한다. Snell-Hornby[13]는 등가를 의미하는 영어의 equivalence와 독일어의 Äquivalenz 사이의 차이점을 논의하였다. 그에 의하면 영어의 equivalence는 학술용어로서 정밀 과학에서 과학적 현상이나 과정을 나타내기 위해서 사용된 반면에 Äquivalenz라는 용어는 비교적 새로운 단어로서 배상, 보상을 제공하는 뜻으로 사용되었다. 독일의 라이프찌히(Leipzig)번 역학파가 번역과정을 등가관계로 고려했으며 번역학에서는 야콥슨이 1959년에 처음으로 사용하였다.

등가는 번역에서 핵심개념이지만 객관적으로 정확히 정의 내리기는 쉽지 않다. 그 이유는 등가개념자체가 번역, 텍스트, 독자의 특수성 등에 연관되어 있고 등가 성립조건도 기준에 따라 다양하기 때문이다.

먼저, 다양한 학자들이 주창하는 등가의 개념을 짚어보기로 한다.

- •Catford: 초기 등가개념의 주창자로서 언어적 차원의 치환 단계에서 등가를 성취하는 것을 목표로 함. 등가는 SL의 텍스트적 성분이 TL의 텍스트적 성분으로 대체되는 것으로 이해함.[14]
- •Nida: 기존의 언어적 차원의 등가개념에서 도착어 독자의 문화로 초점의 전환을 가져옴. 역동적 등가(dynamic equivalence), 즉 메시지와 도착어 독자 사이의 관계는 원문의 메시지와 독자사이에 존재하는 관계와 일치해

---

13) Snell-Hornby 1988: 16.
14) Hatim 2001: 14 재인용.

야 함. 역동적 등가의 목표는 원문언어 메시지에 가장 가까운 자연스러운 등가를 찾는 것이라고 정의함.15)

- **Larson**: 원문저자가 의도한 의미와 '같은 의미'와 '역동성' 유지를 의미함.16)
- **Lévy**: 일반적(general) · 전체적(whole) · 내용(content)을 강조하는 등가를 주장함.17)
- **Neubert**: 텍스트적 등가(textual equivalence), 텍스트의 특성이 상황적 기능적으로 등가의 원형에 해당하는 경우를 말함.18)
- **De Beaugrande**: 형식상의 유사성보다는 화용론적 유사성 혹은 커뮤니케이션 기능의 유사성을 주장함.
- **Farghal**: 이상적 등가(ideational equivalence)를 주장함. 아이디어간 대응 또는 효과의 대응으로 간주함.19)
- **Reiss & Vermeer**: 등가개념보다는 목적(skopos)과 연계하여 적절성 (adequacy)을 선호함.20)

본격적 의미에서의 번역학이 태동하기 시작한 1960년대 말과 1970년대에는 언어적 등가가 논의의 핵심이었다. 그러나 번역학이 점차 발전하면서부터 등가를 구성하는 요소들의 범위가 점차 확대되었고, 오늘날에는 의미적, 화용적, 커뮤니케이션 상황적, 기능적 고려사항을 모두 포함하는 포괄적 등가, 바꾸어 말하면 텍스트와 텍스트 사이의 총체적 가치 동등성, 곧 텍스트간 등가(inter-textual equivalence)를 논하기에 이르렀다.21) 이렇게 번역의 모든 영역 및 관련 과정을 포괄적으로 설명하는 이론을 통

---

15) Nida 1964: 166.
16) Sager 1993 재인용.
17) Lévy 1961: 1171-1182.
18) Neubert & Shreve 1992: 143.
19) Farghal 1992: 55-62.
20) Vermeer 2000: 221.
21) Bell 1991: 161-197.

합이론이라 한다.

Baker[22])에 따르면 Holmes는 번역이론을 크게 두 개로 나누어 하나는 부분이론이라 하고, 또 다른 하나는 통합이론이라 했는데 부분이론이란 번역에 개입하는 요소 또는 과정의 일부분만을 설명하는 이론으로 텍스트 유형, 문화상황 차이, 매개체로서의 언어 등을 다루는 반면, 모든 영역 및 관련과정을 포괄적으로 설명하는 이론을 통합이론이라 설명한다. 이러한 통합이론으로는 Eugene A. Nida와 Charles R. Taber[23])의 '메시지 전이 모델'이 대표적이라 할 수 있다. 이 이론은 번역의 커뮤니케이션 효과 특히 독자중심 번역과 원문텍스트의 효과와 동등한 효과 창출행위로서의 번역을 강조하고 번역상황, 문화중개의 필요성 등을 인정하는 등 통합모델의 성격을 띠고 있다.

그들은 번역은 원천언어의 메시지에 가장 가깝고 자연스런 등가를 수용언어에서 재생산해내는 것이라고 하면서 이때 수용언어의 등가어는 그 메시지의 뜻을 가장 가깝게 그리고 가장 자연스럽게 전달할 수 있는 것이어야 한다. 즉 문법적 형식의 동일성(identity)보다는 의미상의 등가(equivalence)가 중요하다는 것이다. 이는 원문의 형태보존보다는 의미의 재생을 더욱 강조하는 방식이다.

그들의 인용한 유명한 사례를 들면, 성경의 마가복음 2:1에 나오는 그리스어 관용구 *en oikō*는 글자그대로 풀이하면 "in house"로 해석되지만 이 어구의 실제의미는 "at home"이며 많은 번역문에서 이렇게 번역되어 있다. 이는 *oikos*를 "house"로 번역하지 않았다는 점에서 용어상의 불일치를 나타내지만 원문의 의미를 정확히 전달하면서 동시에 형식까지 일치시키는 번역은 불가능하다고 설명한다. 나이다의 제자인 Aloo Mojola는

---

22) Baker 1998: 277.
23) Nida & Taber 1982: 109-113.

의미상의 등가의 중요성을 주장하면서 Nida와 Taber[24]가 말한 것을 다음과 같이 요약하였다.

> 언어마다 고유한 특성이 있다. 의사소통을 효과적으로 하기 위해서는 언어마다 가지고 있는 고유한 특성을 존중해야 한다. 메시지의 형태가 근본적인 요인이 아닐 때에는 한 언어에서 표현될 수 있는 것은 다른 언어로도 표현될 수 있어야 한다. 메시지의 의미를 유지하기 위해서는 형태는 변해야 한다. 성경의 언어도 그 어떤 자연언어와 동일한 한계를 가진다. 성경의 기록자들은 그들이 쓴 것이 이해되기를 바란다. 번역사가 시도해야 할 것은 성경기록자가 이해했던 바대로 본문의 의미를 재생산하는 것이다.

Nida는 등가개념이 텍스트 혹은 문장에서 문법구조나 어휘선택은 다르더라도 의미의 등가성을 보일 때 성립한다고 하였다. 그리고 수용자를 대상에 포함시킴으로서 등가성을 형식적 등가(formal equivalence)와 역동적 등가(dynamic equivalence)로 나눈다. 그는 특히 성경번역가가 사역하는 곳에 양이 없고 그런 단어조차 없는 지역에서 어떻게 번역하는 것이 올바른가를 설명하고 있다.[25] 내용적 등가를 설명하면서 그는 요한복음 1:29에 나와 있는 "하나님의 어린양(Lamb of God)"을 예로 들면서 "There is the Lamb of God, who takes away the sin of the world(GNB)" (세상 죄를 지고 가는 하나님의 어린양입니다.)에서 "어린 양"은 희생을 의미하는 동물로서 깨끗하고 순결한 존재라는 의미로 쓰였다.

그러나 파푸아뉴기니에서는 문화적 현상이 다르므로 형식적 등가인 "양"이 염소보다 순결하지도 않고 깨끗한 가축으로 여겨지지 않기 때문에 동등한 의미전달에 문제점을 초래하게 된다. 오히려 그곳에서는 양보

---

24) Nida & Taber 1982: 3-9.
25) Nida 1964: 190.

다는 염소가 순결하고 깨끗한 가축으로 인식된다. 이 경우 내용적 의미의 번역은 "하나님의 어린 양(Lamb of God)"이 아니라 "어린 염소(Goat of God)"가 될 것이다. 똑같은 현상으로 에스키모 인들에게 양은 잘 알려져 있지 않은 동물이다. 그래서 이런 경우에는 "하나님의 물개(Seal of God)"로 표현되어야 한다고 설명했다.

이상의 등가개념을 통해 알 수 있듯이 번역에서 달성해야 하는 것은 단순한 언어차원의 등가가 아니라, '전체 텍스트로서의 등가'이며 번역의 목적과 기능은 의사소통적 등가의 창조와 평가를 결정짓는 가장 중요한 요인이라 할 것이다.

[2] 해석이론의 등가와 대응

해석이론은 번역이론 부분에서 자세하게 다룰 예정이므로 여기서는 해석이론의 입장에서 등가와 대응의 개념을 짚어보고자 한다.

Seleskovitch와 Lederer를 비롯한 파리의 ESIT 출신의 학자들은 이십 여 년에 걸쳐 회의통역을 하며 이를 바탕으로 번역행위를 담론적 행위로 접근한다. 해석이론적 관점에서 번역의 대상은 한 언어에서 다른 언어로 가 아닌 텍스트이며 번역행위는 서로 다른 언어로 표현된 텍스트를 이해하고 등가를 재현해야 하는 행위로서 필연적으로 두 텍스트의 성격, 목표, 두 언어 사용집단의 문화적 관계와 이들의 정신적, 지적, 정감적 풍토와 함수관계에 있으며 원어와 역어의 시기와 장소에 고유한 특징들까지도 고려해야 하는 총체적 의사소통행위이다.26) 해석이론은 의미이론이며 등가에 의한 번역이다.

해석이론(The Interpretive Theory of Translation)을 내세운 주요 학

---

26) 이은숙 2007: 246.

자인 Seleskovitch는 한 언어에서 사용되는 개별어휘나 표현들을 다른 언어로 옮기는 번역에 있어서 어휘들을 크게 둘로 나누어 '대응어(correspondent)'와 '문맥적 등가표현' 혹은 문맥어(contextual word)로 분류하였다.

대응어란 단어 대 단어의 단순치환이 가능한 어휘를 가리키는 반면, 문맥적 등가표현 또는 문맥어란 이런 대응어가 존재하지 않아서 문맥에 따라 새로운 등가표현을 끊임없이 찾아내야 하는 단어를 지칭한다.[27]

번역이란 서로 다른 언어를 사용하여 이루어지는 언어적 표상, 곧 어휘 간에 등가를 구현하는 작업이기도 하다. Seleskovitch는 어휘 간에 존재하는 등가를 세 가지로 나눈다.

1. **어원적 등가**(etymological equivalence) 원문의 어휘의 사전적 정의를 목표어로 옮길 때 일치되는 관계(예: 영어 mother는 불어의 mére 독일어의 Mutter로 일차적 의미의 등가가 성립함.)[28]
2. **문맥적 등가**(contextual equivalence) 어원적 등가의 성립이 불가능한 경우 주어진 문맥에 타당한 의미적 등가를 찾아서 번역함. (예: 문화간의 은유와 상징, 속담표현)
3. **관용적 등가**(conventional equivalence) 처음에는 문맥적 등가에 해당하는 어휘쌍들이 점차 사회적으로 수용되고 반복적으로 사용됨에 따라 굳어진 대응어의 관계가 성립된 등가관계(예: 분실물 센터 → Lost & Found, 문맹율 → Literacy, 현재가 → Present value 등)

Lederer는 등가를 인지적 등가(cognitive equivalence)와 정감적 등가(emotional equivalence)로 나누는데 인지적 등가는 텍스트의 개념적·인

---

27) Seleskovitch 1967, 2002: 136-7, 정호정 2008: 105재인용.
28) 정호정 2008: 108 참고.

식적 측면을 말하는 것이며 한 개인이 가지고 있는 세상지식과 백과사전적 지식의 도움으로 형성되는 지적인 등가를 말하며 정감적 등가는 언어표상에서 벗어나 텍스트 상황에 대한 감정이입이 되어 성립하게 되는 등가를 말한다.[29]

언어간의 동족성이 멀수록 텍스트 번역에 어휘적·통사적 대응관계가 더욱 불가능해지며 텍스트가 나타내는 지시물이 허구가 아닌 실재적인 것일 때 번역사는 자신의 지식을 활용하여 등가를 이뤄내야 한다.

대응(correspondence)은 원문텍스트와 목표텍스트에서 동일한 의미로 교환되는 언어적 관계를 가리킨다. Delisle는 대응을 담화와는 별개로 다른 언어 간의 형성되는 동일한 관계 또는 코드변환 작업의 산물로 정의하였다. 예를 들어 영어의 literature = 불어의 littérature, documentation, documents 등으로 전환할 수 있다. 맥락 외적으로 이미 알고 있는 선험적 대응으로서 의도적으로 선택된 낱말이나 숫자, 지시물이 분명한 기술용어, 열거요소 등을 가리킨다. Lederer는 이러한 대응번역은 언어비교분석, 외국어 사전편찬, 외국어교육측면에서는 유용하나 텍스트 번역에서는 지양해야 한다고 강조한다.

Seleskovitch를 제외한 대부분의 학자들은 의미의 내용적 동질성 또는 동등한 효과를 가리키는 '등가'와 의미의 형태적 치환 가능성 내지 동일성을 가리키는 '대응'을 이분법적으로 설명해왔다. 그러나 해석이론의 주창자들은 등가와 대응을 양분하여 서로 배타적인 개념으로 이해할 필요가 없다고 주장한다. 서로 다른 언어문화권이 접촉을 갖게 되는 초기단계에서는 대부분이 문맥어로 받아들여지게 되지만 시간이 흐르면서 문화적 접촉의 빈도와 범위가 확대되면서 처음에는 문맥적 등가어였던 어휘

---

29) Lederer 1994, 전성기 역 2001: 233.

쌍들이 점차 관용적 등가표현 즉 포괄적인 대응어로 발전하게 된다는 것이다. 이러한 관점은 지금까지 등가와 대응에 대한 이분법적 사고를 폭넓게 해주는 것이다.

2.5 문화적 배경지식

번역은 언어가 다른 문화 사이에서 이루어지는 하나의 문자메시지를 통한 의사소통이다. 이때 도착언어 측의 독자들이 번역된 텍스트의 메시지를 잘 이해할 수 있기 위해서는 언어적, 문화적 지식이 적절히 사용되어야 한다. 언어적인 문제점들을 어느 정도 극복했다 하더라도 두 언어 사이에 내재된 문화적인 논리를 이해하지 못한다면 원문에 충실한 번역이 될 수 없다. 왜냐하면 한 언어는 반드시 집단 고유의 관념, 고유한 생활습관의 특징을 가지고 있으며 그 풍속과 습관을 직접적으로 또는 간접적으로 표현하기 때문이다. 그러므로 번역자는 번역하려고 하는 출발어와 목표어의 문화를 완전히 이해하는 것이 필요하다.

번역이라는 행위는 그 자체가 범문화적이고 당연히 문화를 고려할 수밖에 없다. 단순한 명제적 단어차원에서도 등가의 표현을 찾는 것이 생각보다는 무척 어려운데 문학번역에서의 은유나 직유와 같은 수사적 표현에서의 등가실현은 원문 언어 속의 문화적 배경의 차이 등을 고려해야 한다. 문화적 요소가 많이 들어간 표현들은 그대로 목표언어의 독자에게 전달한다면 완전히 왜곡된 의미를 전하거나 아무 의미도 전하지 못하는 경우가 있을 수 있다. 원문 텍스트의 저자와 독자들 사이에 공유하고 있는 문화적 정보를 가지고 있지 못한 목표언어 텍스트 독자들은 '공유지식 (mutual knowledge)'30)이 없기 때문에 이해하는데 어려움을 가져다준다.

---

30) Neubert와 Shreve는 공유지식이란 대화에 참여한 사람들이 공통의 경험 체계를 공

원문의 문화적 은유나 직유의 표현을 독자가 읽을 때 모르는 정보가 너무 많으면 정보의 무게와 문화에 대한 지식의 부족으로 가독성이 떨어진다. Snell-Hornby는 다음과 같이 설명하고 있다.

> 문화적 비유를 번역하는데 있어 가장 큰 문제점은 다양한 문화들, 즉 다양한 언어들은 각각 다른 방법으로 개념화하고 상징을 만들어 낸다는 것이다. 그러므로 은유의 경우 종종 특정 문화에 긴밀히 관련되어 있다. Newmark가 성질 사납고 못되었다는 의미를 나타내는 경우라고 하면서 예를 든 "She is a cat"과 같이 동물과 관련된 은유들의 경우가 바로 그것이다. 그러나 독일어에서는 'Katze'는 성질 사납고 못된 것과 연관되는 것이 아니라 우아함과 민첩함을 나타낸다. 따라서 앞서 언급한 영어표현을 문자 그대로 독일어로 전달하게 되면 은유의 실제의미를 제대로 전달할 수 없게 된다(1995: 56).

Gutt[31]에 의하면 독자들에게 관련성이 없는 문화적 정보는 그대로 전달해서는 안 된다고 주장한다. 자주 인용되는 표현을 예로 들어보겠다. 신약성서의 마가복음에는 "children of the bridechamber"라는 명사구가 나오는데 이 구절은 유대인의 관용적 표현에 익숙하지 않은 사람에게는 이를 이해하는데 상당한 어려움을 줄 것이다. 이 표현은 영어로 그 의미를 살려 번역하려면 'the friends of the bridegroom' 또는 'wedding guest', '신랑의 친구들' 또는 '결혼식에 참여한 손님들'로 번역하는 것이 적절할

유하고 있기 때문에 성공적인 의사소통이 가능하다는 가정을 하는 것으로 공유지식을 갖게 된다는 것은 역사적으로 공통의 문화와 사회적 배경을 가진 것에 근거한다고 설명하였다(1992: 54). 그러므로 번역가의 임무는 목표언어권 독자들이 갖고 있는 지식을 파악한 후 그들이 알지 못하는 지식을 보충하기 위해 어떤 것을 제시할 것인지를 결정해야 한다.
31) Nida & Taber 1974: 2.

것이다.

또한 신약성서 로마서에는 "heap coals of the fire on his head"라는 구절이 있는데 한국어로는 '그의 머리 위에 숯불을 쌓아 놓다'라는 말로 번역된다. 그러나 이 표현은 '어떤 사람을 자기가 한 행동에 대해 부끄럽게 여기도록 하다'라는 뜻이 담겨져 있다. 만약 이러한 문화적 배경을 무시하고 번역을 한다면, 그 메시지의 형식은 그대로 전환된다 할지라도 그 내용은 전혀 옮겨지지 않는 결과를 가져오게 된다. 이러한 번역은 적절치 못한 번역이다.

예를 들어 한 동물의 이미지가 한국의 독자들에게 낯설고 이해하는 데 필요이상의 수고를 해야 하며 다른 의미로 받아들일 가능성이 있다면 이 이미지에서 풍기는 것을 설명으로 전달하거나 목표언어에서 쓰이는 용어로 바꾸어주어야 한다. 그러나 목표언어의 은유적 표현으로 바꾸거나 의미전달에만 치중하는 경우 외국문화에 대한 흥미와 특정 표현의 문화적 배경을 놓치게 될 수 있다. 문화적 상황에 대한 설명을 첨가하는 방법에는 문장 내에서 설명을 하거나 역주나 각주를 다는 방법이 있다. 문장 내에서 긴 설명을 하는 경우보다는 역주에서 설명을 하는 것이 간결하면서도 생생하게 의미를 전달할 수 있다.

번역사는 원문언어의 문화적 배경을 잘 알고 원문 텍스트에서 이러한 표현을 인식하고 적절하게 도착언어권의 독자를 위해 표현해 주어야 한다. 언어적으로 숙달되었다고 해서 원문언어의 문화, 역사적 배경에서 나오는 인용문, 관용어구 등을 인식하지 못하고 지나치는 경우가 많으므로 주의를 해야 한다. 번역사는 '이중 문화자'로서 양 문화에 대한 올바른 인식을 통하여 잘못된 번역으로 인해 양 문화권에 미칠 수 있는 의사소통 장애나 불상사를 최소화하기 위해서라도 문화중재자로서의 역할을 제대로 수행함이 요구된다할 것이다.

2.6 번역사의 번역능력

번역은 국력이라는 말과 같이 현대사회에서 번역이 중요하므로 번역사가 갖추어야 할 능력 또한 번역물의 평가에서 중요한 개념이다. 다양한 각도에서 살펴볼 수 있겠지만 이 책에서는 문학번역의 평가 기준으로 언어적, 문학적, 문화적 층위에서 번역자가 가져야 할 번역능력을 살펴보고자 한다. 여기서 번역의 방향은 영한번역에 중심을 두고 있으므로 B(영어)에서 A(모국어)로의 방향으로 미리 밝혀둔다.

먼저, 언어적 측면에서 원문언어와 도착언어에 대한 각각의 충실성과 가독성에 대한 번역사의 인식이 중요하다. 원문에 대한 충실성은 문학번역에서 특히 중요한 개념이다. 통사론적, 의미론적, 화용론상의 충실성을 모두 고려하여 적절한 번역어를 찾아내야 한다. Rydning은 A(모국어)에서 B(외국어)로의 번역에서 번역사가 겪는 한계의 문제를 지적하는데 언어적 문제에 대해 시사하는 바가 크다고 할 수 있다.

> 한 문학작품의 문체적 표현 가능성은 무제한적이거나 두운법·각운·리듬·은유·아나그람·말놀이 등 엄청나게 다양하다. 이들은 모두 역자에게는 저자가 나타내고자 한 정감적 효과들을 역어에 고유한 문체적 방법에 의해 독자들에게 재현되도록 해야 하는 과제들이다. 이 어려운 일들의 성공은 역자의 솜씨와 밀접한 관련이 있는데, 이 솜씨는 미적 능력, 문학적 능력, 문학 텍스트의 저자와의 친숙성 등이 요구된다.[32]

---

32) Rydning, A. 1992. Qu 'est-ce qu' une traduction acceptable en B? 전성기 옮김. 153 재인용.

번역의 질적 등가는 두 유형의 동일성 즉, 명시적·묵시적 정보들의 동일성과 정서적 효과들의 동일성으로부터 확인될 수 있다. 이러한 질적 등가의 실현을 위해서는 원어의 확실한 이해, 외국문화를 배경으로 하여 다루어진 주제에 대한 충분한 지식, 적절한 방법, 그리고 마지막으로 모국어 표현의 질이 번역자에게 요구된다고 할 수 있다.

한편, 작가가 '의도하는' 텍스트의 기능은 무엇이며 저자가 글을 통해 독자들에게 어떤 효과를 주려고 하였는지를 파악해야 한다. 이때 Nord 가 주장한 바대로 작가가 의도한 것과 텍스트를 수용하는 독자들이 받아들이는 정도에 있어 차이가 있을 수 있다.33) 번역사는 원문텍스트의 다양한 비유표현들 가운데 실제로 작가가 의도적으로 쓴 것과 일상적 언어습관에 따른 무의식적 은유를 구별해 냄으로써 작가의 의도를 파악하여 번역해야 한다. 그는 다음과 같이 번역사의 역할을 설명하고 있다.

> 첫째, 번역사는 원작가의 의도를 올바로 해석해야 한다.
> 둘째, 번역사는 자신이 원문을 해석한 것을 목표언어 독자들이 제대로 해석할 수 있도록 언어화해야 한다.
> 셋째, 원문텍스트의 독자들과 목표언어텍스트 독자들의 배경지식과 기대는 같거나 번역사에 의해 동일하게 유지되어야 한다.34)

또한 텍스트 수용적 관점에서의 고려도 필요한데 언어학, 사회학, 심리학적인 면을 고려하여 목표언어의 독자들에게 자연스럽게 읽혀지고, 번역의 표현이 목표문화에 적절한 내용으로 되어 있을 것 등을 특징으로 한다. 텍스트 수용자는 합리적으로 문제를 해결해 가면서 텍스트를 수용할 수 있다면 사소한 장애나 불연속적인 요소에 대하여 관용적인 태도를 취

---

33) Nord. 1991: 48.
34) Nord. 1991: 86.

하게 되는데 문법적으로 문화적으로 다른 언어를 번역할 때도 번역가는 수용적인 태도가 요구된다.

문학적 층위의 관점에서는 문학 언어의 함축성·다의성·낯설음 등을 이해, 재현해야 하는데 번역이 가능하다는 입장에서 원문의 메아리, 울림, 소리와 의미의 상호작용을 이해하며 텍스트를 재생산해야 한다. 번역사가 언어의 함축적 의미들이 깃들이고 있는 언어의 상황과 시적 문맥을 성공적으로 재현한다면 함축적 의미들이 완전히 동일하게는 아니더라도 상당히 여실히 보전될 수 있다. 하나의 텍스트는, 하나의 언어는 같은 언어 내에서도 원전과 똑같이 전달될 수는 없고 최선의 상황에서 번역될 수 있을 뿐이다. 모국어로 쓰인 시 작품을 읽는 독자들의 경우, 그것이 자신의 모국어로 쓰인 것이라 해서 모두 똑같이 작품에 반응하지는 않는다. 그들은 자신의 언어로 시작품의 언어를 번역해서 읽는 것이다. 문학이 언어의 특수화된 기능이듯이 번역도 문학의 특수화된 기능인 것이다. 여기서 중요한 것은 번역사의 창의력이다.

우리나라의 경우 1920년대 번역문학에 남다른 관심을 가졌던 안서 김억(金億)의 번역관을 한 번 살펴보기로 한다.

> 엄정한 의미로의 번역이란 있을 수 없는 것이 사실이다. 그러나 있을 수 없는 것을 있을 수 있게 할 수가 있다고 하면 이곳에는 새로이 만들어 내는 창작적 노력이 있을 뿐이다. 그러기에 번역이란 무엇보다도 역자 그 사람의 은혜 받은 적극적 기질의 표현능력과 창작력을 기다리지 아니하고는 존재할 수 없는 지난한 사업이다. (...) 원문과 역문은 분리되어야 한다. 각각 독립적 존재와 가치가 있는 원문은 원문으로서의 역문은 역문으로서의 개개의 창작이 있을 뿐이나 만일에 역문으로 원문과 분별되지 못하여 원문 없이는 예술적으로 독립적 존재와 가치가 인정 될 수 없다 하면 이것처럼 의미 없고 비개성적 노력은 없을 것이다.35)

텍스트를 이해하기 위해서는 문화에 대한 지식 또한 필수적이다. 두 언어권의 문화에 대한 정확하고 체계적인 지식을 필요로 한다. 그가 두 문화 사이의 차이를 인식하지 못한다면 매우 심각한 오역의 결과를 낳게 된다. 번역사가 자국문화의 전통이나 인식모형을 명확히 파악하기도 어려운데 언표에 내포되어 있는 외국문화의 특성을 이해하고 이것을 동화시켜 표현한다는 것은 쉽지 않은 일이다.

문학번역에서 어떤 번역방법을 취할 것인가에 따라 번역 텍스트는 다양하게 생산될 수 있는데 원문의 충실성을 우선시 하면서 원문의 정체성을 대상언어에 구현해내는 직역의 관점에서 번역을 수행할 수도 있고 가독성을 우선시 하는 번역도 있을 수 있다. 구체적인 번역상황과 텍스트 유형을 고려하여 적절한 방법을 선택해야 한다. 번역은 모국어의 영역을 끊임없이 넓혀주는 작업이며 번역은 모국어가 새로운 낱말을 창조하는 일을 거들어주고 모국어의 문법적 의미론적 구조에 영향을 주어 모국어가 언어적으로나 개념적으로 더욱 풍성하도록 도와준다.

---

35) 홍순석 엮음. 동아일보 1927. 6.28-29일자.『김억 한시역선』(1988. 서울: 한국문화사) pp. 372-73 재인용.

3

번역과 문화

3.1 언어와 문화와의 관계

언어는 그 언어가 사용되고 있는 사회에 속한 사람들의 세계관이나 사상을 표현하며 그 사회의 문화는 언어를 매개로 한다. 또한 학문, 지식, 교양 등의 여러 다른 문화요소들의 학습과 실행은 언어라는 매개를 통하여 이루어지기 때문에 언어는 그가 속한 문화의 가장 전형적이고 대표적이며 중심적인 요소라고 할 수 있다. 그러므로 많은 학자들은 외국어 교육에 언어기능과 함께 목표언어의 문화이해가 반드시 동반되어야 한다고 주장한다.

Jespersen[36]은 외국어를 가르치는 최상의 목적은 목표어의 언어기능

---

36) Jespersen 1961: 45.

뿐만 아니라 그 나라의 정신(spirit), 즉 문화를 이해하는데 있다고 하였다.

인류학자 Sapir는 "문화는 언어와 불가분의 관계"라고 제시하였다.[37] 이와 비슷한 주장을 한 Lado는 언어란 사회 · 문화적 맥락과 분리할 수 없는 관계에 있으므로 의사소통을 위해서는 대상언어에 대한 사회, 문화적 배경을 이해하여야 한다고 언급하였다.[38]

Stern 또한 문화와 언어는 동시에 가르쳐야 하며 문화는 언어사용에 필수적인 것이라고 언급하였다.[39] 즉, 순수한 어휘적 의미만으로는 성공적인 의사소통에 한계가 있을 수 있으므로 그 언어가 통용되는 사회 · 문화적 맥락을 고찰할 필요가 있다고 주장하고 있다.

Brown은 언어가 한 언어를 사용하는 집단이나 문화 속에서 작용한다고 정의하였으며, 제 2언어를 배운다는 것은 제 2문화를 배우는 것이라고 문화와 언어의 관계를 설명하였다.[40] 한 사회의 문화적, 사회적 산물인 언어가 그 사회의 나름의 독특한 뉘앙스를 담고 있으며, 문화적 차이가 언어생활에 반영되어 있다는 사실은 여러 학자들이 제시한 다양한 예를 통해 알 수 있다.

Sapir는 해안지대의 언어에는 어패류의 이름이 상세히 나타나 있는 반면 사막지대 언어에는 물이 있는 장소를 설명하는 어휘가 다양하다는 점을 지적하고 있다.[41]

Valdes도 눈이 내리는 지역은 그 지역적 특성으로 인해서 눈에 관련된 어휘가 매우 많으나, 반대로 열대기후지역에서는 많이 찾아볼 수 있는 비(rain)에 대한 어휘는 낯설다는 것을 지적한다.[42] 이러한 사회적, 환경적

---

37) Sapir 1921: 17.
38) Lado 1956: 55.
39) Stern 1992: 77.
40) Brown 2000: 177.
41) Sapir 1949: 146.

인 배경이 언어에 반영되는 현상은 한국어와 영어에서도 찾아 볼 수가 있다.

또한 최현욱은 영어의 "aunt"에 대응하는 단일어가 한국어에는 없고 "이모", "고모," "숙모", "백모" 등의 예를 들으면서 각기 그 의미를 달리하는데 이는 우리나라에서 소수 민족집단이 없으므로 한국인이라는 민족의식이 매우 강하고 가족중심의 유교문화전통을 가지고 있어 가족구성원 간의 관계를 지시하는 용어가 발달되어 있음을 보여준다고 한다.[43]

언어와 문화의 밀접한 관계가 언어교육에 있어서 의사소통에 많은 영향을 미치는 것에 대해서 신성철은 다음과 같이 서술하고 있다.[44]

"양 문화간의 의사소통이 이루어지려면 상대방의 사고유형을 이해해야 한다. 양 언어가 가지고 있는 사회문화적인 배경과 정서적인 배경을 모르면 완전한 의미의 의사소통이 거의 불가능하다. 언어가 나타내는 사고유형이나 문화유형이 다르면 그 만큼 이해가 어렵다. 이것은 언어구조의 차이가 클수록 문화적 차이가 크다는 것을 입증한다"라고 주장하면서 문화교육 역시 하나의 교육목표 아래 병행하여 접근할 것을 제안하였다.

Brooks(1964: 83)는 언어 교육적 입장에서 문화에 대한 개념을 다음과 같이 다섯 가지로 세분화하였다.

Culture 1. biological growth (생물학적인 성장)
Culture 2. personal refinement (개인적인 품위)
Culture 3. literature and the fine arts (문학과 예술)
Culture 4. patterns for living (생활 유형)
Culture 5. the sum total of a way of life (생활방식의 총체)

---

42) Valdes 1986: 3.
43) 최현욱 1991.
44) 신성철 1993: 55.

그는 이 중에서도 언어 교육적 관점에서 가장 중요한 부분이며 특히 외국어 교육의 초기 단계에서 가장 중요한 부분이 "Culture 4"라고 지적한다.

"Culture 4"는 모든 상황에서 취해야 하는 개인의 태도와 행위에 대한 규칙이자 사회 속에서 개인의 역할을 말하며 이에 따라 인간은 유아기부터 자신의 세계를 판단하고 자신이 속한 사회의 관습을 익히게 된다. 그는 초기의 언어교육에서 가르쳐야 할 내용은 원만한 의사소통을 위해 무엇보다도 중요한 영역으로 구성원에게 기대되는 생각, 믿음, 행동, 말, 음식, 옷 등이며 이 단계의 학습이 어느 정도에 이르면 시리, 역사, 문학과 예술 등을 포함하도록 하는 문화 교육을 가장 이상적인 것으로 제안하였다.

또한 Brooks는 culture 4를 형식문화(formal culture)와 심층문화(deep culture)로 다시 나눈다. 형식문화에는 개인이 중심이 되는 유아 세례, 생일 축하, 학위 수여, 결혼, 관직, 형벌, 장례식 등의 사례가 포함되어 있고, 심층문화에는 유아 때부터 시작하여 일생동안 지속적이며 무의식적으로 형성되는 것이 포함되며, 타인의 관계를 지속함으로써 가치판단, 사고, 관찰, 행동, 의사소통 등의 방법을 습득하게 된다는 것이다.

마지막으로 유진형은 문화를 언어와 관련지어서 내재적 문화와 외재적 문화로 구분하였는데 내재적 문화에는 학습자의 모국어로는 이해될 수 없는 외국어 특유의 어구와 관용표현, 사고방식, 행동 양식 등을 포함시키고 외재적 문화에는 목표 외국어를 사용하는 국민들의 역사와 사회 제도 등의 연구를 통하여 언어 자체의 지식유무에 상관없이 학습되어질 수 있는 내용을 포함하고 있다.[45]

---

45) 유진형 1980: 310.

따라서, 언어란 그 언어를 만들어낸 사람들이 속한 문화의 반영이며 사회적 약속의 산물이므로 언어와 문화를 분리하여 생각할 수 없다. 그러므로 언어학습과 문화에 대한 이해가 함께 수반되어야 한다. 결국 외국어를 가르치고 더불어 번역 교육을 통하여 그 문화를 학습하게 함으로써 올바르고 정확한 의미와 표현을 가능하게 할 수 있을 것이다.

3.2 문화적 속성과 번역

번역은 언어가 다른 문화 사이에서 이루어지는 하나의 문자 메시지를 통한 의사소통이다. 이때 도착언어 측의 독자들이 번역된 텍스트의 메시지를 잘 이해할 수 있기 위해서는 언어적, 문화적 지식이 적절히 사용되어져야 한다. 언어적인 문제점들을 어느 정도 극복했다 하더라도 두 언어 사이에 깔려 있는 문화적인 논리를 이해하지 못한다면 원문에 충실한 번역이 될 수 없다. 왜냐하면 한 언어는 반드시 그 집단고유의 관념, 고유한 생활습관의 특징을 가지고 있으며 그 풍속과 습관을 직접적으로 또는 간접적으로 표현하기 때문이다. 그러므로 번역사는 번역하려고 하는 출발어와 목표어의 문화를 완전히 이해하는 것이 필요하다.

번역이라는 행위는 그 자체가 범문화적이고 당연히 문화를 고려할 수밖에 없다. '문화'를 고려한 번역을 살펴보는데 있어서 우리는 문화고유의 어휘, 문화 고유의 비유적 표현들, 그리고 각기 다른 언어 사용자들의 서로 다른 문화적 성향이 어떻게 번역에 영향을 미치는가를 살펴봄으로써 번역에서 문화적 요소를 이해하는 것은 필수이며 문화를 떠나서는 번역작업이 어렵다는 것을 알 수 있다.

따라서 다음은 번역활동이 그 자체로서 문화매개의 기능을 수행하고 있는데 대해, 이의 원활한 수행이 번역에 어떠한 중요한 영향을 끼치는지 살펴보고자 한다.

[1] 문화어휘와 번역

문화권의 가치적 중요성에 따라 한 문화권에서는 어떤 현상이나 사물을 둘 또는 그 이상의 범주로 나누어 나타내는데 비하여 한 가지 범주로 나타내는 문화권도 있다. 동일한 어휘라도 문화권에 따라서 어휘가 세분화되어 다양하게 나타날 수도 있고 다양하게 나타나지 않을 수도 있다.

예를 들어 한국어에는 혈족관계에 대한 표현이 매우 발달되어 있다. 그러나 영어 문화권에서는 혈족관계와 존칭표현이 발달되어 있지 않았다. 영어 문화권 사회에서는 중요한 혈족관계를 표현하는 말을 한 어휘 항목으로 나타낸다. 즉 son, daughter, grandson, granddaughter, brother, sister, father, mother, husband, wife, grandfather, grandmother, uncle, aunt, cousin 등은 인척관계를 표현하는 어휘항목들이다. 그러나 'maternal aunt(이모)'와 'paternal aunt(고모)' 사이의 구별은 영어 사용권에서는 중요하지 않고, 영어어휘에서는 사용하지 않는다. 그러나 한국어에서는 친족관계의 말은 매우 복잡하게 나타난다. 영어에서 'cousin'은 한국어에서는 친족관계 표현에 의하여 다른 방법으로 번역되어야 한다. 'cousin'이라는 말은 영어에서는 아버지의 형제의 아들과 딸, 아버지의 누이의 아들과 딸을 모두 표현하지만 한국어에서는 다음과 같은 것 중 어느 것으로도 번역될 수 있다.

(1) 친사촌 (아버지의 형제의 아들과 딸)
외사촌 (어머니의 형제의 아들과 딸)

고종사촌 (아버지의 여동생 또는 누나의 아들과 딸)
이종사촌 (어머니의 언니 또는 여동생의 아들과 딸)

문화적인 고유한 표현인 색깔의 표현방법에 있어서도 한국어에서는 영어보다 세분화된 어휘로 표현되어진다.

김효중에 의하면 영어의 'bedroom'과 독일어의 'Schlafzimmer'는 공통적으로 침실을 나타내지만 영국과 독일의 문화적 전통이 서로 다르기 때문에 'bedroom'의 번역에 주의를 기울여야 한다. 영국에서는 '3-bedroom flat for sale'과 같은 예에서 보듯이 'bedroom'은 독일어의 'Zimmer, Kinderzimmer, Jugendzimmer, Schlafzimmer'로 번역되어야 한다.46) 단어의 의미가 문화적으로 영향을 받고 다른 범주로 사용될 수 있는 것이다.

문화가 다름에 따라 '호칭'에 나타난 표현의 번역 또한 문화적 차이의 비교, 분석 없이는 원활한 번역이 어려운데 예를 들어, 영어의 'you'에 해당하는 우리말 호칭은 너, 너희들, 당신들, 그대, 그대들, 여러분, 제군들, 자네, 자네들, 얘, 여보게 등 수없이 많다. 그리고 한국인들은 '우리' 라는 의식이 강하여 '우리 집', '우리 학교' 등 '나' 대신 '우리'를 주로 사용한다. 하지만 영, 미인은 'My house', 'My school' 등 'My'라는 표현을 자주 쓴다. 번역자는 이러한 사항들을 문화적 맥락과 경험을 바탕으로 현실적으로 처리해야 한다.

또한 한국어의 고유한 문화적인 색채가 많이 함유된 지게, 안주, 온돌, 연탄, 문풍지, 다듬이돌, 널뛰기 등을 외국어로 옮길 경우 한국어의 이러한 어휘를 그 나라의 적절한 어휘로 어떻게 옮길 것인가를 하는 문제에서 번역자는 양 문화에 대해 알고 있지 않으면 번역을 할 수 없으며 번역

---

46) 김효중 2001: 26.

자가 번역을 제대로 수행했다는 것은 번역자가 양 언어문화를 제대로 고려하고 인지하여 문화중재자로서의 역할을 잘 수행한 것을 의미한다.

다음에서는 문화 사이의 동일한 어휘의 부족으로 생긴 사건을 예로 들어 번역에서 적절한 문화 중재가 얼마나 중요한가를 살펴보고자 한다.[47] 2차 세계대전 당시 연합군과 일본군 사이에서 일어난 일로 연합군이 일본군에게 항복할 것을 요구하기 위해 포츠담에서 의결된 최후통첩을 보냈다. 기자회견석상에서 스즈키 수상은 의견을 피력해 달라는 질문을 받았을 때, "일본정부는 그 통첩에 큰 의미를 부여하지 않는다. 우리가 해야 할 일은 그 통첩을 모쿠사츠(きくさつ) 하는 것이다'라고 대답하였다. 일본내각은 자신들의 의도적인 의미를 전하기 위해 그 단어를 주의 깊게 선택했다. 훗날 일본 각료들은 그 당시 항복에 관한 협상의 필요성을 느꼈고 좀 더 구체적인 논의를 위한 시간이 필요해서 "특별히 할 말이 없다 (No comment)"는 의미를 전달하려 했던 것이라고 말했다. 불행하게도 '모쿠사츠(きくさつ)'라는 단어는 '묵살하다', '은근히 경멸하다'라는 의미를 나타낸다. 서구의 통역사들은 후자의 의미를 택했고 포츠담의 최후 통첩은 거부된 것으로 해석되었다. 결과적으로 번역상의 문제가 전쟁을 지속시켰으며 이는 세계 역사상 처음으로 원자탄을 사용한 계기가 되었다고 볼 수 있다.

[2] 문화 비유와 번역

비유적 표현은 그 민족의 문화적 배경지식과 매우 밀접한 관련을 맺고 있다.[48] 다음의 예문을 보자.

---

47) 최윤희 1998: 59.
48) 일반명사로 탄환이란 뜻의 'bullet'은 미 금융가에서는 '일시 상환'이라는 뜻으로 사용된다. (최윤희 1998: 62)

(2) a) The man is a square.

그 남자는 고지식하고 변통 없는 사람이다.

b) The cop is a pig.

그 순경은 탐욕스런 사람이다.

c) He is a chicken.

그는 겁쟁이다.

d) The telephone line is dead.

전화선이 불통이다.

e) I am from Missouri.

나는 의심이 많다.

f) The man is a fox.

그 남자는 교활하다.

g) He is a skunk.

그는 비열한 사람이다.[49]

위에서 보는 바와 같이 영어를 한국어로 번역하는데 있어서 영어문화권의 문화적 배경, 특히 우리와는 생소한 구미문화권의 언어관습에 대한 이해가 선행되어야 한다.

관용표현이나 속담 또한 한 나라의 오랜 문화적 전통 가운데서 자연적으로 생겨난 것이기 때문에 그 말의 배경에 대한 이해가 필요하다. 다음을 보자.

(3) a) kick the bucket: 죽다.

b) spill the beans: 알아서는 안 될 사람에게 비밀을 누설하다.

c) put one's best foot forward: 좋은 인상을 주려고 노력하다.

d) fly off the handle: 크게 화가 나다.

---

49) 최정자 1992: 60-61.

e) get on the ball: 주의를 기울여 잘하다.

f) talk shop: 자기 직업이나 전문분야의 이야기를 하다.

g) talk through one's hat: 사실을 알거나 이해하지 못하면서 어떤 것에 대해 말하다. 바보같이 혹은 무식하게 말하다.

h) Too many cooks spoil the broth.
  ① 요리사가 너무 많으면 묽은 수프를 망친다.
  ② 사공이 많으면 배가 산으로 올라간다.

i) Seeing is believing.
  ① 보는 것이 믿는 것이다.
  ② 백 번 듣는 것이 한번 보는 것만 못하다.

j) Walls have ears.
  ① 벽에도 귀가 있다.
  ② 낮말은 새가 듣고 밤말은 쥐가 듣는다.

k) He that never did one thing ill never do it well.
  ① 어떤 일을 잘못해 보지 아니한 자는 결코 그것을 잘 할 수 없다.
  ② 실패는 성공의 어머니이다.

l) Step after step goes far.
  ① 한 걸음 한 걸음이 멀리 간다.
  ② 천리 길도 한 걸음부터

m) Little head great wit.
  ① 작은 머리에 큰 지혜가 들어 있다.
  ② 작은 고추가 맵다.

(이석규 2002: 143)

(3-a)의 관용구에서 보면, 영국인이나 미국인이라면 "The old man kicked the bucket"의 의미가 "그 노인이 세상을 떠났다"와 같은 의미라는 것을 당장 알아차릴 것이지만, 문장 그대로 번역하면 "그 노인이 양동이를 발로 찼다"라는 엉뚱한 말이 되고 만다. 또한 (3)의 h)에서 m)까지의 속담표

현에서 보면 각 ②번에 해당하는 표현들이 우리나라의 문화적 맥락을 고려한 제대로 된 번역임을 알 수 있다.

신약성서의 마가복음에는 "children of the bridechamber"라는 명사구가 나오는데 이 구절은 유대인의 관용적 표현에 익숙하지 않은 사람에게는 이를 이해하는데 상당한 어려움을 줄 것이다. 이 표현은 영어로 그 의미를 살려 번역하려면 'the friends of the bridegroom' 또는 'wedding guests', '신랑의 친구들' 또는 '결혼식에 참여한 손님들'로 번역을 하는 것이 합당할 것이다.[50]

또한 신약성서 로마서에는 "heap coals of the fire on his head"라는 구절이 있는데 한국어로는 '그의 머리 위에 숯불을 쌓아 놓다'라는 말로 번역된다. 그러나 이는 '어떤 사람을 자기가 한 행동에 대해 부끄럽게 여기도록 하다'라는 뜻이 담겨져 있다. 만약 이러한 문화적 배경을 무시하고 번역을 한다면, 그 메시지의 형식은 그대로 전환된다 할지라도 그 내용은 전혀 옮겨지지 않는 결과를 가져오게 된다. 이러한 번역은 옳지 못한 번역인 것이다.

다음에서는 어떤 유럽회사가 문화고유의 비유적 표현의 의미를 제대로 몰랐기 때문에 태국에서 실수를 한 예를 보자.[51] 이 회사는 "안 보면 마음도 멀어진다.(Out of sight, out of mind)"는 관용적 표현을 그만 "보이지 않는 것들은 제정신이 아니다.(Invisible things are insane)"라고 번역한 것이다. 또한 미국의 펩시회사는 독일 시장에서 "펩시와 함께 활력을!(Come alive with Pepci!)"이라는 그들의 펩시콜라 광고 슬로건을 바꾸지 않을 수 없었다고 한다. 왜냐하면 'Come alive'라는 말을 독일어로 직역하면 "무덤 밖에서 나오라(Come out of the grave)"라는 뜻이 되기 때문이

---

50) Nida & Taber 1974: 2
51) 최윤희 1998: 61.

다. 그리고 아시아 지역에서도 똑같은 슬로건이 "당신의 조상을 죽음으로부터 되돌리시오(Bring your ancestors back from the dead)"로 직역되었다. 이 유명한 슬로건의 본래 의미는 사라지고 엉뚱한 번역문이 되어버리고만 것이다. 위에서 보듯 그 문화 고유의 속담, 관용적인 표현들을 알지 못할 때 번역자는 출발어의 본래 의미와는 다른 번역을 하여 커다란 오역을 낳을 수 있다. 출발어의 표현을 이루는 단어들이 그 문화권 내에서는 어떤 역사적 사건이나 종교, 신화, 독특한 풍습, 지방적 특색 등에 의해 가치가 부여된 것이지만 도착어의 문화권에서는 그와 동일하거나 등가적인 문화적 가치를 지니지 못한다.

이러한 때 번역자는 '이중 문화자'로서 양 문화에 대한 올바른 인지를 통하여 잘못된 번역으로 인해 양 문화권에 미칠 수 있는 의사소통장애나 불상사를 최소화하기 위해서라도 그의 문화중재자로서의 역할을 제대로 수행함이 절실히 요청되는 것이다.

[3] 문화기준과 번역

언어와 문화적으로 차이를 보이는 맥락(context)[52]과의 관계를 살펴보면, 일반적으로 상황적 단서에 많이 의존하는 고 맥락 문화(일본, 중국 및 한국)는 부정확하고 함축적이며 간접적인 커뮤니케이션 패턴을 보여주며, 메시지와 이에 대한 반응이 상당히 획일적이다. 고 맥락 문화권의 사람들은 일반적으로 상세한 배경정보를 필요로 하지 않으며 기대하지도 않는다. 이에 비해 정교한 언어 메시지에 주로 의지하는 저 맥락 문화는

---

52) 맥락이란 커뮤니케이션이 발생되는 물리적, 사회적 환경을 말한다. 이러한 환경은 커뮤니케이션의 행위를 규정하는데 도움이 된다. 우리가 커뮤니케이션이 이루어지고 있는 환경을 알고 있으면 그 커뮤니케이션의 정확성을 훨씬 더 잘 예측할 수 있게 된다(최윤희 1998:71).

정확하고 명확하며 솔직한 커뮤니케이션 패턴을 보여 주며, 저 맥락 문화권의 사람들은 주로 상세한 배경정보를 필요로 한다. Hall(1959)[53]은 고맥락 문화에서는 대부분의 정보가 상황이나 사람들에 내재되어 있고 메시지에는 실제로 아주 적은 정보가 담겨 있을 뿐인 반면, 저 맥락 문화에서는 메시지에 대부분의 정보가 담겨있어 맥락이나 참여자들에게 내재되어있는 정보가 매우 적다고 지적한다. 아시아인의 커뮤니케이션 유형은 간접적이고 함축적인 반면 서구인들은 직접적이고 명확하게 표현하는 경향이 있다.

그러나 한정된 약호와 정교한 약호 또는 고 맥락 문화와 저 맥락 문화는 양자택일의 범주는 아니다. 비교적 한정된 약호 또는 비교적 정교한 약호는 어떤 문화권에서도 발견된다.

저 맥락 문화는 단어에 대하여 높은 가치를 두며 긍정적인 태도를 취한다. 서구 사회는 언어 메시지의 전달에 중요성을 두는 오랜 수사학 전통을 지닌 사회이다. 이러한 전통 하에서 언어의 가장 중요한 기능은 자신의 생각을 가급적이면 명확하고 논리적이며 설득력 있게 표현하는 것이다. 이와는 대조적으로 일본, 중국 및 한국과 같은 고 맥락 문화권에서의 언어 메시지는 그것이 아무리 중요하더라도 전체적인 커뮤니케이션의 한 부분에 지나지 않는다. 이는 동양 문화권에서 단어가 중요하지 않다는 의미가 아니라 단어는 사회관계, 정치 및 윤리와 떨어질 수 없는 상

---

53) 그는 인식과 커뮤니케이션에 있어서 문화적 유사성과 상이성을 살피는 효과적인 준거점을 제공하였다. 그는 문화를 사람들이 상황(setting)에 얼마나 많은 의미를 부여하느냐에 따라 높은 맥락(고맥락)과 낮은 맥락(저맥락)으로 구분한다. Hall에 따르면 문화의 여러 기능 중 하나는 사람과 바깥세상 사이에 매우 선별적인 스크린을 제공한다. 따라서 문화는 각기 유형을 달리하면서 우리들에게 주목할 것과 무시할 것을 설정해 준다. 따라서 고/저맥락 문화에 관한 연구는 우리들에게 사람들이 주목하는 것과 무시하는 것에 관한 통찰력을 제공한다(최윤희 1998: 71).

호관계를 맺고 있음을 말해 주고 있다.

같은 서구권이라도 이탈리아와 영국은 서로 다른 문화적 성향을 띠는데, 다음에서 '명확성'에 대한 이태리어 사용권자와 영어 사용권자의 가치관이 어떻게 번역에 영향을 미치는지 보기로 하자. Katan은 이것을 설명하기 위해 10대를 겨냥한 상품시장광고를 예를 들고 있다.[54]

(4) a. LE FIGURE E LO SPAZIO

le figure sono sempre rigorosamente volumetriche, piu vicine at rigore spaziole della scultura alle estenuate cadenze melodiche medio-bizantine.

b. FIGURE AND SPACE

figure are always rigorously volumetric, closer to the spatial rigours of sculpture than to the extenuating melodic rhythms of the Middle Byzantine.

(4-a)를 영어로 글자 그대로 번역하면 (4-b)가 된다. 그러나 (4-b)는 시적인 성격을 띠게 되어 정보를 전달하기보다 감정에 호소하는 경향을 지니므로 이 경우에는 시적 성향을 줄여 정보 텍스트 중심으로 다음의 (5)와 같이 글을 바꾸는 것이 좋다.

(5) FIGURE AND SPACE

the figure have a disciplined geometry, closer to sculpture than to the sweeping curves of Middle Byzantine.

(5)가 영어권 화자의 문화기준에서 볼 때 잘된 번역이라고 할 수 있

---

54) Katan 1999: 198-9. 박수경. 2003:50 재인용.

다. 왜냐하면 이것은 '간단, 명료함'을 추구하는 영어권 화자의 성향에 잘
부응하고 있기 때문이다. 명료성은 서구 기업 경영의 표준이 되고 있기
때문에 이러한 문화적 요소를 번역시 반영하여야 한다.

다음의 예문을 살펴보자.

(6) a. thank you for your preference
    b. thank you for choosing Saeco

(6-a)보다 구체적인 상품명까지 명시된 (6-b)의 번역이 메시지의 명료성을
잘 살렸다고 볼 때 더 나은 번역이라고 본다.

(7) a. In case an extension cord is used, check that it is adequate.
    b. In case an extension cord is used, be certain that it meets or exceeds
       all safety standards.

(7-a)보다는 (7-b)가 독자 중심에서 무엇/누구가 명시되어 언어의 '명
확성'을 잘 살려 번역한 것이기 때문에 문화적 기준에서 볼 때 (7-a)번역
은 (7-b)로 바꾸어 주어야 한다. 이렇게 문화기준에 잘 맞춘 번역이라야
독자의 마음을 움직이는 살아 있는 문장이 되는 것이다.[55]

각 민족은 자신만의 고유한 문화가 있으며, 각 민족의 문화는 그 민
족의 언어에 고스란히 스며있다. 따라서 번역은 이렇게 한 언어에 스며있
는 문화를 다른 고유의 언어 문화를 통해 적절히 전달하지 않으면 그 기
능을 다했다고 말할 수 없다. 번역사가 원어에 스며들어 있는 문화와 역
어에 스며들어 있는 문화를 제대로, 그리고 적절하게 중재하고 매개하는

---

55) 김귀순 2002: 146-147.

일은 그의 최우선의 과제인 것이다.

적절한 문화중재 기능을 수행하지 못한 번역은 화학자가 화학기호가 나타내는바, 그 기호가 현상에서 적용되는 바를 제대로 모르고 실험을 하는 경우와 같다. 그 결과는 엄청난 것일 수 있다. 항공공학의 텍스트를 번역하는 한 번역자는 다음과 같이 말한다. "우리에게 있어서는 텍스트에 대한 완전한 이해능력은 삶과 죽음의 문제와 직결되어 있다." 텍스트에 대한 완벽한 이해에는 문화적 요소가 빠질 수 없다.

번역에 있어서 양 문화의 문화적 간극을 완전히 메울 수는 없겠으나 그 간극을 줄이기 위해서 최선을 다함이 또한 문화중재자로서 번역자의 중요한 역할이라 할 것이다.

4
....

번역의 방법

번역을 어떻게 해야 하는 것이 적절한지에 대한 대답으로 여러 학자들의 다양한 번역방법을 살펴볼 필요가 있다. 번역의 목적, 독자의 계층, 텍스트의 장르, 번역사의 취향 등 다양한 변수들이 실제 번역상황에서 발생하게 된다. 이때 번역방법에 대한 학자들의 의견을 두루 학습함으로서 번역사는 능동적으로 다양한 번역상황에 대응할 수 있을 것이다.

4.1 피터 뉴마크(Peter Newmark)

Newmark는 자신의 저서(*A Textbook of Translation*, 1988)에서 번역의 8가지 방법에 대해 V자 도표로 다음과 같이 나타내고 있다(45).

SL emphasis 원문언어 강조	TL emphasis 목표언어 강조
Word-for-word translation 단어 대 단어 번역	Adaption 번안
Literal translation 직역	Free translation 자유 번역
Faithful translation 충실한 번역	Idiomatic translation 관용어 중심 번역
Semantic translation 의미중심번역	Communitive translation 소통중심 번역

Newmark는 번역의 8가지 방법을 SL의 강조와 TL의 강조로 나누고 있다. SL을 강조하는 번역방법으로는 단어 대 단어번역, 직역, 충실한 번역, 의미중심의 번역이, TL을 강조하는 방법으로는 번안, 자유번역, 관용어구 중심의 번역, 소통중심의 번역이 있다.

여기서 몇 가지 주요 개념만 간단히 짚고 넘어가기로 한다. 충실한 번역은 원문언어의 구조와 문체, 저자의 의도 등을 목표언어로 그대로 전환해주는 방법으로서 원문의 형태와 의미에 모두 충실한 번역이 되도록 하는 방법이다. 문화와 밀접한 관련이 있는 어휘는 소리 나는 그대로 옮겨 '음차(音借)번역'하고 원문언어 내의 문법이나 어휘에 잘 맞지 않는 표현도 그대로 목표텍스트에 옮겨주는 번역방법을 말한다.

의미중심 번역은 원문텍스트의 언어적 구조, 압운, 문체, 의성어 등을 목표텍스트에 재현하기 어려운 경우 '의미상의 등가'로 적절히 전환해 주는 방법을 말한다. 충실한 번역은 원문텍스트의 모든 요소들을 그대로 재현해 주는 반면에 의미중심 번역은 좀 더 유연하고 번역사의 창의적인 예외를 인정하는 것이다. 일반적으로 의미중심의 번역은 원저자가 사용하는 언어의 층위에서 이루어지고 표현중심의 텍스트(expressive texts)에서 사용된다.

자유번역은 원문텍스트의 형식을 목표텍스트의 가독성적 측면을 고려하여 번역사가 내용을 쉽게 풀어서 번역하는 방법이다. 원문 텍스트보다 텍스트 길이가 다소 긴 의역을 특징으로 하며 장황해질 수 있는 번역방법이다.

소통중심의 번역은 원문의 내용과 문화 혹은 언어적인 부분을 목표언어 독자가 쉽게 이해할 수 있도록 하는 방법이다. 그가 예를 들어 설명한 부분을 인용하면 불어의 "bissiger Hund and chien mechant"의 메시지를 의미적으로 영어로 전환하면 dog that bites! 혹은 bad dog!이 아니라 beware the dog!으로 소통적으로 번역해야 한다고 주장한다. 문화적 측면에서도 외래의 요소들을 목표언어의 문화요소로 전환할 수 있으며 비문학적 텍스트, 기술적 그리고 정보성의 텍스트, 광고에서 쓰일 수 있다고 설명한다. 다음은 그의 말을 인용한 부분이다.

> 소통적 번역은 원문의 독자들이 받는 효과와 가능한 한 가깝게 TL의 독자들에게 동일한 효과를 주기 위해 노력한다. 의미론적 번역은 제2언어의 의미론적 그리고 구문론상의 구조들이 원문의 정확한 맥락상의 의미에 가능한 한 다가갈 수 있도록 시도한다.56)

Newmark는 이상의 8가지 방법 중 번역의 주요 목적은 정확성과 경제성에 있다고 주장하면서 이 두 목적에 가장 잘 부합하는 방법으로 의미중심의 번역과 소통중심의 번역을 꼽고 있으며 TT의 충실함에 더 가치를 두고 있으나 텍스트의 유형과 번역의 목적 및 대상독자에 따라 번역방법을 선택해야 한다고 주장한다.57)

---

56) Newmark 1981: 39.

4.2 Vinay & Darbelnet

Vinay & Darbelnet는 그들의 저서 '불어와 영어의 비교문체론' (*Stylistique Comparée du Français et de L'anglais,* 1958, 1995)에서 직접번역과 간접번역의 두 가지 번역전략과 일곱 가지의 번역방법을 소개하고 있다. 직접번역 전략이란 직역에 의한 번역전략을, 간접번역이란 의역에 의존하는 번역전략을 나타내는 것으로 볼 수 있다.

[1] 직접번역 전략

① 차용(borrowing)

차용은 원문언어의 어휘가 목표언어의 어휘 안에 존재하지 않는 어휘 공백이 존재할 경우, 원문언어의 어휘를 음가중심으로 목표언어로 전이하는 번역방법을 가리킨다. 다음은 번역을 통해 한국어에 차용된 단어들이다.

    a. orchestra(오케스트라), drama(드라마), partner(파트너), system(시스템)
       등.
    b. cognac(코냑), bourgeois(부르주아), début(데뷔), ballet(발레) 등.
    c. arbeit(아르바이트), pang(빵) 등.

차용은 일반적으로 미지의 개념을 드러내며 모든 번역방식들 중에서 가장 간단한 방법이다.[58] 뒤에 설명할 모사와 함께 어휘와 통사적 측면에서 원문텍스트에 가장 충실하게 번역하는 방법이라 할 수 있다.

---

57) Newmark 1988: 47-49.
58) 전성기 역 2003: 26

② 모사(calque)

차용의 일부로서 원문언어의 어휘나 표현을 목표언어의 어휘나 표현으로 축어적으로 번역하는 방법을 나타낸다. 모사는 구를 차용하는 것이다.[59] 다음의 예를 살펴보기로 한다.

a. iron curtain 철의 장막
b. hot potato 뜨거운 감자
c. a bean in one's own eye 제 눈 속에 있는 들보(마태복음 7:3)
d. see in one's mind's eye 마음의 눈으로 보다

a, b는 한국어에 없는 표현이었으나 영어에서 들여와 그대로 쓰는 경우이며 c, d도 마찬가지다. 특히 c, d는 단어나 구의 단위가 아니라 원문언어의 구조를 들여와서 그대로 목표언어에서 쓰인 형태이다.

③ 직역(literal translation)

단어 대 단어의 치환번역을 가리키는 것으로 Vinay & Darbelnet는 동일어족이나 동일문화권에 속하는 언어 간 번역에서 대표적으로 나타나는 번역전환이라고 지적하였다. 영어와 한국어는 동일 문화권도 동일어족의 언어도 아니지만 직역 번역이 가능한 경우가 있다. 다만, 영어의 주어 + 동사 + 목적어의 어순을 한국어의 주어 + 목적어 + 동사의 어순으로 맞춰주면 된다. 다음의 예를 살펴보자.

a. Where are you? 너는 어디에 있니?

---

59) 모사(calque): 차용의 일종으로 복합어나 구절을 직역적으로 풀어서 표현하되 의미용법만은 외국어의 것 그대로 사용함을 말한다. 즉 차용한 것은 단어나 구절 자체가 아니고, 그들 단어나 구절의 특유한 용법이다(『언어학 사전』 114).

b. Life is journey. 인생은 여정이다.

c. This train arrives at Union Station at ten. 이 기차는 10시에 유니언역에 도착합니다(전성기 역 28).

[2] 간접번역 전략

직접번역전략에 비해 원문텍스트의 언어형태로부터 비교적 자유롭게 벗어날 수 있는 간접번역전략에는 네 가지 번역방법이 있다.

① 치환(transposition)

치환이란 어휘의 의미를 바꾸지 않고 원문언어의 어휘의 품사를 목표언어의 다른 품사로 바꾸어 번역하는 것을 말한다. 치환에는 의무적 치환과 임의적 치환이라는 두 가지가 있다.

A. 의무적 치환
  a. As soon as he saw me, he ran away.
  b. 그는 나를 보자마자 도망갔다.
  c. You are surprised as though the ghost appeared.
  d. 너는 유령이 나타난 것처럼 깜짝 놀라는 구나.

B. 임의적 치환
  a. There are many girls in the classroom.
  b. 교실에는 소녀들이 많다.
  c. Usually Mr. Kim would arrive five to ten minutes late.
  d. 김씨는 5분 내지 10분 늦게 도착하는 게 보통이었다. (필자 예문)

A의 a, b는 영어 접속사인 as soon as와 as though가 각각 '~하자마자, ~

처럼'의 한국어 조사로 치환이 일어난 경우이며 목표언어에서 한 가지로
밖에 번역할 수 없기 때문에 의무적 치환이라고 한다. 임의적 치환은 B의
a를 "교실에는 많은 소녀들이 있다"로 번역할 수 있지만 형용사 many를
동사 '많다'로 품사전환하면 B(b)와 같은 좀 더 자연스러운 목표어가 된다.
임의적 치환의 경우는 하나의 어법밖에 존재하지 않아 선택의 여지가 없
는 의무적 치환과는 달리 번역사가 자연스런 말로 품사전환을 할 수 있다.
기본 어법과는 달리 치환어법은 문체론적 관점에서 볼 때 반드시 등가는
아니므로 번역자는 주어진 문장과 잘 어울리거나 문체의 뉘앙스를 살릴
수 있다면 치환이라는 방식을 선택할 수 있다.

② 변조(modulation)

변조는 어휘, 사고 및 관점의 전환에 의해 나타나는 메시지의 변이이
며 직역이나 치환이 문법적으로 정확하나 목표언어의 정서와 어긋난다고
느껴질 때 사용되는 방식이다.[60] 다음의 예가 변조에 해당한다.

> a. Lost and Found - 분실물
> b. It is not easy to solve the problem.
>   문제의 해결은 어려웠다.
> c. The soup was not very hot.
>   스프는 식어 있었다.

예문 b와 c를 의미 그대로 번역하면 "문제를 푸는 것은 쉽지 않다."와 "그
스프는 그다지 뜨겁지 않았다."가 된다. 의미는 명확하게 이해가 되지만,
가독성, 즉 우리말의 자연스러운 표현의 측면에서는 어색하다. 한국어에

---

60) 전성기 역 30.

서는 "어렵다", "쉽다", "뜨겁다", "차갑다"가 "쉽지 않다"나 "그다지 뜨겁지 않다"보다 더 자연스럽다.

③ 등가(equivalence)

Vinay & Darbelnet가 말하는 등가는 문체나 문장구조에 따른 번역이 아닌 원어의 상황과 동일한 의미를 목표어에서 찾아 번역하는 방법을 말한다. 원문의 단어 하나하나를 사전적으로 번역했을 경우 어색하거나 잘못된 번역이 될 수 있기 때문에 원문언어와 유사한 상황을 목표어에서 찾아 번역하는 방법이 바로 등가다. 두드러진 등가의 예는 동물의 의성어이다.

> A. 동물소리의 등가관계[61)]
> > a. Cook-a-doodle-do 꼬끼오
> > b. miaow 냐옹
> > c. heehaw 히잉

각 나라마다 공통된 동물이 존재할 수도 있고 어떤 나라에는 있는 동물이 다른 나라에는 없을 수도 있다. 위의 예에서 볼 수 있듯이 닭, 고양이, 말 등은 어느 나라에서나 볼 수 있고, 각 나라마다 이들의 의성어가 존재한다. 따라서 동물의 소리를 번역할 때는 목표어에서 쓰이는 의성어로 대체하면 등가가 성립된다. 대부분의 등가관계는 굳은 표현들로서 관용어법, 상투적 표현, 숙어 등의 목록에 속하며 특히 속담은 완벽한 등가관계를 보여준다.

---

61) 전성기 역 32.

B. 속담의 등가관계

    a. It is raining cats and dogs. 비가 억수같이 쏟아진다.

    b. Like a bull in a china shop 노름판의 개평꾼처럼

    c. Too many cooks spoil the broth. 사공이 많으면 배가 산으로 간다.

④ 변안(adaptation)

원문언어의 문화요소들이 목표언어에 존재하지 않을 때 해당하는 문화적 지시대상을 목표언어 독자들이 잘 이해할 수 있는 대체물로 대체하는 것을 말한다. 변안은 등가와 유사해 보이지만 차이가 있다. 등가는 단어나 구조적인 측면에서는 다르다 할지라도 원문의 상황과 동일한 표현이 목표언어에도 존재하는 경우에 쓰이지만 변안은 단어 구조적 측면뿐만 아니라 원문의 상황 자체가 목표언어에는 없는 경우에 쓰이는 방식이다. 예를 들어 「신데렐라 이야기」를 「콩쥐팥쥐전」으로 옮기거나 'marmalade & bread'를 '잼과 빵'으로 옮기는 것을 변안으로 볼 수 있다.

Vinay & Darbelnet는 치환능력은 번역사가 목표언어 구사능력이 뛰어날 때 효과적으로 자주 사용되는 번역기법이 될 수 있는 반면, "우수한 번역사를 가르치는 진정한 시금석은 변조"라고 지적하여 변조의 중요성을 강조하였다.62)

4.3 Eugene A. Nida

20세기 이전의 번역의 주요 개념인 '직역', '의역', '충실한 번역'과 같은 용어들은 '두 가지 기본적 방향' 또는 '등가의 유형들'의 표현을 지지하는 Nida에 의해 폐기되었다.63) 즉 형식적 등가(formal equivalence)와 역동

---

62) Vinay & Darbelnet 1958, 1995. 정호정 2008: 175 재인용

적 등가(dynamic equivalence)의 개념이다. 그는 목표언어 독자중심의 번역이론을 강조하였다. 다음은 Nida의 두 가지 등가개념에 대한 설명이다.

[1] 형식적 등가

> 형식적 등가는 형식과 내용면에서 메시지 그 자체에 관심을 집중한다. 목표언어로 번역된 메시지는 원문언어의 다른 요소들과 가능한 한 가깝게 일치되어야 하는 것에 주목한다.[64]

형식적 등가는 번역의 정확성을 결정하는데 있어서 원문의 구조를 일차적인 요소로 간주한다. 이러한 번역유형은 종종 학문적인 각주와 함께 원문의 구조에 가까운 '주석번역(gloss translation)'에 해당한다.

[2] 역동적 등가

역동적 등가는 번역문의 독자와 메시지 사이의 관계가 원문의 독자와 메시지 사이의 관계와 기본적으로 동일해야 한다는 '등가적 효과의 원리(the principle of equivalent effect)'를 기초로 한다. 메시지는 수신자의 언어적 요구들, 문화적 예상 그리고 표현의 완벽한 자연스러움에 대한 목표에 맞게 재단되어야 한다. 자연스러움(naturalness)은 Nida에게 있어 주요 필수 조건이다. 실제로 그는 역동적 등가의 목표를 '원문언어 메시지에 가장 가까운 자연스러운 등가를 찾는 것이라고 정의한다.[65] 이러한 수신자중심의 접근법은 자연스러움을 성취하기 위해 문법과 어휘 그리고 문화적 관련사항의 변화를 필수적으로 고려한다. 목표언어 독자중심의 번역

---

63) Nida 1964: 159.
64) Nida 1964: 159.
65) Nida & Taber 1982: 12.

방법이라 할 수 있으며 그리하여 원문언어의 외래성은 최소화되어야 한다.

Nida에게 있어서 번역의 성공은 우선 무엇보다도 등가적 반응을 달성하는데 달려 있다. 이것은 그가 주장하는 번역의 네 가지 기본 요건들 중의 하나이다. 다음은 네 가지 요건들이다.

(1) 이해하기
(2) 원문의 정신과 방식을 담아내는 것
(3) 자연스러움과 평이한 표현의 양식을 가지는 것
(4) 비슷한 반응을 이끌어 내는 것

Nida는 등가적 효과를 달성하기 위해서는 의미에서의 일치는 문체에서의 일치성보다 우선권을 가져야 한다는 점을 강조한다.

4.4 Lawrence Venuti

Venuti[66]는 Schleiermacher로부터 "자국화 번역(친숙하게 하기, domesticating translation)"과 "이국화 번역(낯설게 하기, foreignizing translation)"이라는 개념을 도입하였다.

[1] 자국화 번역

이 방법은 목표텍스트의 독자들이 원문텍스트의 낯설고 생소함을 가능하면 느끼지 않도록 채택하는 명료하고 자연스러운 번역방법이다.

---

66) Venuti 1998: 45

Schleiermacher[67])에 따르면 독자를 제자리에 두고 번역텍스트를 번역독자에게 접근시키는 번역전략이다. 자국화 번역은 목표언어의 담화유형에 적합하도록 하고, 자연스럽게 들리도록 도움이 되는 요소들을 추가로 삽입하여 전체적으로 목표텍스트가 목표언어에 적합하도록 한다. 자국화 번역을 선호하는 이유는 독자에게 친근하고 읽기 쉽도록 하여 텍스트의 가독성(readability)을 강조하기 때문이다.

자국화 번역방법은 목표 언어중심의 방법으로서 유창하며 번역사의 불가시성(invisibility)을 높이는 번역방법을 택하게 된다. 자국화 번역은 자기민족 중심으로 번역함으로써 타자의 언어와 문화의 특성을 무시하는 폭력행위라고 베누티는 생각했다.

[2] 이국화 번역

원문텍스트에 존재하는 낯설고 이국적인 요소를 목표텍스트에 그대로 옮겨 의도적으로 목표언어권의 문화와 관습에 적합하지 않는 목표텍스트를 생산한다. Schleiermacher의 말을 빌리면 원문텍스트 저자 또는 원문텍스트를 제자리에 두고 번역독자를 텍스트에 접근시키는 접근법을 말한다. 이 방법은 번역자의 존재가 가시적으로 느껴지도록 하며 원문텍스트가 갖는 외래성을 보호하고 강조하게 된다. 목표언어권의 독자에게 "낯선 독서 경험(alien reading experience)"[68])을 하도록 하는 효과를 낸다.

자국화 번역이 자기민족 중심이라면 이국화 번역은 자기민족 중심주의에서 벗어나는 것을 의미한다.[69])자국화 번역이 지배적인 영미권에서 이국화 방법을 적용하는 일은 민족주의와 인종주의, 문화적인 자아도취에

---

67) Schleiermacher 1813 1992: 41-2.
68) Venuti 20.
69) 이근희 2008: 79.

저항하는 일이며, 민주적인 지정학상의 관계에 관심을 갖는 일이다.

4.5 Hans Vermeer/Katharina Reiss(기능주의 접근법)

1970년대에 들어서면서 텍스트의 기능적인 측면에 대한 연구가 활발히 이루어졌다. Katharina Reiss의 텍스트 종류에 따른 번역연구와 Hans Vermeer의 번역의 목적을 강조하는 스코포스 이론(skopos theory)을 전개하였다.

1980년대 초반에 독일에서 번역의 목적에 관심을 둔 이론이 '기능주의(functionalism)'이다. 그리스어로 '목적'또는 '기능'를 의미하는 '스코포스'라는 단어에서 명칭을 따온 이 이론의 대표적인 학자는 Hans Vermeer와 Katharina Reiss로 페르미어는 언어학만으로 번역과정을 설명하고 번역문제를 해결하는데 한계가 있다고 느끼고 행위이론을 번역에 접목시킨다.[70] Vermeer는 번역을 원문텍스트에 근거한 행위의 일종으로 간주하여 모든 행위에는 '스코포스', 즉 '목적'이 있음을 강조한다.[71]또한 그는 행위의 개념을 정의함에 있어서 "어떠한 행동이 참다운 행위로 간주되려면 행동을 취하는 사람이 자신이 그렇게 행동한 이유를 설명할 수 있어야 한다(1987: 176)"고 밝혔다.

이전의 번역학 이론들이 원문언어 중심으로 모든 번역과정과 번역 결과물을 평가하고 연구하였다면 스코포스 이론은 목표언어 중심으로 번역을 논하고 연구한다. 이는 실용적인 차원에서 번역의 기능을 무엇보다 중시하며 등가개념에 얽매여 있던 번역이론을 새로운 차원으로 끌어올렸

---

70) Vermeer는 인간의 행위를 주어진 상황에서 발생하는 의도적이고 목적이 뚜렷한 행동으로 정의한다(Normad 1997: 11).

71) Vermeer 2000: 221.

다는 점에서 큰 의의가 있다.

원문 저자가 텍스트를 쓴 의도와 목적이 무엇인지를 분명히 파악하여 번역행위시 이 목적과 의도를 충분히 살려 번역을 하자는 것이다.

표 4.1 텍스트 유형별 주요 기능[72]

텍스트 타입	정보중심유형 (informative)	표현중심유형 (expressive)	효과중심 (operative)
언어기능	정보적	표현적	호소적
언어차원	논리적	심미적	대화적
텍스트초점	내용중심	형식중심	효과중심
번역방법	평이한 산문체 유지 필요에 따라 명시화	저자와의 동일시전략 원저자의 관점에서 접근	각색/번안기능 활용 효과의 등가추구

표 4.2 Reiss의 텍스트 타입 및 텍스트 장르 분류(1977)

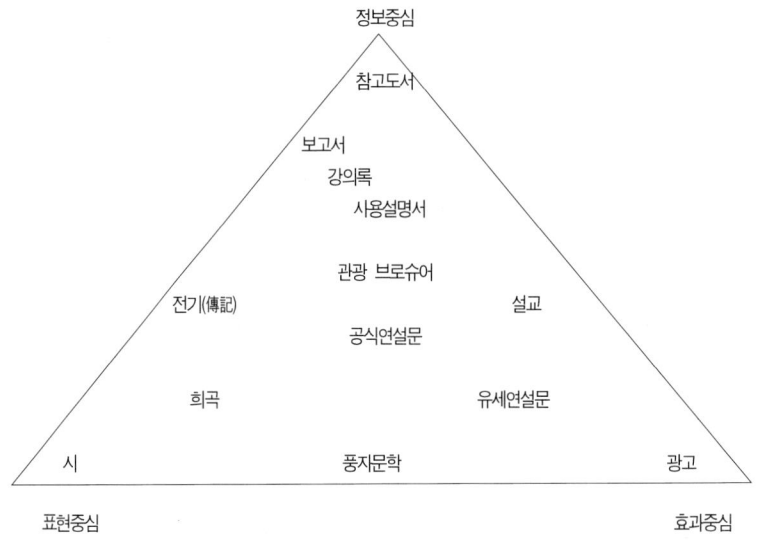

72) Munday 2001: 74

위의 표는 Reiss의 텍스트 유형별 주요 기능과 각각의 텍스트 유형에 해당하는 구체적인 텍스트 장르를 정리한 것이다. 기능주의를 처음 번역학에 도입할 때 주로 번역수준 평가방법론으로서의 가능성을 더욱 중시하였다. 즉 텍스트마다 기대되는 구체적인 기능을 갖고 있어서 번역에서 이 기능이 제대로 수행될 수 있는 방식으로 번역이 이루어졌는지가 번역결과물 수준 평가의 중요한 기준이 되어야 한다는 것이다.

Vermeer는 번역가가 번역이라는 구체적인 행위를 시작하기 전에 번역가는 원문의 저자나 번역을 의뢰하는 출판사 등 중간 역할을 담당하는 사람에게서 '번역위임사항(translation brief)'을 전달받을 것을 제안하였다. 번역 위임사항에는 다음의 요소를 포함한다.

(1) 의도된 텍스트 기능
(2) 목표텍스트 독자
(3) 텍스트 수용의 예상 시점 및 장소
(4) 텍스트가 전달될 매체
(5) 텍스트 생산 또는 수용의 이유 혹은 동기(Nord 1997: 60)

'번역 위임 사항'에는 의뢰인이 번역을 위임하는 목적과 조건 등 구체적인 정보가 담겨 있어야 한다. 이러한 구체적인 정보를 사전에 검토함으로써 번역가는 원문분석을 시작하기 전에 원문의 목적과 원문저자의 의도를 파악할 수 있게 된다.

스코포스 이론 하에서 번역과 관련된 주된 목적은 다음 세 가지로 요약해 볼 수 있다.

첫째, 목표언어가 지향하고 있는 커뮤니케이션 목적

둘째, 특정번역방법을 따르는 전략적 목적

셋째, 번역사가 지향하는 일반적인 목적

독자에 따라 목적이 달라질 수 있다는 전제 하에서 출발하기 때문에 독자
층에 따라 적절하다고 판단되는 번역 전략도 달라질 수 있다. 독자층이
달라진다는 것은 커뮤니케이션의 대상이 바뀜에 따라 목적 자체가 달라
질 수 있음을 의미한다. 번역대상 독자 정의를 번역전략 수립의 중요한
변수로 고려하는 한편 번역브리프 또는 번역의뢰서에 규정되어 있는 소
통목적을 달성하는데 적합하다고 생각되는 번역방식을 선택적으로 사용
할 수 있는 이론적 토대를 마련했다는 점은 큰 기여가 될 수 있을 것이다.

4.6 Mary Snell-Hornby의 통합접근법

Mary Snell-Hornby는 그녀의 책 『번역연구: 통합 접근법』(Translation
Studies : An Integrated Approach, 1988, 1995)에서 다양한 언어학과 문학
개념을 번역에 통합하기를 시도하였다. Snell-Hornby는 텍스트 유형분류
를 독일의 이론적 배경에서 원형의 개념을 빌려온다. 그녀는 텍스트 유형
을 의존하면서 문화역사, 문학연구, 사회 문화적 연구와 지역 연구 그리고
법률과 경제, 의학과 과학적 번역과 관련된 특별주제에 관한 연구를 통합
한다.

Snell-Hornby는 도표가 왼쪽에서부터 오른쪽으로 수평적으로 분명한
경계없이 일련의 연속 변이로 읽혀진다고 설명한다. 이것은 가장 일반적
인 A로부터 가장 특별한 F까지 나아가는 '성층(成層)모형'에 의해 보완된
다. 그녀는 A수준에서 '문학적'이며 '일반적'이고 '특별한' 번역을 번역의

전통적인 영역들과 단일한 연속체로 통합시킬 것을 제시한다. B수준은 원형의 기본 텍스트 유형을 가리키며 C수준은 번역으로 불가분 하게 묶여 있는 사회 문화적 배경지식을 포함한 비 언어학적 학문분야들을 제시한다. 그 다음 D수준은 (i) ST의 이해, (ii) TT의 주안점, (iii) TT의 통신기능을 포함해 번역과정을 다룬다. E수준은 번역에 관련된 언어학적 분야에 걸쳐 있으며, 가장 낮은 순서인 F는 무대번역과 영화더빙의 두운법과 리듬, 말하기 능력과 같은 음운 체계 측면을 다룬다.

Snell-Hornby가 문학과 "다른"언어 사이에 엄밀한 분할을 없애는 것이 번역학에 핵심적인 것이라 주장하며 번역연구를 번역가들과 번역이론가들 사이의 '언어와 문화 학제간의 연구'로써 간주한다.[73] 또한 번역연구가 고유한 특별한 '모형과 관행'을 개발할 것과 개별적인 단어의 고전적인 언어학적 접근법보다는 오히려 텍스트와 상황, 문화적 문맥 내의 '관계망'에 집중할 것을 요구한다.

Snell-Hornby는 『이문화간 의사소통으로써의 번역』(*Translation as Intercultural Communication*, 1994)과 『번역연구: 학제적 학문 분야』(*Translation Studies: An Integrated Approach*, 1988, 1995) 그리고 1992년의 비엔나 번역회의의 논문에서 다양한 범위의 주제들, 즉 역사, 번역 문화, 포스트모더니즘, 해석학, 텍스트간의 관련성, 철학, 특화된 전문용어, 의학, 법, 언어학, 번역이론을 다루고 있음을 알 수 있다.

---

73) Snell-Hornby 1995: 35.

표 4.3 번역에 대한 텍스트 형태와 관련 기준(Senll-Hornby 1995:32)

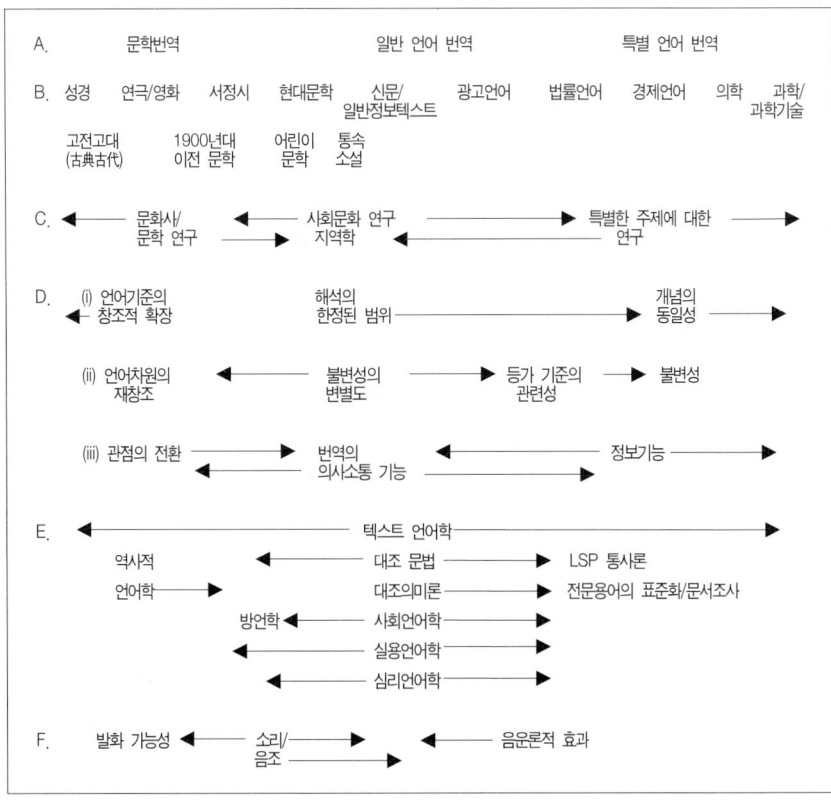

5

번역(학)의 주요 쟁점 및 사례분석

5.1 충실성 vs 가독성

　　번역행위가 시작된 이래로 번역이론가들은 ST에 충실한 번역을 해야 하는지 TL의 독자가 읽고 이해하기 쉽게 가독성을 고려한 번역을 해야 하는지에 대해 끊임없이 고민하고 논쟁해왔다. Cicero는 TT와 ST의 관계에 대해서 "내가 단어 대 단어로만 옮긴다면 그 결과물은 매우 어설프게 보일 것이고, 어쩔 수 없이 필요에 의해 어순이나 어법을 바꾼다고 하면 번역자로서의 역할을 벗어난 것처럼 보일 것이다."고 했다[74]. Cicero의 이 말은 번역사는 원문과 TL독자에 대한 책임을 동시에 져야 한다는 것을 보여준다.

---

74) Bassnet-Mcguire, 1988: 43 재인용.

Louis Kelly는 번역이론의 역사를 세부적으로 조사하며 17세기 말에 이르러서야 '충실성'의 개념을 원저자의 단어를 따르기보다는 오히려 의미의 충실함을 중심적 가치로 인식하였다.[75]

Newmark가 제시하는 여덟 가지 번역방법 가운데 하나인 '충실한 번역(Faithful Translation)'에 대해 살펴보면, 목표언어의 문법구조에 적절하도록 번역하면서 원천텍스트의 정확한 의미를 재현하려는 번역방법이다.[76] 문화와 밀접한 관련이 있는 어휘는 소리 나는 대로 그대로 옮겨 '음차(音借)번역'하고, 원천 텍스트에 쓰인 원천언어가 원천언어 내의 문법이나 어휘의 쓰임에서 잘 쓰지 않는 표현이라 하더라도 그대로 옮겨주며, 원저자의 의도와 원저자가 쓴 텍스트의 실현에 전적으로 충실해야 한다고 설명한다.

김효중에 의하면 현대 번역이론의 특성은 문화와 언어가 서로 의존한다는 가설에 기초하며 언어 내적요인보다 언어 외적요인에 더 관심을 갖는다고 말하면서, 번역은 상이한 문화 간의 커뮤니케이션으로 간주되고 여기에서 역어텍스트의 기능이 가장 중요시되며, 이러한 기능적 번역이론[77]에서는 전통적으로 번역의 기준이 되었던 신성한 원문이 중요시되지 않는다고 말한다.[78]

Stolze는 이러한 논쟁에 대해 다음과 같이 논평하고 있다.

---

75) Kelly 1979: 50.
76) Newmark 1988: 45-47.
77) 기능주의 번역이론은 번역의 행위를 원천텍스트의 의미나 목표텍스트에서 원천텍스트와 일치하는 등가를 구현하는 것을 넘어 목표텍스트의 기능과 목적에 초점을 두고 있으며, 대표적인 학자와 이론에는 Reiss의 텍스트 유형론, Vermeer의 Skopos(목적)이론, Nord의 번역중심의 텍스트 분석이 있다(Nord, 1997 4-12).
78) 김효중 2004: 55.

초기의 번역사들은 그들의 방법론을 세웠지만, 하나의 특수한 언어사용으로서 번역행위를 이론적으로 파악하고 학문적으로 기술하는 것은 아직도 성공하지 못하고 있다. 번역활동에 대한 수많은 의견은 설득력 있는 이론으로 설명되지 못하고, 충실한 번역과 자유로운 번역[79] 사이에서 근본적인 논쟁의 주위를 맴돌고 있다.[80]

한편, 기능주의 번역이론을 지지하는 학자들은 번역의 기능과 목적이 우선한다고 보고, 번역자는 원문에서 자유로워져, 번역의 목적과 기능에 맞는 도착어로 번역해야 한다고 주장하고 있고, Reiss의 텍스트 유형론, Vermeer의 Skopos(목적)이론, Nord의 번역중심의 텍스트 분석이 주요 이론이다.[81]

신지선은 아동문학을 번역할 때 고려해야 할 중요한 요소로 가독성을 꼽고 있는데 좋은 아동문학 번역이란 아동들이 읽고 이해하기 쉬워야 하기 때문에 문장이 짧고 복잡하지 않아야 하며 TL문화권의 아동들이 모르는 지명이나 난해한 용어는 알기 쉽게 설명을 덧붙이기도 한다고 규정하고 있으며 문장의 길이, 문장의 구성, 문화적 요소를 중심으로 가독성을 분석하고 있다.[82]

[1] 충실성의 개념 및 번역방법

우선 충실성의 개념이 무엇인지부터 고찰해 보기로 한다. Juhel[83]은

---

79) 고대 로마에서는 충실한 번역과 자유로운 번역이라는 두 가지 번역방법만이 있었다. 자유로운 번역은 충실한 번역의 반대 의미다. 그러나 Cicero나 Horace 둘 다 "자유로운", "충실한"이라는 단어를 쓰지는 않았다(Baker 87). 본고에서는 용어를 통일하기 위해 자유로운 번역을 가독성이 고려된 번역이라 한다.
80) 박용삼 2003 재인용.
81) Reiss 2000: 15-38.
82) 신지선 2005: 63-108.

번역의 충실성에 대해 크게 두 가지로 나뉜다고 보는데 하나는 원문에 최대한 충실하게 대어역을 하여 독자가 마치 외국어 텍스트를 읽는 느낌을 갖도록 하는 것이고, 다른 하나는 역어와 그 문화적 맥락에 맞도록 번역을 하는 것이 충실한 번역이라는 것이다. Juhel은 충실성의 문제를 간단히 말해 "직역"과 "의역"의 문제라고 한다.

그러나 A. Hurtado-Albir는 해석이론의 지지자이며 스페인의 번역학자인데 그에 따르면, 번역의 대상은 낱말이 아니라 낱말의 의미이며, 충실성은 "저자의 의도에 대한 충실성", "역어에 대한 충실성", "독자에 대한 충실성"이며 이 세 가지 모두를 충족시켜야 하며 이들 중 어느 하나라도 소홀히 하면 충실한 번역으로 볼 수 없다는 입장을 취한다.[84]

번역의 충실성은 단어 대 단어 번역(직역)의 문제와 의미 대 의미(의역)의 문제로 양분되어 있지만, 실제 번역을 하는 과정에서 직역의 방법으로는 번역시 발생하는 모든 문제를 해결하기 어렵다는 데는 이견이 없다. 또한 대부분의 번역학자들은 의역을 해야 한다고 주장은 하지만 충실성의 문제에 대한 입장을 명확히 하지 않고 있다.

본 텍스트에서는 충실성을 "원문의 형태에 충실한"과 "원문의 의미에 충실한"으로 정의 내린다.[85] 간단히 정리를 하면 다음과 같다.

(1) 충실성의 개념
　　a. 원문의 형태에 충실한 번역(가능한 한 단어 대 단어 번역을 한다.)

---

83) 전성기 1996: 120-121 재인용.
84) Hurtado-Albir 1990.
85) 개념의 근거로는 Newmark의 여덟 가지 번역방법을 주요 분석도구로 삼아서 충실성과 가독성의 개념정의와 구성요소를 논의하고자 한다. 그 가운데에서 SL을 강조하는 방법인 '단어 대 단어번역'과 '직역'은 원문의 형태에 충실함으로 그리고 '충실한 번역'과 '의미중심의 번역'은 원문의 의미의 충실함으로 구분하였다.

b. 원문의 의미에 충실한 번역(단어 대 단어 번역으로 원문의 내용이 잘못 전달된다고 판단될 경우에만 의미 대 의미 번역을 한다.)

(1)의 a처럼 번역한다는 것은 말 그대로 원문의 구조를 그대로 따르면서 단어의 사전적 의미를 그대로 번역하는 것을 뜻한다. Vinay와 Darbelnet에 따르면, 이와 같은 번역방법을 직접 번역이라 하는데, 직접번역은 SL의 전언[86]이 구조적 상관관계나 메타언어적[87] 상관관계에 기초한 것이기 때문에, TL의 전언으로 온전하게 옮겨질 수 있다고 주장한다.[88] 다시 말해 원문의 단어나 형태를 그대로 TL로 옮겨도 정확한 전언을 전달할 수 있는 방법이다. (1)의 b는 a의 방법으로 원문의 내용이나 저자가 하고자 하는 의도를 제대로 전달하지 못할 때 원문의 의미나 내용에 충실한 번역을 하기 위한 방법이다.

Newmark는 번역의 8가지 방법을 SL의 강조와 TL의 강조로 나누고 있다. SL을 강조하는 번역방법으로는 단어 대 단어 번역, 직역, 충실한 번역, 의미중심의 번역이 있고, TL을 강조하는 방법으로는 번안, 자유 번역, 관용어구 중심의 번역, 소통 중심의 번역이 있다.

그는 이상의 8가지 방법 중 번역의 주요 목적은 정확성과 경제성에 있다고 주장하면서, 이 두 목적에 가장 잘 부합하는 방법으로 의미중심의

---

86) 전언(message)은 텍스트에서 어휘나 구조차원에서는 설명되지 않으며 보다 핵심적이고 상층적 현실에 속하는 현상들이며 일부 언어학자들은 "맥락"이라고 부른다(전성기 역, 2003, p. 23).

87) "메타언어적인 것(metalinguistics)"은 사회적, 문화적, 심리적 현상들을 언어구조들과 연결짓는 것으로 미국의 언어학자 Whorf(1956)와 Trager(1949)는 주어진 한 종족 집단의 언어와 사회 문화적 활동들 사이의 관계들을 밝혀내려고 노력했다(전성기 역, 2003, pp. 289-290).

88) 전성기 역 2003: 25.

번역과 소통중심의 번역을 꼽고 있으며, TT의 충실함에 더 가치를 두고 있으나 텍스트의 유형과 번역의 목적 및 대상독자에 따라 번역방법을 선택해야 한다고 했다.[89)

　　그가 말하는 충실한 번역은 목표어의 문법적 구조의 제한을 받지 않고 원문의 문맥적 의미를 정확하게 번역하며 원저자의 의도와 텍스트의 실현에 전적으로 충실하고자 하는 번역방법으로 원문의 내용(content), 의미(sense)를 충실하게 전달하고자 하는 의미 대 의미 번역이라 할 수 있다. 또한 그가 말하는 의미중심의 번역은 원문의 미학적인 가치를 더욱 고려한다는 점에 있어서만 충실한 번역과 다르며, 또한 원천 텍스트의 압운이나 언어의 유희, 의성어 반복 등이 가능하지 않을 때에는 '의미'로 대체할 수 있다는 점에서 충실한 번역과는 다르다. 그는 충실한 번역은 원천 텍스트에 쓰인 요소들과 타협이 없고 이를 있는 그대로 번역해야 하지만, 의미중심의 번역은 좀 더 유연해 원천 텍스트에 대한 번역사의 직관적인 공감을 허용하며 문화와 밀접한 관련이 있는 단어도 그다지 중요하지 않을 때에는 문화적인 개념에서 중립인 제 3의 용어나 기능적인 용어로 번역해야 한다고 주장하면서 일반적으로 의미중심의 번역은 원저자가 사용하는 언어의 층위에서 이루어지고 원저자의 권위가 인정되는 '표현 중심의 텍스트'에서 사용된다고 기술하고 있다.

[2] 충실성의 구성요소

　　충실한 번역은 원문의 형태, 또는 원문의 의미를 정확하게 전달하는 것이다. 다시 말해 내용전달이 정확해야 한다. 따라서 번역사는 원문을 잘못 이해해서 오역을 해서도 안 되며, ST가 가지고 있는 문화적인 특성이

---

89) Newmark 1988: 45-47.

나 이국적인 상황을 그대로 전달해야 한다. 본 책에서는 충실성의 구성요소를 다음 세 가지로 분류하였다.[90]

    (2) 충실성의 구성요소
        a. 정확성(accuracy)
        b. 낯설게 하기(alienating)
        c. 번역자 드러내기(visibility)

충실성의 첫 번째 구성요소인 정확성을 구현하기 위해서 번역사는 오류를 최소화해야 하며, 이를 위해 원문을 정확하게 이해해야 한다. 원문을 제대로 이해하지 못해 오역을 했을 경우 독자는 틀린 정보를 입수하게 될 뿐만 아니라, 문학 작품의 경우 저자의 의도와는 다른 관점으로 글을 이해하게 되기 때문에 정확성을 충실성의 첫 번째 요소로 삼는다. Gutt는 번역에서 오류가 발생하는 원인을 번역사가 원문을 잘못 이해했거나 TL 능력이 뛰어나지 않기 때문이라고 기술한다.

ST에 담겨있는 메시지를 '자연스러운 표현'으로 전달하고자 하는 목적 때문에, 번역사는 정확한 의미의 등가에만 초점을 맞추게 되고 원래 의미를 부정확하게 전달하게 된다. 번역과정에서 발생하는 정확성의 부재에 대해 Venuti는 영어로 번역된 신문이나 정기 간행물에서는 '쉽게 읽히는 번역'이 주를 이루고 있는데 비평가들은 종종 번역의 정확성, 독자층, 출판시장의 경제적 가치와 같은 문제는 제쳐두고 번역의 문체(style)에만 논평의 초점을 맞추고 있다.[91]

낯설게 하기[92]는 친숙하게 하기와 반대되는 개념이다. Venuti는 낯

---

90) 앞서 논의한 Newmark의 충실성을 고려하는 번역 방법과 Venuti의 '낯설게 하기'의 개념에서 충실성 구성요소를 추출하였다.
91) Venuti 1995: 2.

설게 하기(alienating)를 타지화(foreignization)라 하면서 원문 텍스트의 "낯
설음(foreignness)"을 유지하는 번역전략이라고 정의 내린다. 낯설게 하기
는 번역에서 문화적인 차이로 인해 발생하는 낯선 내용이나 의미를 번역
자가 그대로 번역하는 것으로 독자들이 직접 체험하지 못한 타문화의 상
황을 경험하게 하는 장점이 있다. 반면 낯선 상황을 이해하기 위해 배경
을 알아보는 등의 수고는 독자의 몫이 된다. 낯설게 하기를 지지하는 번
역학자는 Venuti(1995,1997), Shavit, Klingberg, Bravo-Villasante가 있다
(Chesterman 381에서 재인용).

[3] 가독성의 개념 및 구성요소

가독성은 TL중심의 번역방법으로 목표어의 적절성과 자연성이 원문
과 저자보다 더 중요하다. 가독성이 뛰어난 글은 무엇보다 쉽게 읽히고
이해되며 번역자의 능숙한 표현력을 통해 드러난다.[93]

    (3) 가독성의 개념
      a. 의미전달이 쉬워야 한다.
      b. 문장의 길이가 적절해야 한다.

---

92) 베누티(Venuti)는 프리드리히 슐라이어마허(Friedrich Schleiermacher)로부터 "자국화
번역(친숙하게 하기, domesticating translation)"과 "이국화번역(낯설게 하기,
foreignizing translation)"이라는 개념을 도입하였다. 낯설게 하기의 번역방법은 원천
텍스트에 존재하는 이국풍의 요소를 목표 텍스트에 그대로 옮겨 의도적으로 목표언
어권의 관습에 적합하지 않는 목표텍스트를 생산한다. 원천 텍스트의 명확하지 않
은 표현이나 원천언어권 내에서도 생소한 어떤 요소를 그대로 옮기고, 목표언어의
고어(古語) 등을 의도적으로 텍스트에 넣는다. 이러한 특징들이 모여 목표언어권의
독자에게 "낯선 독서 경험(alien reading experience)"을 하도록 하는 효과를 낸다
(Venuti 20).
93) 박시현 이향 역, 2003: 82.

c. 목표어에 적절하며 자연스러워야 한다.

TL문화권의 독자들이 TT를 읽었을 때 생소하지 않고 TL문화권에서 잘 맞으며 친숙한 상황을 묘사하는 것을 구성요소로 삼고자 한다.[94]

(4) 가독성의 구성요소
    a. 적절성(appropriateness)
    b. 친숙하게 하기(naturalizing)
    c. 번역자가 숨겨지는 현상(invisibility)

우선 적절성을 예로 들어보자. 표현의 적절성과 문장길이의 적절성을 들 수 있다. 표현이 적절해야 한다는 것은 TL문화권에서 통용되는 어휘를 사용해야 함을 뜻한다. 이것은 충실성의 구성요소 중 하나인 정확성과도 관련이 있다. 번역사가 원문을 정확히 이해해야만 가장 적절한 표현을 TL에서 찾아낼 수 있는 것이다.

번역에서 친숙하게 하기 전략은 SL문화권의 사회적, 문화적 상황이 마치 TL문화권에도 있는 것처럼 번역하는 것이다. 이것을 Venuti는 현지화(domestication)라고 부른다.

번역사가 숨겨지는 현상은 독자가 번역물을 읽을 때 TT가 다른 나라에서 쓰여졌고, 번역사가 개입되어 있다는 사실을 전혀 알지 못할 만큼 SL문화권의 낯선 상황을 친숙한 역어의 상황으로 번역하는 전략이다. TT(산문이나 시, 소설이나 비소설)가 잘 읽히고 언어적·문체적 낯설음이 사라지고, 저자의 개성과 의도, ST의 본질을 잘 전달하고 있으며, TT

---

94) Newmark의 여덟 가지 번역방법 가운데에서 TL을 강조하는 방법인 '소통중심의 번역', '관용어구 중심의 번역', '자유번역', '번안의 개념과 Venuti의 '친숙하게 하기'에서 가독성의 개념과 구성요소를 추출하였다.

자체가 번역이 아니라 원문인 것처럼 보이는 것이다.95) 그는 현지화와 타지화(foreignization)라는 두 가지 유형의 번역전략을 가지고 번역자 드러내지 않기를 설명하고 있다. TT에서 낯설음을 최소화하기 위해서 번역자를 드러내지 않고 TL에 가까운 문체로 번역하는 것이며, 도착어의 문화적 가치를 우선시하기 때문에 독자는 가만히 있고 저자가 독자에게 다가서는 것이 현지화전략이다.

[4] 사례분석

지금까지 충실성과 가독성의 개념과 구성요소를 살펴보았다. 이번 장에서는 영어원문과 번역문을 충실성과 가독성의 관점에서 살펴보고자 한다. 영어 원문은 샬롯 브론테(Charlotte Brontë)의 『제인 에어』(Norton Critical Edition 1971)이며, 번역본은 영미연에서 우수 추천본96)으로 평가 받은 유종호(민음사 2006)97)역을 분석하고자 한다.

충실성의 범위는 특히 언어적 측면의 통사적 · 의미적 · 화용론적인 측면을 중심으로 분석하고자 한다.98) 가독성의 범위는 TL의 표현에 맞추

---

95) Venuti 1995: 10.
96) 번역평가사업단(2005, 2007)은 '우리의 1차적인 관심은 본격적인 번역비평이라기보다는 그 비평의 대상으로 삼을 만한 번역본들을 걸러내는 기본적인 수준에서의 평가라고 밝히고 있으며 본 연구의 목적도 이에 부합한다는 점을 밝힌다.
97) 유종호는 1980년에 『제인 에어(동화출판공사)』를 출간하였는데 본고에서 분석한 번역본은 2006년(민음사) 출간서적임을 밝혀둔다.
98) 전현주(2006)는 '용인성', 즉 번역 텍스트의 내적 외적 신뢰성을 기준으로 삼아 비평전문지 「안과 밖」 및 교수신문의 번역비평 27편을 분석하여 '용인성 점검요소'를 추출하였는데 텍스트 외적요소와 내적요소(어휘적, 의미적, 통사적, 화용적)로 나누어 분류하였다. 세부 목록은 다음과 같다.
　　① 어휘적인 면: 어휘, 고유명사, 방언, 관용어, 표기법, 한자어, 외래어
　　② 의미적인 면: 저자의도, 수사법
　　③ 통사적인 면: 문법(시제, 어순, 수식, 대명사), 문장부호, 역자 부주의(첨가, 누락,

어 어색하지 않고 쉽게 읽히며 자연스러움을 기준으로 삼았다.

통사론적 측면과 의미론적 측면에서 아래의 대목을 살펴보기로 한다. 『제인 에어』가 출판 당시부터 독자들로부터 많은 사랑을 받은 이유 가운데 하나가 제인의 고뇌를 생생하게 묘사하면서도 거리를 두는 화자를 창조하는데 성공했기 때문이다.99) 전후맥락을 잠깐 설명하면 제인이 존과 싸웠다는 이유로 붉은 방에 갇힌 후 부당한 대우에 분노하는 부분이다. 이 대목은 당시 어린 제인이 느낀 것이 아니라 성숙한 어른이 되어 옛일을 회상하며 서술한 것이다.

(5) ST: I was ①a discord in Gateshead Hall: I was like nobody there; I had nothing in harmony with Mrs. Reed or her children, or her chosen vassalage. ⋯ 중략 ⋯. ②a heterogeneous thing, opposed to them in temperament, in capacity, in propensities; ③a useless thing, incapable of serving their interest, or adding to their pleasure; ④a noxious thing, cherishing the germs of indignation at their treatment, of contempt of their judgement.

(Jane Eyre, Norton Critical Edtion 1971 p. 12, 밑줄은 필자의 표시임.)

TT: 게이츠헤드 저택에서의 나는 ①위화(違和)의 존재였다. 나는 그곳의 아무와도 같지 않았다. 리이드 부인과도 그 자녀들과도 또 그

　　탈자, 오식)
　④ 화용적인 면 ㉠ 문체: 어투(구어체, 문어체, 고어투, 현대어투, 대우법), 우리말
　　　어법, 서술기법
　　　　㉡ 결속성: 단락처리, 접속사, 호응관계, 문맥, 등장인물 관계, 인
　　　　물이나 대상묘사의 일관성
　⑤ 형식적인 면·가로쓰기, 문단 나누기(혹은 합치기), 역주, 본 연구자는 번역의 충
　　실성 분석에서 텍스트 내적요소를 중심으로 분석하고자 한다.
99) 장정희 · 조애리 2002: 156

녀가 좋아한 하인들과도 조화되는 면이 전혀 없었다. … 중략 ….
사실 나는 기질에 있어서나 능력에 있어서나 성벽에 있어서나 그
들과는 정반대되는 ②이질적인 존재였다. 그들의 이익에 보익되
지도 못하는 ③무용지물이었고 그들의 취급에 노여움의 싹을, 그
들의 판단에 경멸의 싹을 안겨주는 ④해로운 존재였다. (유종호
역 P. 35)

먼저, ST의 밑줄 친 각각의 어휘는 성숙한 화자에 의해 어린 시절의
제인을 규정한 표현들인데 유종호는 병렬된 어감을 살려서 "위화", "이질
적인 존재", "무용지물", "해로운 존재"로 각기 달리 옮기고 있다. 그런데
"a discord"를 "위화(違和)의 존재"라는 표현은 한자어로서 의미전달이 낯
설고 가독성이 떨어진다고 할 수 있다.

(6) ST: I reflected. Poverty looks grim to grown people; still more so to
children: they have not much idea of industrious, working, ①
respectable poverty; … 중략 …. ②Poverty for me was
synonymous with the degradation. (p. 55)

TT: 나는 생각해보았다. 가난이란 것은 어른들에게는 기분 나쁜 것이
지만 어린이들에게는 특히 더한 법이었다. 어린이들은 부지런히
일하는 ①의젓한 청빈(淸貧)이란 것을 이해하지 못한다. … 중략
…. 따라서 ②당시의 나에게는 가난은 타락의 동의어였다. (유종
호 역 p. 40)

이 대목은 어른이 된 제인이 당시의 상황을 화상하며 쓴 부분인데
원문의 첫 번째 밑줄 친 부분을 "의젓한 청빈(淸貧)"이라는 한자어로 표현
하였으며 원문의 통사구조(형용사+명사)를 TL에서 그대로 직역하였다.

실제 한국어 표현에서는 '형용사+명사구조'는 '~이 …하다'식의 주어+서술어구조로 전환하는 것이 자연스러운 경우가 많다.100) 청소년 독자들이 읽는다면 다소 어렵게 느낄만한 어휘이다. 또한 두 번째 밑줄부분의 번역 "가난은 타락의 동의어"도 원문의 단어에 대한 직역의 형태를 나타내고 있다.

다음은 제인과 세인트 존(St. John)의 갈등이 절정에 이른 장면이며 제인의 갈등이 치열하게 제기된 대목이다.

(7) ST: I felt veneration for St. John - veneration so strong that ①its impetus thrust me at once to the point I had so long shunned. I was tempted to cease struggling with him ②to rush down the torrent of his will into the gulf of his existence, and there lose my own. (p.443)

TT: 나는 세인트존에게 외경을 느꼈다. - 그 외경의 느낌이 몹시 강했기 때문에 ①그렇게 내가 극력 피하고 있던 점에 나를 밀어다 붙일 정도였다. 나는 그와의 싸움을 중지하고 - ②그의 의지의 분류에 뛰어들어 그의 존재의 심연속으로 흘러 들어가, 거기서 나 자신을 잃어버리고 싶은 유혹을 느꼈다. (유종호 역 p. 424)

제인의 내면적 갈등을 드러내는 원문의 줄표(-) 부분을 번역문에서도 그대로 표시하고 있는데 문장전체의 흐름이 끊어지며 자연스럽지 못하다. 이러한 부분은 주인공의 심리묘사나 상황의 전환을 암시하는 경우가 많

---

100) ex: Mr. Kim is a good driver. ①김씨는 좋은 운전수이다(원문 구조에 따른 번역이지만 실제 한국어에서는 부자연스러운 구조임). ②김씨는 운전을 잘한다. or 김씨는 운전이 노련하다(이때, 김씨는 주제어이며 문장은 주어는 '운전이'이며 서술어는 '노련하다' 즉 SV의 문형이 된다.)

으므로 그 흐름을 잘 파악하여 옮겨야 하며 한국어에서는 이러한 줄표는 사용하지 않으므로 적절하게 끊어서 번역해야 한다. 그리고 TT의 전체적 문장의 호흡이 길어서 긴장감을 떨어뜨리며 또한 ST의 밑줄부분의 번역 "내가 극력 피하고 있던 점에 나를 밀어다 붙일 정도였다."는 원문구조에 대한 직역이어서 주인공의 내면적 갈등의 강렬함이 잘 전달되지 못하며 가독성이 떨어진다고 볼 수 있다.

    (8) ST: ①A new chapter in a novel is something like a new scene in a play; and when I draw up the curtain this time, ②reader, you must fancy you see a room in the George Inn at Millcote. (p.65)

    TT: ①소설속의 새 장(章)은 연극속의 새 장면과 같다. ②독자여! 내가 여기서 막을 올리면 밀코트에 있는 조지 여인숙의 방이 하나 보인다고 상상해 주길 바란다. (유종호 역 p. 167)

첫 문장은 "소설 속의 새 장(章)은 연극 속의 새 장면과 같다"라는 직유의 서술 형태를 보이고 있으며 원문의 "reader"의 위치가 부사절 뒤에 위치해 있지만 번역에서는 두 번째 문장의 도입부에 먼저 나타냄으로서 독자들로 하여금 새로운 환기와 관심을 불러일으키는 효과를 주고 있다. "상상해주길 바란다"라는 화법도 가독성측면에서 자연스럽다.

이번에는 제인이 어린 시절 동안 함께 지낸 하녀 베씨(Bessie)와 애벗(Miss Abbot)의 관계에 있어 신분의 차이와 두 하녀가 제인을 대하는 차이가 나타나는 부분을 살펴보겠다. 등장인물간의 관계에 따른 어법은 화용론상의 측면에서 중요하다.

    (9) ST: Miss Abbot joined in:-

"And ①you ought not to think yourself on an equality with the Missis Reed and Master Reed, because Missis kindly allows you to be brought up with them. They will have a great deal of money, and ②you will have none: ③it is your place to be humble, and to try to make yourself agreeable to them." (p. 25)

TT: 애보트양이 말참견을 하였다.
"그리고 부인이 도련님 남매와 함께 너를 기꺼이 키워준다고 해서 그들과 대등하다고 ①생각해서는 못써. 도련님 남매는 돈을 많이 갖게 될 테지만 ②너는 그렇지 못해. ③공손하게 굴어서 모두의 마음에 들도록 해야 하는 것이 네 처지다." (유종호 역 p. 18)

번역문을 살펴보면, 하녀 애보트는 제인에게 반말을 쓰고 있는 것을 알 수 있다. 내용적인 면에서 애버트는 리이드 부인의 하녀로서 제인을 쌀쌀맞게 주인님의 군식구로 대하고 있다. 그래서 반말투의 번역이 그러한 관계를 더욱 잘 나타내는 면이 있겠지만 신분상으로는 제인의 하녀이므로 반말보다는 존댓말 표현이 화용론적으로 적절하다.

(10) ST: ①"What we tell you, is for your good." added Bessie, in no harsh voice: "you should try to be useful and pleasant, then, perhaps, you would have a home here; but if you become passionate and rude, ②Missis will send you away, I am sure." (p. 25)

TT: "①모두 너를 위해서 우리가 이런 말을 하는거다." 라고 거칠지 않은 목소리로 베시가 덧붙였다. "상냥하고 쓸모있는 사람이 되려고 힘써야해. 그러면 여기가 아늑한 집이 될 거야. 골이나 내고 말썽이나 부리면 ②마님은 너를 내쫓고 말거다, 틀림없이." (유종호 역 p. 18)

소설의 내용을 보면 베씨는 하녀 애벗보다 제인을 인간적으로 다정하게 대하고 있다. 이러한 관계가 번역에서 세심하게 드러나야 하는데 유종호역에는 베씨나 애벗이 모두 제인에게 반말로 대화를 하고 있는 점을 알 수 있다.

[5] 번역본의 전체적 평가

유종호 역본은 통사적 의미적인 부분에서 원문의 충실성을 특징으로 하고 있으며 역자가 영미문학자라는 측면에서 더욱 그러한 사실을 뒷받침하고 있다. 번역본도 두 권(민음사 2006년)으로 나누어져 깊이 있고 전문적인 독자들을 고려한 번역방법을 취하였음을 알 수 있다. 번역문에서 원문의 의미를 중심으로 하는 생경한 문장과 원문의 언어구조를 가능한 충실하게 전달하려는 의도로 지나치게 호흡이 긴 문장을 구사하는 경우가 많이 포착되었다. 그리하여 브론테의 문체적 특징을 잘 반영하지 못하는 아쉬움이 남아 있다. 원문의 어휘의미의 충실성을 고려한 탓에 번역문에 많은 한자어가 등장하였다. 예를 들면, 위화(違和), 내진(內陳), 구빈원(救貧院), 반공일(半空日), 복욱(馥郁), 급사(急使), 보고(寶庫) 등과 고어가 많았다. 충실성을 우선시 하면서 가독성은 다소 떨어지는 점을 발견할 수 있었다. 본고에서 충실성의 구성요소로 분류한 '정확성, 낯설게 하기, 번역자 드러내기'의 방법이 중심적으로 사용되었음을 파악할 수 있었다.

문체적인 면에서 여주인공 제인의 열정적이고 강한 개성적인 어투를 잘 살리지 못하였으며 화용론적 측면에서 애벗양과 베씨가 제인에게 반말을 쓰는 점으로 인해 신분상의 차이를 잘 드러내주지 못한 점도 확인할 수 있었다.

[6] 결론

본 연구에서는 문학번역의 평가의 문제를 충실성과 가독성의 범주로 고찰하였고 텍스트 분석은 샬롯 브론테(Charlotte Brontë) 의 『제인 에어 (Norton Critical Edition 1971)』와 유종호(민음사 2006) 번역본을 살펴보았다. 충실성 부분은 통사론·의미론·화용론의 언어적인 측면을 중심으로 분석하였다.

유종호 번역본은 영미문학자답게 대체로 원문에 대한 충실한 직역과 저자가 후기에서 밝힌바 대로 원문 자체가 150년 전의 것이라서 예스러움을 가능한 한 살리려는 특징을 살펴볼 수 있었다. 그의 번역본에는 의미의 정확성을 나타내기 위해 많은 한자어가 사용된 점을 살펴볼 수 있었다. 우리나라 국어의 어휘상의 특질 가운데 하나인 한자어는 우리말 전체 어휘 가운데 52.1%(우리말 큰사전 2004년 인용)의 비율을 차지하고 있다는 사실을 감안해 본다면 표현에 있어서 한자어를 필연적으로 쓸 수밖에 없는 상황이다. 그러나 많은 한자어들이 읽기 쉽고 편한 우리말로 바뀌어가고 있는 점을 고려하여 번역사는 번역에 임해야 할 것이다.

Newmark(1980)는 번역비평이 필요한 이유를 다음과 같이 설명한다.

① 번역수준 향상
② 번역사에게 객관적인 학습 기회 제공
③ 특정 시대, 특정 영역에서 나타나는 번역관 조명
④ 탁월한 작가 및 탁월한 번역사의 작품 해석 보조
⑤ 원문과 번역문 사이의 의미적 문법적 차이에 대한 비판적 평가

이제 번역비평이 제자리를 찾아야 할 때이다. 충실성과 가독성의 문제는 끊임없는 논란의 대상이며 학자들마다 견해도 다양하다. 우선, 영미문

학연구회의 번역평가사업단(2005)의 『영미명작, 좋은 번역을 찾아서』는 비록 영미의 고전문학작품들에 국한되기는 하나, 그들의 연구는 한국번역비평의 중요한 획을 그었다고 평가될만하며 그 결과가 공개되는 중요한 선례를 남기게 되었다. 그리고 이들의 번역평가는 번역의 불충실성의 문제를 주로 제기하였고 교수신문의 고전번역비평을 살펴보면 가독성보다는 원문에 충실한 번역본을 우수본으로 평가하고 있다. 강대진(2004), 이재호(2005)를 비롯한 대개의 번역비평 관련 저술이나 논문들은 오역비평에 치우쳐 있다는 느낌을 받는다. 이상원(2006)에 따르면 독자들은 보다 도착 텍스트 지향적인, 즉 가독성 부분을 주요 평가규범으로 고려하고 있다고 지적한다.

번역비평의 올바른 방향을 제시하는 데에는 다양한 관점의 접근이 필요하지만 신수송 외(2002)는 '정역과 오역이라는 이분법의 척도를 떠나 원본과 번역본의 차이를 문화적 전환이라는 관점에서 보는 기술적 연구방법'을 제안하고 있다.

하나의 텍스트에 대한 단 하나의 번역본, 그것이 가장 잘된 번역이며 결정적인 번역이라는 그러한 번역본은 존재할 수 도 없을 뿐 아니라 존재한다는 것 자체가 벌써 문학텍스트의 본질을 저버리는 것이 될 것이다. 잘된 직역이 있을 수 있으며 자연스러운 번역이 만병통치는 아닌 것이다. 현재의 번역만이 나은 것이며 과거의 번역이란 유효성을 잃은 번역이라는 말은 아무의미를 갖지 못한다. 한 텍스트에 대한 번역본들은 시대와 해석의 관점, 번역관 등에 따라 다양한 번역본들이 가능하며 번역본이 원본의 종속된 모방이라는 폐쇄적 개념에서 벗어나서 보다 다양한 시각에서 여러 시대에 걸친 번역과 번역행위를 이해하는 태도가 필요하다.

5.2 문화적 차이 — 경어법 문제

[1] 서론

언어는 그 언어가 사용되고 있는 사회에 속한 사람들의 세계관이나 사상을 표현하며 그 사회의 문화는 언어를 매개로 제시된다. 또한 학문, 지식, 교양 등의 여러 다른 문화요소들의 학습과 실행은 언어라는 매개를 통하여 이루어지기 때문에 언어는 그 언어에 속한 문화의 가장 전형적이고 대표적이며 중심적인 요소라고 할 수 있다. Jespersen(1933)을 포함한 많은 학자들은 외국어교육에 언어기능과 함께 목표언어에 대한 문화 이해가 반드시 동반되어야 하며 외국어를 가르치는 최상의 목적은 목표어의 언어기능 뿐만 아니라 그 나라의 정신(spirit), 즉 문화를 이해하는데 있다고 하였다. 인류학자 Sapir(1921: 17)는 "언어는 문화와 유리하여 존재하지 않는다."라고 하면서 언어와 문화의 밀접한 관계를 주장하였으며 Rivers(1981: 315)도 문화는 언어와 불가분의 관계라고 주장하였다.

Hudson(1980: 73)에 의하면, 언어는 독특하고 자율적인 것이라고 하는 것이 20세기 언어학의 지배적인 주장이지만 한편으로는 언어의 속성 중 대부분은 문화의 속성이며 언어의 의미는 문화 및 사고와 관련하여 연구하는 것이 바람직하다고 생각한다. 언어학상의 이 논쟁에는 학자마다 다른 주장이 있을 수 있으나 언어는 자율성 외에도 사회적인 사고방식과 행동방식, 가치관, 풍속, 미학적 감각과 취향의 문화적인 측면을 반영하거나 문화적인 표현을 나타내는 부분이 매우 많다. Valdes(1986: 3)는 눈이 내리는 지역은 그 지역적 특성으로 인해서 눈에 관련된 어휘가 매우 많으나, 반대로 열대기후 지역에서 많이 찾아볼 수 있는 비(rain)에 대한 어휘는 낯설다는 것을 지적한다. 이러한 사회적, 환경적인 배경이 언어에 반영되는 현상은 한국어와 영어에서도 찾아볼 수 있다. 최현욱(1991)은 영어의 'aunt'에 대응하는 단일어가 한국어에는 없고 친척관계에 따라 '이모', '고모', '숙모', '백모' 등의 표현으로 각기 그 의미를 달리하여 쓰며 이것은 우리나라에서 소수 민족 집단이 없으므로 한국인이라는 민족의식과 가족 중심의 유교문화전통을 가지고 있어서 가족 구성원간의 관계를 지시하는 용어가 발달되어 있음을 보여준다고 한다. 또 '바가지, 시루, 떡국, 김치, 깍두기, 막걸리, 보릿고개, 질그릇…'과 같은 말들은 모두 우리 고유문화와의 관련 하에서만 이해될 수 있다.

일례로 한국어는 특히 존대법이 발달한 언어인데 그것은 한국의 문화가 특히 효 사상에 기초하고 있기 때문이다. 그러므로 한국어를 배우려면 이러한 효 사상과 존대법의 관계를 잘 이해하지 않으면 한국어를 제대로 사용하는 데에 어려움을 겪게 되는 것이다. 이처럼 한 집단의 언어 안에는 타 집단에서는 거의 찾아 볼 수 없는 그 집단의 문화를 반영하는 독특한 언어가 존재한다. 한 나라를 알기를 원한다면 외국어를 배우라는 말이 있는데 이는 언어는 문화를 담고 있는 그릇이기 때문이다(전정례 1999: 95-99). 한 사회의 문화적, 사회적 산물인 언어가 그 사회의 나름의 독특한 뉘앙스를 담고 있으며 문화적 차이가 언어생활에 반영되어 있다는 사실은 학자들이 제시한 다양한 예를 통해 알 수 있다.

이번에는 한국어와 영어의 문화적 차이에서 기인하는 문제점 가운데 하나인 경어법에 대해 살펴보고자 한다. 경어법은 한영 또는 영한 언어전환 및 번역시 반드시 고려해야 할 중요한 화용론상의 특징이며 그 표현방식 또한 매우 다른 면을 확인할 수 있다.

먼저, 양 언어의 경어법의 표현과 특징을 살펴보며 영역과 영한 번역상에서 발생하는 문제점 등을 논의하고자 한다. 그리고 논의의 결과로서 한국어가 가지는 독특한 문화적 특성을 확인해보고자 한다.

[2] 경어법의 사회언어학적 특성

인간은 사회성을 본질로 하고 있는데 인간 상호간의 의사와 정감의 소통을 한 특질로 하는 이 사회성은 다른 동물의 세계와 달리 언어 매체를 기초로 하고 있다. 언어는 내적으로 인간이 대상을 인식하고 사유하는 수단이 되는 동시에 외적으로 인간 상호간의 교섭을 이상화하는 수단인 것이다. 즉 언어는 인간 상호간의 고차원적 교섭을 가능케 하는 가장 보편적이고 중핵적인 매체인 만큼, 이러한 언어에는 상호교섭을 본질로 하는 인간의 사회성이 반영되게 마련이다. 바꾸어 말하면 사회성은 언어를 매체로 하면서 그 자신 언어 속에 수용된다. 경어법 혹은 대우문제는 바로 언어가 가진 사회성의 일면을 잘 보여주는 예라고 할 것이다. 좀 더 구체적으로 말하면, 화자가 다른 대상 인물에 대하여 가지는 심리적 태도의 언어화로서, 이 심리적 태도는 쌍방간의 사회적 관계에 기초하고 있는 것이다.

경어 혹은 대우(待遇)[101]라는 용어에서 이미 대인관계라고 하는 언어 본질적 사회성을 전제하므로 상황 또는 문맥과 깊이 관련되어 있다. 어떠한 문장, 어떠한 표현도 경어법에서 벗어날 수 없으며 경어법이 동반되는 한 어떤 표현도 발화상황이나 문맥과 단절될 수 없다. 따라서 경어법은 문법보다는 문법외적인 특성이 강하며, 이에 대한 전체적인 규명은 문법을 포함한 여러 분야의 종합에서만 가능하다는 것도 경어법의 한 특성이라 할 수 있다.[102]

---

101) 국어 경어법에 있어 다양한 용어들이 사용되고 있는데 '경어법', '존대법', '존비법', '대우법' 등이 있다. 이익섭, 이상억, 채완(1997), 문용(1999, 2005), 이경우(1999, 2001, 2004), 김희숙(2004) 등은 '경어법'의 용어를, 성기철(1991), 서정수(1994), 김종록(1999) 등은 '대우법'의 표현을 사용하고 있다. 본 논문에서는 '경어법'으로 용어를 통일하기로 하며 이해를 돕기 위해 '대우'라는 용어도 사용되었다.

102) 성기철 1991: 2.

경어법의 사회언어학적 특성[103]은 기본적으로 '화자'를 중심으로 하는 점이다. 즉 화자를 중심으로 하는 화자 - 청자 그리고 화자 - 제삼자와의 사회적 관계이다. 물론 청자와 제삼자 사이의 사회적 관계가 대우와 관련되지만, 이는 또한 화자를 전제로 한 청자와의 관련성문제다. 화자는 대상과의 관계성에 기초해서만 대우의 내용과 태도를 결정하게 된다.

대상을 확인하고 대우를 결정하는 데는 두 가지 기준이 작용한다. 하나는 화자와 다른 대상 사이의 종적 위계관계(power dimension)요, 다른 하나는 횡적 친소관계(solidarity dimension)이다. 종적 위계는 사회생활에서의 일반적인 상하관계로서, 가령 연령이나 사회적인 지위, 혈연적인 위계와 같은 요인에 의해서 결정되는 높낮이의 개념이며, 횡적 친소는 쌍방 간에 인간적으로 얼마나 가까운가 하는 정감적 개념이다. 결국 두 가지의 기준은 화자를 중심으로 한 다른 대상과의 종적 횡적 거리 개념이라 할 수 있다.

경어의 사용은 화자와 청자, 화자와 제삼자 사이의 인간관계에서 결정되는 것이지만, 청자와 삼자와의 관계도 매우 주요한 역할을 한다. 즉 청자에 대한 화자의 경어사용 여부는 삼자와 청자와의 관계가 고려되기도 하며 제삼자에 대한 경어사용여부는 해당 제삼자와 청자와의 관계가 주요 요인으로 작용하기도 한다. 가령 제삼자가 청자의 아버지일 경우, 청자가 고려되어 그 삼자가 존대될 수 있다. 마찬가지로 화자가 존대하는

---

103) Polite or honorific language means the use of different levels of speech in addressing persons of superior, inferior, or equal rank. These distinctions rely both on the use of different vocabulary and upon basic structual differences in the word employed. For example, in Korean the imperative "go" can be rendered kara (*가라*) when speaking to an inferior or a child, kage (*가게*) when speaking to an adult inferior, kaseyo (*가세요*) when speaking to a superior, and kasipsio (*가십시오*) when speaking to a person of still higher rank. (U.S. Liberary of Congress, 2002. 김희숙. 2004. 참고).

삼자와 관계되는 사람이 청자가 될 경우, 이것은 청자에 대한 경어사용의 주요한 요인이 될 수 있다.

여러 가지 요인들이 복합적으로 작용하여 경어사용을 결정하게 되는데 이러한 외적 요인들과 함께 더욱 중요하게 작용하는 것은 화자의 경어 의도이다. 좀 더 구체적으로 보면 화자가 다른 대상 인물에 대하여 가지는 심리적 태도의 언어화이며 이러한 심리적 태도는 쌍방간의 사회적 관계 속에 기초하므로 경어사용은 모든 언어 표현에서 실현되며 특히 한국어에서는 더욱 특징적인 언어현상이다.

[3] 한국어 경어법

언어행위는 화자와 청자가 어떤 인물이나 사물에 대해 이야기를 하는 것이다. 따라서 언어행위에는 여러 인물이 등장하게 된다. 문장 밖에는 말하는 이와 말 듣는 이가 있고, 문장 안에는 주어나 목적어, 그리고 부사어로 등장하는 인물이 있을 수 있다. 이 때 여러 인물들 상호간에 누가 누구보다 더 존귀한가 아니한가에 따라 여러 가지 높임의 표현법이 있다.

높임법은 그동안 학자에 따라서 여러 가지 명칭으로 불리었다. 청자를 높이거나 낮추어 말하는 법을 존비법(尊卑法), 공손법(恭遜法), 주체(주어명사구가 가리키는 대상)를 높이는 법을 존경법(尊敬法), 객체(목적어명사구나 부사어명사구가 가리키는 대상)를 높이거나 특별히 자기를 낮추어 말하는 법을 겸손법(謙遜法), 겸양법(謙讓法)이라 하는 일이 있고, 주체높임과 자기낮춤을 아울러 공대법(恭待法), 경양법(敬讓法)이라 하기도 하며, 이 모든 높임법을 경어법(敬語法), 존대법(尊待法), 대우법(待遇法)이라 부르기도 한다104)(남기심, 고영근 2008 개정판).

---

104) 국어학자들이 다양한 명칭을 쓰고 있어서 일일이 그 출처를 밝히기는 어려우며 필

남을 높여서 말하는 법을 통틀어 높임법(또는 존대법)이라 하고, 그것을 다시 나누어 주체높임법(또는 주체존대법), 상대높임법(또는 상대존대법)[105]으로 나누면 체계가 비교적 수월해지고 용어의 혼동이 덜한 이점이 있고 높임 또는 낮춤의 대상이 지시되어 있어서 혼란의 우려가 비교적 적다고 할 수 있다(같은 책 326). 국어의 경어법은 규칙적인 용언의 활용에 의한 문법적인 것과 존대를 나타내는 특수한 어휘에 의한 것이 있는데 특수어휘에 의한 존대는 불규칙한 것으로 문법범주에 드는 것은 아니다. 현대국어에 있어서 용언의 규칙적 활용에 의한 경어법은 다시 문장의 주체를 높이는 법과 청자를 높이거나 낮추는 법의 두 가지로 나뉜다. 화자가 문장 안에서 행위, 상태, 존재, 환언의 주체를 높이는 주체높임법은 용언의 어간에 높임의 어미 '-(으)시-'를 붙여서 표현하며 화자가 청자를 높이거나 낮추는 상대높임법은 '합쇼, 하오, 하게, 해라…'체의 어미 중 어느 하나를 선택해 사용함으로써 이루어진다.

① 주체높임법

주체높임은 다음의 예문에서와 같이 화자가 문장의 주어가 지시하는 대상, 즉 그 문장이 기술하는 행위, 상태, 존재, 환언의 주체를 높이는 것을 말한다(남기심, 고영근 2008 개정판: 326).

   (1) 어머니, 선생님께서 <u>오십니다.</u>
   (2) 선생님, 선생님께서도 그 얘기를 <u>좋아하시는군요.</u>

자는 '경어법' 또는 경우에 따라 '대우법'으로 나타내기로 하며 이에 대한 전반적인 흐름을 파악하는데 설명의 주안점을 두기로 한다.
105) 본 논문에서는 지면상의 이유와 연구의 중심이 특히 영한 번역상의 경어법 문제를 다루는 것으로 인하여 경어법의 3체계 가운데 특수어휘에 의한 용법을 제외한 크게 주체높임법과 상대높임법으로 이원화하여 설명하기로 한다.

예문(1,2)은 주체높임의 예로서 용언에 '-(으)시-'를 붙여서 나타내었다. 그러나 듣는 이가 주체보다 더 높은 경우에 '-(으)시-'를 쓰지 않는 경우도 있다.

(3) 할아버지, 아버지가 아직 안 <u>왔습니다.</u>

화자는 아버지를 높여야 할 대상이지만 할아버지보다는 낮기 때문에 (즉, 할아버지보다는 낮추어야 할 상대이기 때문에) 예문(3)처럼 말해야 한다. 이른바 압존법이라고 하는 것이다. 주체높임은 말하는 이가 주체에 대해 존경, 혹은 공경의 뜻을 나타내는 것이라는 데는 논란의 여지가 없지만 화자와 주체사이의 개별적 혹은 각별한 친밀관계를 표시하기도 한다. 다음의 예문을 살펴보자.

(4) 퇴계는 조선시대의 뛰어난 <u>성리학자였다.</u>
(5) 퇴계는 조선시대의 뛰어난 <u>성리학자시었다.</u>

위의 두 예문은 모두 높임법에 어긋나지 않는다. (4)는 국사교과서나 방송 해설에서 쓰일 수 있는 문장이며 (5)는 퇴계의 후손이 퇴계를 일컬어 할 수 있는 말이다. (4)는 퇴계를 객관적으로 기술하는 표현이지만, (5)는 개인적으로 각별한 친밀감을 가지고 주관적으로 기술하는 의미가 있다(남기심, 고영근 2008: 328).

주체높임의 언어행위에는 적어도 세 사람의 인물이 필수적으로 관여하게 된다. 화자와 청자 그리고 문장의 주어가 되는 인물이 그 셋인데. 주어만이 문장의 성분으로 나타나고, 화자와 청자는 언어행위의 요소로서 문장 밖에 있다. 주체높임법은 화자가 주체에 대해 존대의지가 필수요건이지만 그러나 청자와의 관계를 고려하여 '-(으)시-'를 쓰지 않기도 하고, 또 높이지 않아도 될 주체에 대해'-(으)시-'를 쓰는 경우가 있다. 즉 주어가 화자의 입장에서는 높이지 않아도 되지만 청자의 입장에서는 높여야 할 대상인 경우가 있으며 화자가 주어를 높여야 할 대상이지만 청자에게는 낮은 인물일 때 '-(으)시-'의 용법은 제약을 받는다.

② 상대높임법

(1) 서정수의 청자대우의 등급[106]

청자대우표현이 아주 풍부한 한국어에서는 대우표현의 양식과 등급 문제가 그 중심적인 논점이 되어 왔다. 서정수는 청자대우를 "말하는 이가 듣는 이를 존대 또는 비존대하는 말씨"라고 하면서 그 양식과 등급을 격식체(formal style)와 비격식체(informal style)로 나누고 있다.(표5.1, 5.2 참조)

표 5.1 격식체

	등급	서술법	약속법	의문법	명령법	청유법
존 대	아주 높임 (합쇼체)	ㅂ니다 습니다 옵니다 니아다 올시다	오리다	ㅂ니까 습니까 옵니까	십시오 소서 옵소서 시지요	십시다 청유법
	예사 높임 (하오체)	오 소 우 구려	리다	오 소 우 구려	오 소 우	오 ㅂ시다
비 존 대	예사 낮춤 (하게체)	네 ㄹ세	ㅁ세	는가 ㄴ가	게 게나	
	아주 낮춤 (해라체)	(는)다 (는)구나	마	니 (느)냐 랴	어라 려무나 렴	

---

106) 서정수. 1994. 「국어문법」 뿌리깊은 나무 참조

표 5.2 비격식체

	등급	서술법	약속법	의문법	명령법	청유법
존 대	두루 높임 (해요체)	어요 지요 (는)군요 ㄹ걸요	ㄹ께요	어요 지요 (는)군요 ㄹ까요	어요 지요	어요 지요
비 존 대	두루 낮춤 (해체)	어 지 군	ㄹ께 지	어 지 나	어 지	어 지

<표-1, 2>에서 보듯이, 격식체는 4등급으로 갈라지고, 비격식체는 2
등급으로 갈라지는데, 이는 비격식체가 상하관계보다는 횡적인 친소관계
를 나타내기 때문이라고 서정수는 말하고 있다. 그리고 현대 경어법에 변
화를 일으킨 것은 "두루 높임"과 "두루 낮춤"의 발달이며[107] 이 형태를 비
격식체라고 하면, 전통적 등급 구분 체계는 격식체라고 보는 것이 적합하
다고 말하고 있다.

(2) 성기철의 대우법의 간소화

성기철(1991)은 대우법에 대해 "순수 문법적인 성격보다는 어용론적
인 성격이 더 두드러진 것이 중요한 특징"이라고 하면서 사회 및 의식변
화로 인한 대우법의 변화를 강조하고 있다. 성기철에 의하면 국어대우법
의 핵심은 청자대우법의 4화계(話階) 체계와 2화계(話階) 체계의 이차적
구조를 이루고 있는데, 4화계 체계는 하오체와 하게체의 쇠퇴로 균형을
잃고 있고, 이러한 불균형은 2화계 체계로 보완되고 있다고 한다(표-3참
조). 화계(話階)[108]는 격식성과 관련이 많은데 화계의 수가 적을수록 화계

---

107) "두루높임"과 "두루낮춤"의 발달로 인해 현대 경어법이 변화하였다는 것을 처음
지적한 사람은 성기철(1970)이다.

는 엄격성이 약해지고 이에 따라 격식성도 약화된다고 한다.

표 5.3 대우법

높임	아주 높임 (하십쇼체)	두루 높임 (해요체)
	예사 높임 (하오체)	
낮춤	예사 낮춤 (하게체)	두루 낮춤 (해체)
	아주 낮춤 (해라체)	

현대 한국어 대우법의 경향으로서 간소화를 들고 있는데, 구체적인 요소로는 전술한 하오체와 하게체의 쇠퇴, 격식체의 감소 등을 들고 있다. 이러한 대우법의 간소화는 종횡으로 엄격했던 인간관계의 완화, 그리고 화자의 발화의도의 강화(주변의 제약을 적게 받는다)를 동시에 의미한다.

[4] 경어법의 결정요인[109]

국어경어법에서 어떤 인물이 존귀한 인물, 상위의 인물이냐 아니냐 를 판정하는 기준은 크게 보면 나이와 유대의 범주로 나눠볼 수 있다. 먼 저, 나이(age)가 경어법을 결정하는 가장 중요한 기준이 된다. 그리고 나이 와 관련되면서도 중요한 기준으로 학교의 선후배관계를 들 수 있다. 각급 학교의 선후배 관계가 다 비슷하지만 특히 중고등학교의 선후배 관계가 그 중에서도 엄격한 위계질서를 지킨다.

그런데 나이 차이만 문제되는 것은 아니다. 화자와 청자의 절대적 나

---

108) 話階란 청자대우법의 가장 핵심이라고 할 수 있는 종결어미를 등분화시켜 분류한 것이며 speech level라고도 한다.

109) 이익섭 외 2인(1997), 남기심, 고영근(2008: 339), 성기철(1991: 4), 이경우(1999, 2001, 2004), 김종록(1999) 등을 참고할 것.

이도 중요한 영향력을 미친다. 서로 나이를 먹으면 호칭이 달라지고 반말을 쓰던 사람, 가령 오빠나 형에게 존댓말을 쓰기도 하며, 또 하게체나 하오체는 화자 및 청자가 나이가 든 후에야 구사할 수 있다. 이 때 절대적 나이의 분기점은 대체로 결혼하는 나이 정도가 될 것이다. 다만, 근래로 오면서 이 나이가 점차 높아지는데 그것은 가벼움을 추구하는 현대의 풍조가 점잖아지고 격식을 차리는 나이를 점차 늦추는 원인일 것이다.

친척 사이에서는 항렬이 중요한 몫을 한다. 항렬은 나이도 뛰어넘어 상대가 상위 항렬이라면 자기보다 10세 이상 어려도, 상대가 아주 어릴 때가 아니라면 반말을 쓸 수 없다. 직장에서는 직위가 경어법 결정의 중요한 요인이 된다. 사장이나 부장, 과장 등의 간부에게 일반사원이 존대어를 쓰고 자기 바로 위의 상관에게도 존대어를 쓰는 것이 원칙이다. 다만 직장에 따라서는 이 경계가 엄격하지 않을 수는 있다.

사회계급은 의외로 그리 큰 영향력을 미치지 못한다. 과거 양반과 상민의 구분이 엄격한 때는 언어에도 그 영향이 뚜렷하였지만, 지금은 그 흔적이 거의 완벽하게 사라지고 없다. 오늘날은 청자가 단순히 상류계급이라고 하여 각별히 경어로 말하는 일이 없으며 청자가 하층계급이라는 이유만으로 특별히 낮춰 말하는 일도 없다.

유대 또한 경어법 결정의 주요인이다. 서로 존댓말을 하다가 친해지면 반말하는 사이로 바뀌는 것이다. 이를 '말을 놓는다'고도 하고 '너나들이 한다' 또는 '너나들이하는 사이가 된다'라고도 하는데 유대가 그러한 등급조정을 하는 것이다. 이상 경어법의 결정요인을 크게 나이와 유대관계의 이원적 분류로 살펴보았다.

[5] 영어의 경의 표현[110]

한국어에서 일상적으로 자주 쓰이는 '경어'라는 표현을 영어로 나타내자면 honorific(또는 deferential/polite)expression 정도가 될 것이다. 영어에는 문법상 경어법(또는 대우법)이라고 부를 문법범주가 존재하지 않지만, 주로 호칭이나 요청의 표현, 경어적 부사표현 등에서 나타난다. 부탁이나 요청, 권유, 명령 등이 목적인 경우 자신의 입장과 상대방의 입장이 여러 가지로 고려되어야 하며 무엇보다도 상대방에 대한 배려가 필요하다. 영어의 경어표현을 앞의 2.2에서 설명한 정중성(politeness)의 원리로 다음과 같이 자세히 살펴보고자 한다.

① 과거시제와 진행형

(6) A: What are you going to do this evening?

　　B:　a. <u>I'm going to</u> take my wife out.

　　　　b. <u>I think</u> I'll take my wife out.

　　　　c. <u>I am thinking</u> of taking my wife out.

---

110) 영어의 호칭체계는 지면상의 이유로 개괄적인 설명만을 하기로 한다. 영어의 호칭은 크게 두 가지로 나누어 볼 수 있는데 first name(FN)과 신분(title)을 붙여서 last name(TLN: title with last name)이 있다. Brown and Ford(1961)에 의하면 이 두 가지 유형은 친분관계의 정도에 따라 정해지게 된다. 영어사용자들은 별로 친분관계가 없는 경우 TLN으로 호칭하고, 같은 호칭을 받을 것으로 기대한다. 또한 친구들 간에는 서로 FN으로 호칭한다. Brown and Gilman은 미국인에 있어 두 관계의 차이는 별로 크지 않아 5분정도의 대화로 곧잘 TLN관계는 FN으로 바뀌게 된다고 지적한다. 영어의 경우 손위서열인 친족관계의 경우 친족 호칭(kin title)을 붙일 수 있지만 (예: Aunt Louise) 사촌 간에는 'cousin'이라 부르지 않고 단지 FN을 사용한다. 형제, 자매간에 나이차가 있더라도 FN을 쓰는 것이 보통이며 부모, 삼촌, 고모 등도 FN을 사용하는 경향이 많은 편이다. 이것은 가까운 가족, 친족 구성원들을 종적관계로 보지 않고 수평적 관계로 인식하는 의식구조의 확산에서 비롯된 것으로 고려된다. 손위 사람이나 친족 간의 호칭형태에서 특히 한국사회와 명확한 차이를 보임을 알 수 있다.

d. I was thinking of taking my wife out.

(문용 2005: 188, 밑줄은 필자의 것임을 밝혀둔다.)

회사동료인 두 사람이 사이에서 A가 저녁시간을 함께 보내기 위해 동료 B에게 위의 예문과 같은 말을 걸었다고 생각해보자. B의 다양한 대답들의 의미의 차이를 살펴보면, (a)는 화자가 확정적으로 A와 함께 할 수 없음을 나타내며 따라서 다소 강하게 A의 제안을 거절하는 의미를 주며 (b)는 I think가 부가됨으로서 (a)보다 다소 완화된 표현을 나타내며 (c)는 일시성을 나타내는 현재진행형으로 아내를 불러내려는 의도가 확정되지는 않은 상태로서 한층 의도가 부드러우며 (d)의 과거진행형은 과거에 그런 생각을 가진 것이며 현재는 그렇지 않음을 나타내므로 A에 대한 가장 자상한 답변은 (d)가 되며 따라서 가장 polite한 표현이 된다고 할 수 있다.

(7) a. I wonder if you could help me.

b. I wondered if you could help me.

c. I hope you would give me some advice.

d. I was hoping you would give me some advice. (문용 2005: 189)

위의 예문들은 상대방으로부터 도움을 요청하는 상황에서 할 수 있는 표현들이다. 현재시제가 쓰인 (a)는 현재의 생각이나 바람을 나타내고 있다면 (b)는 과거의 생각과 바랐다는 의미로 볼 수 있으므로 지금은 도와주지 않아도 된다는 뜻으로 해석할 수 있다. 따라서 상대방의 심리적 부담감을 덜어줄 수 있으므로 (b)는 (a)보다 polite하다고 할 수 있다. 그리고 요청이나 부탁을 나타내는 문맥에서 I wondered 대신에 I was wondering도 자주 쓰인다.

② 조동사와 조동사의 과거형

(8) a. Close the door.

   b. <u>Will you</u> close the door?

   c. <u>Would you</u> close the door?

(9) a. Do you like some tea?

   b. <u>Would you</u> like some tea? (8, 9 필자예문)

예문(8,9)에서는 조동사 과거형 would를 사용한 (c, b)가 가장 정중한 표현이 되는데 그 이유는 '법과서(modal preterite)' would는 화자의 심적 상태를 나타내며 상대에 대한 간접적이며 거리감을 나타내는 표현으로서 청자가 요청에 대한 거절을 할 수 있는 여유를 가진다는 점에서 가장 정중하다고 할 수 있다.

③ Please 등의 격식부사

부사의 사용에서 please와 같은 표현들로는 kindly, humbly, graciously, cordially 등이 공손함을 나타낸다. Please는 명령이나 요청을 정중하고 부드럽게 하기 위해서 문장의 앞이나 뒤에 부가해서 쓰이는데, 종종 윗사람이 아랫사람에게 말하는 경우에도 빈번하게 쓰인다.

(10) a. Please don't make a noise.

   b. Kindly leave the room.

   c. He kindly showed me the way to the station.

   d. He was kind enough to show me the way to the station.

   e. We cordially invite you to the party.

   f. We express our cordiality by inviting you to the party.

   g. May we cordially invite you? (김영실 2001: 233)

여기에서 'please'에 대해 주의를 기울일 필요가 있다. Please는 가장 일반적으로 사용되는 공손의 표현이다. 이것은 평서문이나 의문문, 명령문에도 같이 쓰일 수 있어서 (11)처럼 의미상 요청으로 해석되는 문장과 같이 쓰이는 반면에 (12)처럼 진술(statement), 약속(promise), 제안(offers), 초대(invitation), 그리고 위협(threats) 등의 의미와는 같이 쓰이지 않는 제약이 있다(Stubbs 1983).

> (11) a. I'd like some more pudding, please.
>
> b. Can I have some more pudding, please.
>
> c. Give me some more pudding, please.
>
> d. More pudding, please.

> (12) *He ate more pudding, please.
>
> *I promise you can have more pudding, please.
>
> *Would you like more pudding, please.
>
> *Do you want to come to a party, please?
>
> *Give me more pudding or I'll hit you, please.[111]

④ 간접적 표현

예를 들어 경찰관이 무슨 일로 누군가를 조사할 필요가 생겼을 때, 경찰관은 우선 상대방의 이름을 물을 것이다. 그런 경우 (13a)의 경찰관의 태도는 상당히 고압적이다. 반면에 (13b)의 경찰관의 태도는 정중하다.

> (13) a. What's your name?
>
> b. Could I have your name, please? (필자예문)

---

111) 김영실 2001: 233.

(13a)와 (13b)의 차이는 전자가 이름을 대라는 말을 직설적으로 나타내고 있는데 반해서, 후자가 그와 같은 뜻을 간접적으로 나타내고 있는데 있다.

영어에서는 흔히 정중하게 무슨 요청이나 명령을 할 때, 문장이 I wonder/I wondered/I was wondering if…로 시작하는데, 이와 같은 형식 역시 요청이나 명령을 간접적으로 바꾸어 준다. 다음(14-15)에서도 (b)는 (a)의 간접표현의 예가 되며, 그만큼 (b)는 (a)보다 polite 하다.

(14) a. Lock the door.

b. Do you think you could lock the door when you leave?

(15) a. Have you read the book?

b. I wonder if you have read the book.

(14, 15 필자예문)

지금까지 영어의 경어법112)을 살펴보았는데 하나의 문법범주를 이룰 만큼 다양하지는 않으나, 주로 구문구조에서 요청, 조언, 간접표현 그리고 경어적 부사표현 등이 있음을 확인할 수 있었다. 영역 및 영한 번역 상에서 상대, 장소, 배경적 상황, 심리적 기저 등등의 복잡하고 다양한 많은 변인이 따르는 경어표현에 유의하여 적절한 전환이 요구된다.

[6] 사례분석

문화적 측면에서 볼 때, 영어와 한국어간의 가장 두드러진 차이는 경어법에 있다. 어느 언어에나 말을 공손하게 하는 표현법이 존재한다고 할

---

112) 영어 경어표현에서 호칭체계부분은 지면상의 이유와 논의의 직접적인 부분과 다소 거리가 있다고 판단하여 논의에서 제외시키기로 한다.

수 있으나 한국어에 경어법의 문법체계가 있다는 점은 영한번역을 할 때 유의할 점이라고 할 수 있다. 한국인들은 존칭어가 언어생활에 깊이 뿌리 내리고 있어서 대화할 때 존칭어 사용은 대화주체나 대화의 상황 등 다양 한 환경에 따라 존칭어를 두루 사용하고 있다. 그러나 영어에는 존칭어가 상대적으로 제한되어 있어서 영어 원문에서 특별히 명시적으로 표현하지 않은 경우 한국어 번역문에서는 대화의 상황에 따라 적절하게 존칭어로 전환해야 한다. 한국어에 경어법이 발달된 원인은 다양한데, 우리사회가 전통적으로 수직적 신분 사회였다는 점의 사회적인 요인과 한국어가 담 화 중심적 언어[113)라는 언어적인 요인을 들 수 있다.

존칭어는 사회 문화적인 차이로 발생하므로 번역할 때 특히 유의해 야 할 부분이다. 한국어에는 영어에 없는 경어법 체계가 발달되어 있다. 영한 번역에서 특히 화자간의 사회적 신분과 나이를 고려하고 문맥상황 에 적합한 존칭어를 고려해야 한다. 다음의 영한 문학 번역사례를 살펴보 기로 한다.

(16) 문맥상황:『폭풍의 언덕』중 … 1801년 영국. 히드클리프 집에 세든 주인공과 그 집에서 일하는 가정부의 대화.

---

113) 언어란 기본적으로 사회적 현상의 하나이며 언어 현상 중에서도 대인 관계를 기본 적 바탕으로 하고 있는 경어법은 우리전통사회가 보여 온 인간관계의 한 측면을 가장 잘 반영하면서도 다른 언어보다 더욱 상황과 문맥에 깊이 접맥되어 있는 점 에서 담화 중심적 언어라고 할 수 있다. 그리하여 어떠한 문장, 어떠한 표현도 경어 법에서 벗어날 수 없으며, 경어법이 동반되고 있는 한 어떤 표현도 담화상황이나 문맥과 단절될 수 없다(성기철 1991, 이경우 1999, 2001). 또한 김종록(1999)은 한국 어의 특징 중 하나로 '구술성'을 들고 있는데 언어문화가 보수적, 전통적이며 인간 의 생활세계에 밀착되어 있으며 발화행위에서 논쟁적, 감정이입적, 참여적인 부분 을 그 특징으로 하며 인식적인 면에서 상황의존적이라고 지적한 바 있다.

ST: "You have lived here a considerable time," I commenced; "did
you not say sixteen years?"

"Eighteen, sir; I came, when the mistress was married, to wait on
her; after she died, the master retained me for his
house-keeper."(*Wuthering Heights* 36)

TT1: "여기 산 지가 꽤 오래 됐지?" 하고 나는 말을 꺼냈다. "십 육년
동안이라고 했던가?"
　"십 팔년이라 합니다. 돌아가신 안주인이 시집 오셨을 때
시중을 들려고 함께 왔으니까요. 돌아가신 다음에는 주인
께서 가정부로 두신걸요." (『폭풍의 언덕』 김종길 역 39)

TT2: "여기서 꽤 오래 살았다고 하던데?" 내가 운을 떼었다. "16년이
라고 했던가요?" "18년입니다. 이 댁 아씨가 시집올 때 시중들
려고 따라왔으니까요. 아씨가 돌아가신 뒤 전 주인께서 집안 살
림을 제게 맡기셨죠."(유명숙 역 36)

TT3: "이쪽으로 온지는 꽤 오래 되었다면서? 16년이라고 했던가?"
　"18년이에요. 부인이 시집을 왔을 때, 따라왔으니까요. 부인이
돌아가신 뒤에도 가정부로 계속 일하고 있었어요." (인병선 역
33)

　　원문의 문맥상황은 1801년 영국에서 한 가정부와 그 집에 세든 주인
공 로크우드가 대화하는 것이다. 번역문 1과 3을 보면 다소 신분이 높은
측인 로크우드가 시중드는 가정부에게 우리말의 '비존대 두루 낮춤(해체)'
114)으로 나타내었고 번역문 2에서는 "~던데, ~했던가요?"로 '비존대 두

---

114) 앞의 2.3.2의 서정수의 분류에 따라 설명하기로 한다(표-1, 2 참조).

루낮춤과 존대 두루높임(해요체)'을 함께 사용하고 있다. 원문이 쓰였던 시대와 문화적인 상황에 맞춘 번역을 생각해 볼 때 1801년 영국에서 수직적인 신분의 상황에서 주인이 가정부에게 존댓말을 사용하지 않았을 것이다. 그러나 현 시대에서는 주인과 가정부 사이의 대화에서 종횡으로 엄격했던 인간관계의 완화 등으로 '두루 높임'의 표현을 쓰는 경우는 많이 볼 수 있다. 따라서 번역문2의 경우도 가능하다고 할 것이다.

이번에는 가정부의 번역을 살펴보자. 원문의 "after she died,"을 번역문1-3 모두 주체높임 '-시'를 붙였는데 자신이 모셨던 주인마님에 대한 존경과 공경의 뜻을 나타낸다. "the master retained"의 번역문1은 "~걸요(두루높임)", 번역문2에서는 "맡기셨죠(-시 주체높임)를, 번역문3에서는 "있었어요(두루높임)"를 사용하였다. 당시의 엄격한 신분사회를 감안한다면 가정부는 귀족인 로크우드에게 번역문 2의 '존대 아주높임(합쇼체)'을 사용해야 한다. 번역문1과 3의 '두루높임' 경어법은 당대의 등장인물의 사회적 관계를 나타내는 데에는 다소 어색한 부분이 있다고 할 수 있다.

(17) ST: "Caulfield? Come in, boy." He was always yelling, outside class.
(*The Catcher in the Rye* 25)

TT1: "콜필드냐? 들어와라." 이분은 항상 소리를 지르는 분이다.
(『호밀밭의 파수꾼』 이덕형 역 15)

TT2: 「누구지? 콜필드냐? 들어오너라.」 선생은 언제나 소리를 지르곤 했다.
(공경희 역 17)

(18) ST: Dear Mr. Spencer (he read out loud). That is all I know about the Egyptians I can't seem to get very interested in them although

your lectures are very interesting. (*The Catcher in the Rye* 30)

TT1: 스펜서 선생님께, (선생은 큰 소리로 읽기 시작했다.) 제가 이집
트인에 대해 알고 있는 것은 이것이 전부입니다. 선생님의 강의
는 매우 재미있었지만 저는 이집트인에게 그다지 큰 관심을 가질
수 없었습니다. (이덕형 역 21)

TT2: 존경하는 스펜서 선생님.(선생은 큰소리로 읽었다.) 이집트인들
에 대해서 제가 알고 있는 건 이게 전부입니다. 선생님의 강의가
굉장히 재미있었음에도 불구하고 저는 이집트인들에 대해서 더
이상의 관심을 가질 수가 없었습니다. (공경희 역 23-24)

원문(17)에 대한 번역문에서는 어휘에 대한 높임법 중에서 체언에 높
임법이 사용되었다. 원문의 대명사 'He'를 번역문 1에서 '분'이라고 번역
하여 존칭어를 사용하였으나 번역문2에서는 '선생'이라는 평대말을 사용
하였음을 볼 수 있다. 문맥상 '선생'이라는 주체가 계속 나오기 때문에 번
역문 1처럼 자연스럽게 존칭 대명사를 사용하는 것이 적절해 보인다. 예
문(18)은 체언의 높임법과 조사의 높임법을 살펴볼 수 있는데, 한국에서는
'선생', '사장'과 같은 일부 명사에 '-님'을 붙여 높여준다. 그러므로 번역할
때도 한국어 대화체에 어울리게 번역하는 것이 자연스럽다. 그리고 조사
의 높임법은 주체를 높여줄 때 동시에 조사도 높여주어야 한다. 예를 들
면 예문(18)의 번역문1에서 '선생님께'처럼 주체를 높일 때 조사도 전환하
여 준다. 또한 예문 (18)과 같이 상대를 높이고 자신은 낮추어 말할 때
'제', '저'[115]를 사용한다는 것도 알 수 있다. 따라서 번역할 때에는 원문의

---

115) 인칭도 상대방과의 관계에 따라서 다음과 같이 다양하게 달라진다(문용. 1999. p
182).
①일인칭 단수: 청자가 화자보다 나이나 신분이 높은 경우 → 저, ②이인칭 단수:

문맥을 파악하여 경어법의 체계에 맞게 번역하는 것이 중요하다.

(19) ST: "Do you blame me for flunking you, <u>boy</u>?" he said. "No, sir! I certainly don't," I said. I wished to hell he'd stop calling me "boy" all the time. (*The Catcher in the Rye* 31)

TT1: "낙제점을 준 것에 대해 원망하나, <u>자네</u>?" 하고 선생이 물었다. "아닙니다. 저는 절대로 원망하지 않습니다."나는 아까부터 줄곧 선생이 나더러 '자네'라고 부르지 않길 바랐다. (『호밀밭의 파수꾼』 이덕형 역 22)

TT2: 「낙제시킨 데 대해서 불만이라도 있나, <u>자네</u>?」 선생이 물었다. 「아닙니다. 선생님! 불만이라니요. 절대로 그렇지 않습니다.」 제발 선생이 내게 계속해서 「자네」라고 부르지만 않았으면 좋겠다는 생각이었다. (공경희 역 24)

예문 (19)는 'boy'를 '자네'라고 번역하여 선생님이 주인공에게 존칭어를 사용하였다는 것을 볼 수 있는데, 이것은 문맥상 적절하게 표현한 것116)이라고 볼 수 있다. 원문의 문맥을 정확히 파악하여 누구인지 주체

청자가 화자보다 나이나 신분이 낮거나 동등한 경우 → 너, 자네; 당신/ 화자보다 나이나 신분이 높은 경우: 아버님, 어머님, 선생님, 과장님, 사장님 ③삼인칭 단수: 화자보다도 나이나 신분이 낮거나 동등한 경우: 그, 그녀, 그 애 …/ 화자보다도 나이나 신분이 높은 경우: 그분, 아버님, 어머님, 선생님, 과장님, 사장님 …

116) "자네"에 대한 한국어 대명사 호칭은 상대방을 나이에 맞추어 존대의 뜻을 표시하기도 하고, 나이 지긋한 교수가 제자들을 부를 때 제자들이 '너'라고 부르기엔 나이가 들어 대우를 해줄 때 쓰는 호칭이다. 초등학교 선생님이 3,40세쯤 된 옛 제자를 만날 때도 같은 경우로 쓸 수 있으며 대체로 나이 차이가 많이 나야하고 상대가 20대쯤이어야 가능하다(이익섭 외 1997: 233). 전체적으로 말을 하는 사람이나 상대방이 나이가 들어야 쓸 수 있지만 위 예문의 "boy"의 번역에 대한 필자의 생각

나 객체를 정확히 밝혀주는 것도 중요하지만, 누구인지가 정확하다면 동시에 경어법에 알맞게 체언, 용언, 조사에 높임말을 어느 정도 적절하게 사용하는 것이 매끄러운 번역이라고 볼 수 있다.

> (20) ST: <u>Your name has been mentioned</u> by our chief supplier as one of the most reliable firms in Korea. (무역 40)
>
> TT: 당사의 주된 공급처에서도 <u>귀사</u>를 가장 신용 있는 회사로 <u>말씀했</u><u>습니다</u>.

원문의 Your name을 특수어휘에 의한 대우표현으로 '귀사'라고 번역한 것은 적절하며 동사구의 번역은 공급처를 높여서 나타낸 것이라 하더라도 어법상 적절치 않은 표현이다. [사람]의 자질과 말하는 주체가 화자보다 높을 때는 주체높임의 선어말 어미 '-시-'가 들어간 '말씀하셨습니다'가 적절하다. 그런데 주체가 집단이기 때문에 경어법을 사용하지 않은 '말했습니다'로 대치하는 것이 자연스럽다.

　이번에는 친족관계에 따른 호칭이 잘못된 부분을 살펴보기로 한다. 영어 원문은 Jane Austen의 『오만과 편견(*Pride and Prejudice*, Norton Critical Edition 1996)』의 4장에서 일부를 발췌하였다.

> (21) ST: "And so, you like <u>this man's sisters</u> too, do you? Their manners are not equal to his."
>
> 　　"Certainly not; at first. But they are very pleasing women when

---

은 선생님이 권위를 가지고 말하는 상황이며 상대방(주인공)에 대해 비위를 상하게 하고 한층 더 비꼬는 의도가 결합되어 있어서 단순히 '너, 녀석' 보다 "자네"의 번역이 맥락에 부합한다고 생각하는 바이다.

you converse with them. Miss Bingley is to live with her brother and keep his house."

> TT: "그러니까 언닌 <u>그분의 누님들</u>까지 좋아졌다 그거죠? 누님들 태도는 그 분만큼은 못했단 말예요."
> "하긴 그랬어 - 처음엔. 하지만 말을 건네 보면 퍽 상냥스럽다는 걸 알게 돼. 빙리 양은 오빠를 모시고 살림을 하고 있나 보더라."
> (박진석 역 13)

베넷 가의 큰언니인 제인과 둘째 엘리자베스가 나누는 대화부분인데 빙리 양이 동생인데도 "그분의 누님들"이라고 했고, 이 대화 바로 다음에서는 "빙리의 여동생"이라는 호칭이 나와서 독자로 하여금 혼란을 주고 있다.

특히 등장인물이 다수 등장하는 소설번역의 경우 먼저 번역자는 인물들 간의 나이 및 신분, 친족관계를 분명히 하여 소설의 끝부분까지 일관된 번역을 해주어야 한다.

[7] 결론

본 연구에서는 한국어와 영어의 차이점 가운데 하나인 경어법 문제를 논의하였다. 경어법 부분은 한영 및 영한 번역시에 반드시 고려해야 할 문화적, 언어적으로 중요한 부분이라 할 수 있다. 한국어는 화자와 청자, 제 삼자간의 여러 요인에 따라 어법이 달라지는 경어법체계가 정교하게 발달되어 있다. 문장의 주어나 상대방을 높여 말하는 경우 주격조사를 달리하거나 동사 어미의 굴절, 특수한 형태로 어휘가 교체되면서 표현을 달리한다. 또한 사람과 사람 사이의 특정 관계에 따라 명명되는 호칭어가 발달되었으며 특히 혈족간의 관계에서 더욱 두드러지는 특징이 있다. 반면에 영어는 한국어와 달리 존대의 범주가 비교적 세분화되어 있지 않고, 문법 체계상의 경어법 부분이 발달하지 않은 언어이다. 앞에서 논의 한 결과 주로 호칭이나 요청의 표현, 경어적 부사표현 등에서 나타나며 부탁이나 요청, 권유, 명령 등이 목적인 경우 자신의 입장과 상대방의 입장이 여러 가지로 고려되어야 하며 무엇보다도 상대방에 대한 배려가 필요하다는 것을 알 수 있었다.

경어법은 한국어의 대표적 특성이자 우리 문화의 고유한 특성이다. 경어법은 한국의 고유한 효(孝)사상과 가족 중심의 공동체 사회 및 계급적 신분 제도를 바탕으로 형성되었다고 볼 수 있다. 또한 오늘날 사회의 민주 평등 사상과 더불어 점점 친밀한 횡적 관계로 변화되어 가고 있는 실정이며 그 결과로 경어법은 차츰 단순화되어가고 있는 추세이다. 경어법의 변화양상은 문법연구자나 사회학 연구자들의 큰 관심사가 되고 있다. 영한번역의 측면에서 경어법은 양 언어의 문화적 차이를 확연하게 구별할 수 있게 한다. 번역은 원천 언어와 목표언어간의 단순한 언어전이가 아닌 목표언어 문화권에 맞추는 작업이다. 그러므로 목표언어권에 자연스러운 번역본이 생성되기 위해서는 영어에 없지만 우리의 언어적·문화적 특징인 경어법을 살려서 번역해야 한다. 그리하여 번역가는 원문과 목표언어에서 각각 사용하는 공손 어법의 차이를 인식하여 적절한 중개조치를 통하여 '공손성의 등가(politeness equivalence)'를 구현해야 한다. 특히 원문의 장르가 소설인 경우 등장인물간의 대우관계 결정은 필수적이다. 소설에는 다른 장르보다 등장인물이 많아 실제 번역시에 그 관계가 혼용되어 번역초반부에는 '고모'로 했던 번역을 뒤에서는 '이모'로 할 수 있다. 그러므로 번역가는 실제 번역에 임하기 전에 원문 전체를 정독하고 등장인물간의 대우 등급과 관계를 설정한 후 그것에 맞는 경어법체계를 설정해야 한다. 그리고 설정된 경어법은 정확하고 올바른 존대표현으로 나타내고, 처음부터 끝까지 일관성 있게 유지되어야 한다.

5.3 영어 수동문 번역의 문제

[1] 서론

한국어는 영어를 비롯한 인구어(印歐語)와 비교하면 여러 가지가 대조적이다. 그 중에서 무엇보다도 영어는 SVO 언어임에 반해 한국어는 SOV언어임에서 생기는 차이다. 한국어는 늘 동사가 문장 끝에 놓이는 동사 문말 언어(verb-final language)이다. 또한 한국어는 교착어라서 명사 뒤에 다양한 조사를 취하며, 동사나 형용사 어간에 결합되는 어미(語尾)의 종류가 상당히 많고 어미가 주요한 문법적 기능을 담당한다.117) 하나의 문장이 평서문, 의문문 또는 명령문의 여부는 문장 끝의 어미들에 의해 결정된다. 이에 비하여 영어는 이러한 문형의 차이를 위하여 목적어에 선행하는 조동사로 나타내거나 어순을 변경시킨다. 어미의 기능을 중심으로 다음의 예문을 살펴보자.

(1) a. 내가 지금 읽-는 책
    b. 내가 지금 읽-을 책
    c. 내가 어제 읽-은 책118)

영어로는 관계대명사 등으로 복잡하게 표현할 것들을 한국어에서는

---

117) 이익섭 1997: 20.
118) 이익섭 1997: 21.

어미 하나로 시제까지 포함시켜 간단히 나타내고 있다.

한국어에서는 또한 수식하는 말이 반드시 피수식어 앞에 놓인다. 관형어가 명사 앞에 놓이고 부사는 동사 앞에 놓인다. 명사(head noun)를 꾸미는 관계절도 그 명사 앞에 놓인다. 영어의 전치사에 해당하는 한국어 단어는 반드시 명사 뒤에 후치사(postposition)처럼 쓰인다. 다시 말해 한국어는 후치사적 언어(postpositional language)이며 관계절이 왼쪽으로 가지를 쳐가는 왼쪽 가지치기(left branching language)언어임에 반해 영어는 전치사적 언어(preposition language)이며 관계절이 반드시 명사 뒤에 놓이며 오른쪽으로 가지를 쳐가는 오른쪽 가지치기 인어(right branching language)라고 할 수 있다.

또한 한국어는 동사중심이며 영어는 명사중심의 언어로 비교하기도 한다(문용 2005: 31). 영어에서는 한국어의 '…을 보다'를 'look at(동사중심표현)'으로 나타내기도 하고 'have/take a look at(명사중심표현)…'으로 나타내기도 한다. look은 동일한 어형이 동사로도 쓰이고 명사로도 쓰인다. 한국어를 모국어로 삼는 영어학습자는 '…을 보다'를 영어로 옮기는 경우 '명사중심표현'보다는 '동사 중심표현'을 선호한다. 한국어에서는 보통 동사구가 쓰이는데, 그런 뜻이 영어에서는 흔히 명사중심구문으로 나타나는 구조가 발달되어 있다.

예를 들면, 쉬다→ take/have a rest, 이용하다→ make a use of, 약속하다→ make a promise, 해롭다→ do harm … 등의 표현이 있다. 한국인들에게는 이러한 명사중심구문들이 다소 생소하며 활용능력이 비교적 떨어진다. 즉, 영어에서는 take, have, make, do, put, be, give 등의 '일상동사+명사' 구문이 발달되어 있다.

한국어의 실제 대화 상황에서 우선적으로 고려되는 점은 두 대화자 간의 상대적인 위계관계이다. 한국어의 대화체에서는 문장의 어미 형태가 두 대화자 간의 위상에 의하여 결정되는 존대어법이 적용되므로 대화 참가자의 친소, 성별, 연령의 고하관계를 고려하여야 한다. 가령, 영어에서는 'you' 하나로 친구, 아버지, 선생님을 모두 가리킬 수 있지만 한국어에서는 화자와 청자의 나이와 신분을 고려하여 바꾸어 말해야 한다. 아버지나 선생님을 아예 대명사로 지칭하는 것을 금지되어 있다시피 할 정도이다.

영어수동구문과 관련한 영어와 한국어의 근본적인 차이의 핵심은 무엇보다 기본 어순의 차이에서 비롯된다고 할 수 있다. 영어의 SVO어순은 자연적이거나 인위적이거나 어떤 외부적 사건이 다른 대상에게 영향을 미치는 상황을 표현하는 구문들이 영어에서는 많이 쓰인다고 할 수 있다. 이러한 특징을 기본으로 반드시 주어를 명시해야 하며 주어가 생물이거나 무생물인 경우에 상관없이 동일한 타동사를 표현하는 경우가 많다. 그러나 한국어는 기본적으로 문맥에서 추론이 가능한 경우 주어를 흔히 생략하며 언어 특성상 영어에 비해 타동사 구문보다는 자동사가 발달하여서 예를 들어, 영어의 '무생물주어+타동사+사람 목적어'의 문형은 한국어로 그대로 대응할 경우 표현이 어색해지므로 굳이 같은 구조의 동사로 사용해야 할 필요는 없는 것이다.

한국어는 언어 특성상 주어자리에 사람이 오기 때문에 영어의 무생물주어 구문은 대부분 목적어가 표면에 나타나지 않는 자동사 또는 형용사 구문의 형태로 나타난다(이영옥 2001: 56). 즉, 한국어에서는 목적어를 표현하지 않는 자동사나 형용사 구문의 형태를 사용함으로써 해당되는 감정이나 영향을 불러일으킨 행위주체를 굳이 표현하지 않는 것이다. 무생물주어 타동사 구문이 발달한 영어의 경우 ①목적어(수동자)를 강조하기 위해, ②행위의 주체를 나타내기 곤란한 경우 ③동일한 주어를 유지하고자 할 때 등의 이유로 수동문을 사용하게 된다. 그러나 한국어에서는 아래 예문에서와 같이 능동문으로 표현된다.

(2) a. They speak English in Australia.
　　그들은 오스트레일리아에서는 영어를 쓴다.
　　b. English is spoken by them in Australia.
　　오스트레일리아에서는 영어가 그들에 의해 쓰인다.
　　c. English is spoken in Australia.
　　오스트레일리아에서는 영어를 사용한다.

위의 예문을 잠깐 살펴보면, (2)의 영어예문들은 형태와 통사적 관점에서는 가능한 문장이라고 하겠지만 실제 언어사용과 번역의 측면에서는 (2a)는 부자연스러운 능동번역인데 이는 한국어에서는 일반인 주어의 대명사를 사용하지 않는 특징이 있다.

(2b)의 영어 수동문은 by-Agent NP가 실제 정보가치가 거의 없는 것이 신정보위치에서 사용되었으므로 부자연스럽다고 할 수 있다. (2b)의 한국어 번역문을 보면 '그들에 의해'와 같은 행동주 명사구는 청자의 주의를 환기시키거나, 주어진 정보를 강조하거나 혹은 문체상의 이유로 사용될 수 있지만 일반적으로 생략되는 것이 자연스럽다. 이런 이유로 (2c)의 문장이 영문과 한국어번역문에서 가장 자연스러우며 화용적이다.

수동구문은 능동구문을 바탕으로 발달된 언어표현의 한 방식으로서 표면적인 형태만 다를 뿐 인간의 각 언어마다 나타나는 보편적인 현상이라고 할 수 있겠지만 구문상의 특성을 넘어 수동구문이 사용되는 의미적, 상황적 특징이라는 실제 사용의 측면에서 볼 때 특히 한국어와 영어는 그 차이점이 매우 두드러지게 나타난다. 즉 영어에서는 자연스럽게 수동구문의 형태로 표현되는 것이 한국어의 경우 동일한 수동구문으로 표현하려

할 때 구문 구성 자체가 불가능하거나 가능하다 하더라도 어색한 번역문체가 되는 경우가 많다. 이는 같은 수동구문이라 하더라도 한국어의 경우와 영어의 경우는 의미적 · 구문적 성격이나 사용범위에 있어 많은 차이점을 가지고 있으며 이러한 양 언어의 차이점은 특히, 번역활동에서 두드러진다고 할 것이다.

이번에는 어색한 수동번역문과 올바르게 수정된 번역의 예를 살펴보자.

(3) 그리고 나중에 악화되어졌을 때
  → 그리고 나중에 병이 심해졌을 때

(4) 어찌 여자에게 이해될 수가 있단 말인가?
  → 여자가 어떻게 이해한다는 말인가?

(5) 쟁반에 실리어 가져왔는데
  → 쟁반에 담아 가져왔는데

(6) 작가에 의해 쓰여지게 되는 것이리라.
  → 작가가 쓰는 것이리라.[119]

각 예문의 첫 번째 문장들은 어색한 수동 직역의 문장들인데 '~되어졌다, 되는 것이다, 쓰여지다' 등의 표현들은 올바르지 않으며 의미의 정확한 전달에도 문제가 있는 문장들이다. (4)번과 (6)번은 주체가 사람이므로 능동형의 번역이 더욱 자연스럽다고 할 수 있다.

현대영어에서는 말하는 순간에 화자의 관심의 초점이 어디에 있느냐에 따라서 혹은 수동태가 아주 좋은 표현 형태이기 때문이라는 등 여러

---

119) 안정효 1996: 113.

가지 이유로 인해 수동표현이 자주 쓰이고 있다. 즉, 수동형성의 범위에 있어서 영어가 우리말보다 훨씬 더 다양하고 넓다는 사실뿐만 아니라, 영어의 수동태 문장을 국어로 옮기는 과정에서 사람을 주어로 하는 능동문으로 나타나는 경향이 있음을 파악할 수 있다.

이번 절에서는 양 언어에서 드러나는 언어의 특이성을 가장 많이 표출하는 현상으로 관찰된, 영어와 한국어 간의 수동구문의 구성과 특징을 살펴보고 영한번역상의 문제점을 논하고자 한다. 한국어에 비해서 영어에서는 수동태가 많이 쓰이며 이러한 수동태를 한국어로 번역할 때 어떻게 처리해야 하는지는 이미 전문번역가, 번역학자, 국어학자들에게 자주 지적을 받아왔다. 박영목은 영어번역문에서 볼 수 있는 대부분의 피동문은 표현의 명료성과 간결성을 해치는 경우에 해당한다고[120] 지적하였으며, 김정우는 영어의 수동태를 국어로 번역하게 되면 어딘가 국어답지 못한 어색한 문장이 되는 경우가 많다고 하였다.[121]

또한 수동태를 다음과 같이 네 가지 방법 중의 하나를 사용해서 처리할 수 있다고 제시하고 있다.

<영어수동태 번역요령>
1. 능동형으로 번역한다.
2. 주어와 동작주를 바꾼다.
3. 조사 '은/는'을 활용한다.
4. 피해와 수익을 표현하는 경우는 그대로 수동형으로 번역한다.[122]

그러나 어떠한 번역지침서에서도 왜 이러한 방법을 취하는 것인지

---

120) 박영목 1994: 283.
121) 김정우 1995: 77.
122) 서계인 2004: 234-241.

그리고 수동문 번역의 화용적·기능적인 측면에 대한 설명도 제대로 언급하지 않고서 다만, 영어에 비해 한국어에서는 수동문을 많이 사용하지 않는다는 것만을 말하고 있는 실정이다. 그리고 영어교육과정에서 수동문을 능동문의 문법적 대안으로 보고, 능동문으로부터 도출되는 형식적 과정에 초점을 두어 학습한 나머지 다수의 번역자들이나 특히 초보 번역자들은 한국어로의 번역에서 어색한 직역이나 혹은 무조건 능동형으로 번역하는 주먹구구식의 번역을 하는 경우를 종종 보게 된다.

그리고, 수동문이라고 해서 언제나 그 성격이 똑같다고 볼 수 없는 때가 있다. 다음 예문에서와 같이 수동태의 의미 차이를 번역하는 것도 문제가 될 수 있다.

(7) The door <u>was shut</u> at six when I went there, but I don't know when it <u>was shut.</u>

위의 예문에 나타난 앞의 'was shut'는 「닫혀 있었다」라는 뜻으로 상태를 나타내고 있지만, 뒤에 나오는 'was shut'은 「언제 닫았는지 알 수 없다」의 뜻으로 동작을 강조하고 있다. 같은 수동구문이라 할지라도 동작이 어떠한 상태로 넘어가는 과정에서 표면화된 동작 그 자체를 나타내는 경우와 동작보다는 일정한 때의 상태를 강조하는 경우가 있다. 번역자는 이러한 수동 구문의 면밀한 의미차이를 인지하고서 번역에서 표현해주어야 한다.

본 연구는 영어 수동문의 의미와 기능에 부합하는 한국어 번역의 문제를 다루고자 한다. 한국어와 영어가 문법적으로 어떠한 차이가 있는지를 살펴보고 번역의 작업 또한 실질적인 의사소통의 확장으로 파악하여 수동문을 번역할 때 일어나는 여러 가지 현상과 문제점을 파악한 후 좋은 번역의 방법을 모색해 보고자 한다. 그리고 본 연구가 두 언어에서 드러나는 수동표현의 차이점을 비교 대조 분석함으로써 우리가 영어 문장들을 해석하거나 영작을 할 때 또는 교육을 할 때 단순한 국어로의 전이로 인해 발생할 수 있는 모호함이나 오류들을 최소한으로 줄이는데 작은 기여가 될 것으로 여기며, 본 연구의 논의는 번역교육뿐만 아니라 영어와 국어교육에도 시사하는 바가 클 것이라고 기대한다.

[2] 한국어 번역과 관련한 문법적 대조 및 비교

수동구문에 있어서 한국어의 경우와 영어의 경우는 실제 사용분야가 상당히 다르며 근본적으로 구문적 의미적 성격에서 많은 차이점을 가지고 있다. 이 장에서는 이러한 구조적 차이에 대한 분석을 통해 영어에 비해 한국어에서 수동태가 많이 사용되지 않는 이유를 밝혀보고자 한다.

첫째, 언어 유형론에서 영어는 SVO형이며 이때 주어는 반드시 존재[123]해야 하며 어순이 한국어에 비해 고정적이다. 다음 예문을 살펴보자.

> (8) a. The thief broke the window with a hammer.
> 도둑이 망치로 창문을 부쉈다.
>
> b. The hammer broke the window.
> *망치가 창문을 부쉈다.
> → 망치로 창문을 부쉈다. (담화상에서 적절한 품사전환 필요)
> → 무생물주어를 부사구로 전환

---

123) 영어의 주어는 행위자뿐만 아니라 무생물, 장소, 추상적 개념까지도 동작주성(agency)을 부여하며 문장에서 주어가 반드시 필수적이다(Hawkins 56).

c. The window broke.

창문이 깨졌다.

→ 창문을 부쉈다. (담화상에서 한국어 주어생략)124)

논항과 술어와의 의미적 관계에서 문법적 주어가 그 동사와 갖는 의미관계는 행위격(agent) 관계인 경우가 가장 많다. (8a~c)와 같은 예문들에서 의미범주가 행위격인 *thief*, 대격인 *window*, 도구격인 *hammer* 세 가지 가능성 중에서 행위자격(thief)인 경우 즉 (8a)가 가장 기본적인 주어로 이해될 수 있다. (8b, c)는 각각 도구격과 대격이 주어로 쓰인 경우이다.

둘째, 한국어에서의 주어는 행위격인 경우가 대부분이며 맥락상 파악이 가능한 경우는 자주 생략한다. (8b)처럼 동사가 타동사인 경우 도구관계를 가지는 무생물을 주어로 받을 수 없다. (8b)는 실제 번역의 상황에서는 품사전환이 필요하다. 즉 'the hammer'를 우리말의 부사구 '망치로'로 전환하면 자연스럽다. 그러나, 자동사인 경우는 한국어에서도 다음과 같이 무생물을 주어자리에 둘 수 있다.

영어에서는 아래 예문(9b)에서와 같이 주어가 대격 'a letter'로 나타나는 기본적인 수동구문 이외에 (9c)의 여격, (9d)와 같이 수혜격은 물론 (9e)에서와 같이 처소격까지가 수동구문의 주어가 될 수 있다.125)

(9) a. We wrote the mayor a letter.(시장에게 편지를 썼다.)

b. A letter was written. ((누가) 편지를 썼다.)

c. The mayor was written a letter.

 * 시장은/이 편지가 쓰여졌다.

---

124) 이영옥 2000: 54, 번역 및 해설은 필자가 함.

125) 이영옥 2000: 54, 번역 및 해설은 필자 역.

→ 시장이 편지를 받았다[26].

d. The waiter was left a tip.

  *웨이터는 팁이 남겨졌다.

  → 웨이터는 팁을 받았다[27].

e. This bed's been slept in.

  (누군가) 침대에서 자고 있어[128].

한국어에서는 도구관계를 가지는 논항이 문장의 주어 역할을 할 수 없다. 대격 또한 동사가 수동형태가 아닌 이외에는 주어로 나타나는 것이 자연스럽지 못하다.

위의 예문들의 한국어 번역을 살펴보면 (9a)에서 '우리는'주어는 특정인을 가리키는 것이 아니므로 생략하는 것이 적절하며 (9b)는 영어 어순을 그대로 전환할 경우 '편지가 쓰여졌다'의 번역이 되는데 한국어의 행위격 주어의 특성과 맞지 않으며 문장이 어색하다. 이런 경우 한국어에서는 행위자나 목적어 등을 생략하며 특히 영어에서처럼 타동사가 그리 발달하지 못했기 때문에 동사를 전환하여 능동형으로 표현하여야 한다. 이 경우 영어에서는 수동형을 쓰는 이유는 누가 'write'하는지 행위의 주체인지를 나타내지 않기 위한 방편이라고 할 수 있는데 이 경우 한국어에서는

---

126) (80c)에서는 수동자가 사람이고, 동사가 수동형 '~쓰여졌다'인데, 한국어의 경우 능동적 속성 때문에 피해나 수익, 기원의 경우를 제외하고는 능동형으로 전환해야 한다. 이때 다른 동사로 바꾸어 주어야 한다.

127) (80d)에서 '웨이터는'은 문장의 주어가 아니라 담화의 주체로 보아야 하며 영어 'leave' 타동사(…을 놓고 가다, 두고 가다)에 대응되는 우리말이 없으므로 능동형 번역으로 전환해주어야 한다.

128) 형식상의 행위자는 '침대'인 것처럼 보이지만 사실은 침대 위에서 잠을 자는 주체는 드러나지 않는 '나'거나 '우리'이다. 한국어에서 무생물인 장소나 동물까지도 동작주로 표현하면 극히 부자연스러워진다. 따라서 번역문에서 침대를 주어로 하기보다는 '침대에서'의 부사구로 처리하고 무주어(無主語) 구문이 자연스럽다.

행위자를 굳이 나타낼 필요가 없기 때문에 수동형을 사용할 이유가 없는 것이다.

이와 같이 영어에서는 추상적 개념, 무생물, 장소 등에도 동작주성(agency)을 부여하며, 문의 성분들의 위치가 고정되어 있는 반면에 한국어에서는 동작주(주체)뿐만 아니라 의미전달이 될 수 있는 상황이면 거의 어떤 성분도 탈락시킬 수 있으며 어순도 또한 자유로워서 수동문을 많이 쓰지 않는다.[129]

주어에 관해서 보면, 영어에서는 행동주뿐만 아니라 무생물(Instrument, Locative, Goal) 등도 모두 주어가 될 수 있지만 국어의 경우에는 행동주와 유정명사(Experiencer)만이 주어가 된다.

셋째, 영어의 감정 및 심리적 상태를 나타내는 타동사가 수동형으로 쓰일 때 한국어문형으로는 SV형의 자동사 혹은 상태형용사형으로 번역되어 능동형 구문을 형성한다.

다음은 수동동사구에 전치사구(by, with, at, in … etc.)를 동반하는 표현들을 살펴보도록 하겠다.

(10) a. I was surprised at his visit.
     그가 방문해서 놀랐다.
   b. She was interested in jazz music.
     그녀는 재즈음악에 흥미가 있다.
   c. The room was filled with noise.
     방이 시끄러웠다.

---

129) 서정수 1996: 1364.

d. The room was cluttered with toys.

　장난감이 방에 난잡하게 흩어져 있다.

e. The car was stuck in the mud.

　차가 진흙에 **빠졌다.**

f. I was much annoyed with him.

　그에게는 정말 화가 났다.

g. I was frightened by a shadow.

　그림자에 놀랐다.

h. Her contributions are well appreciated.

　(그녀가) 기부금을 내 주신 것에 대단히 감사한다.

i. Mosquitoes are attracted to dark colors, especially blue.

　모기는 어두운 색, 특히 푸른색을 좋아한다. (이끌린다)

j. The road was flanked by tall trees.

　길 양옆에는 큰 나무들이 늘어서 있었다.[130]

　위의 예문들 가운데 (10 a, b, f, g, h, i)의 예를 들면, 화가 나다, 겁이 나다, 놀라다, 신이 나다 등의 표현을 하는 것이다. 예컨대 "나는 배고파", "나는 깜짝 놀랐어", "기쁘다/춥다" 등의 말에서 한국어에서는 "나는"은 사실상 문장의 주어가 아니라 담화의 주체로 보며 결국 주어 없는 무주어 구문이 많이 통용된다.

　다시 말하면, 영어의 규범적 문형의 하나인 감정의 타동사는 SVO형의 문형으로 '행위자-행위-목표'(actor-action-goal)의 패턴을 갖고 있어서, 수동 전환시에 동작주와 수동자의 관계로 파악되지만 한국어는 행위자나 수동자같은 개념보다는 자동사로 대응된다고 할 수 있다.

　상황 및 맥락 중심인 한국어는 자신의 감정이나 감각을 서술하는 데

---

130) 예문은 성문 종합영어, p. 162에서 발췌, 번역은 필자 역.

서도 '事情'을 중심으로 하는 표현을 하고 행위자(또는 경험자)인 '나' 혹은 '내'를 표면에 드러내지 않는다(이현석 39). 또한 대화자 사이에서 주어가 누구인지를 알고 있으면 흔히 주어는 생략된다.

넷째, 주제-서술의 정보구조적 측면에서 볼 때 영어 수동문이 한국어로는 능동형으로 전환되는 경우가 많다.

Theme-rheme구조에 의해 어떤 내용에 초점을 맞추느냐에 따라 그 다음 문장의 주제, 즉 문장의 첫머리에 오는 내용이 달라진다. 아래 예문 (82)을 살펴보면,

(11) a. Sumi had a book home.
수미는 집에 책이 한 권 있다.
b. She is reading the book now.
수미는 지금 그 책을 읽고 있다.
c. The book was given as a birthday present by Minsu.
민수가 그 책을 생일선물로 주었다.

(11a)의 문장에 이어서 글을 써 나갈 때 어떤 내용에 초점을 맞추느냐에 따라 그 다음 문장의 주제, 즉 문장의 첫머리에 오는 내용이 달라진다. 수미를 주제로 글을 써 나갈 때는 (11b)의 문장이 되는데 (11c)의 경우처럼 초점을 책에다 두는 경우에는 영어문장은 수동태라야 하지만 한국어 문장은 능동문이 적절하다. 가령, 영어문장을 능동형으로 'Minsu gave it as a birthday present'으로 할 수 있지만 그러나 능동문보다는 수동문을 (11a)의 문장과 부합된다.

이상, 수동구문과 관련한 영어와 한국어의 문법적 구문적 차이점을

능동문번역과 연관 지어 설명하였다. 영어에 비하여 한국어에서는 수동태가 많이 사용되지 않는 근본적인 이유를 밝혔다. 이러한 구조적 차이를 인식하고서 올바른 영한 수동문 번역에 임해야 할 것이다. 영어 수동문을 번역할 때 언어적 형식에 그대로 대응하기보다는 수동문이 쓰인 상황과 기능을 고려하여 적절한 한국어 번역을 해야 한다.

[3] 양 언어 수동구문의 화용적 의미적 비교

이제 한국어와 영어의 수동문 사용의 문체 및 화용적·의미적 접근을 살펴보고자 한다. 한국어와 영어 수동문은 각각 대조적인 의미와 차이점이 존재한다.

첫째, 문체(writing style)의 차이점이다. 영어에서는 *one, they, people, it*를 사용하면 객관성, 자기보호, 비개인성을 나타내는 효과가 있으며, 따라서 행위자를 나타내지 않는 영어수동문은 이런 목적에 적합하다. 다음의 한국어 문장과 영어문장을 살펴보자.

> (12) a. <u>사태가 심각하다고</u> (우리는) 믿습니다. (밑줄 친 부분은 강조된 부분)
> b. ??We believe that the situation is critical.
> c. It is believed that the situation is critical.
> d. The situation is critical, we believe.

(12a)에서 한국어의 주어는 흔히 생략되며 밑줄 친 부분은 강조된 부분이고 한국어에 해당하는 영어 문장은 객관성, 비개인성의 효과를 나타내는 (c)가 선호될 것이다. 한국어의 '~라고 전해진다, ~라고 말해진다, ~

라고 믿어진다'식의 간접적 표현방식은 영어에서 가주어 it를 동반하는 수동구문으로 전환된다. 위의 (12a)의 한국어 표현을 영어로 그대로 대응하면 (12d)가 되는데 이때 '우리'라는 인식의 주체는 약화된다고 할 수 있다. 다음의 예문을 또한 살펴보자.

(13) a. 금일 휴업.
    b. (We are) closed today.
    c. ??My store is closed today.
    d. This store is closed today.[131]

(13a)에 가장 자연스러운 화용적 표현은 (13b)이며 (13b)수동문의 수동자가 일반인을 가리키므로 'We are'를 생략된 것으로 파악한다. (13d)는 '가게(store)'를 주어로 한 영어 수동문인데 문법상으로 가능한 문장이다.

    영어의 격식체 문장에서는 능동문보다는 수동문 문체를 사용하여 겸양을 나타낼 수 있다.

(14) a. 승객 여러분께서는 이륙하는 동안 안전벨트를 매어 주시기 바랍니다.
    b. You are requested to fasten your seat-belt during our take-off.
    c. ??I you to fasten your seat-belt during our take-off.[132]

한국어에서는 (14a)에서처럼 존칭접사인 '시'를 사용하지만 영어에서는 적절한 동사를 수동형으로 나타내는 것이 격식체 요인 중의 하나이다.

---

131) 강수언 1992: 244
132) 강수언 1992: 248.

둘째, '포함·내포' 개념의 경우 한국어는 '있다'형의 자동사 형태인데 반하여 영어는 담화 내용에 따라 수동과 능동이 사용될 수 있다.

(15) a. 그 집에는 아름다운 정원이 있다.
b. The house contains the beautiful garden.
c. The beautiful garden is contained by the house.

(16) a. 집이 숲에 둘러싸여 있다.
b. ?The forest surrounds the house.
c. The house is surrounded by/with the forest.[133)]

셋째, '관념, 인지, 감정'을 나타내는 경우에 한국어에서는 일반적으로 능동문위주의 문장이 사용되나, 영어에서는 담화내용에 따라 능동과 수동을 선택적으로 사용해야 한다. 다만, 감정의 표현은 영어에서는 수동문으로 나타내는 것이 일반적이다.

(17) a. 그는 이웃 부부를 안다.
b. He knows the couple next door.
c. The couple next door is known to him.

(18) a. 콩 심은데 콩 나고, 팥 심은 데 팥 난다.
b. The tree is known by/*to its fruit.

(17)에서는 한국어 능동 표현이 영어에서는 능동과 수동문으로 선택적으로 표현가능하며 (18)의 한국어 속담을 영어로 나타낼 때는 단어 대

---

133) 김상옥 1996: 128.

단어의 대응이 아닌 적절한 영어표현으로 바꾸어 주어야 한다.

    (19) a. 나는 놀라서 기가 막혔다.
        b. I was scared out of my wits.

    (20) a. 노크소리가 들렸다.
        b. ??*A knock at the door was heard by me.
        c. A knock at the door was heard.
        d. I heard a knock at the door.

    예문(19)는 한국어의 감정 표현은 영어에서는 수동구문으로 전환된다. (20)은 감각 지각의 표현으로서 한국어 문장에서는 주어를 생략하는 경향이 많다. (20b)는 행위자 표시 'by me'를 생략하는 것이 화용론상으로 적절하다. 왜냐하면, 문맥으로부터 행위자가 누구인지 명백한 경우이므로 생략이 자연스럽다. 한국어 문장에 대한 (20c, d)의 표현은 모두 가능하다고 할 수 있다.

    넷째, '손해·손실'의 경우에 담화 내용에 영향을 받는 점에 유의하여야 하는 경우가 있으나 대부분은 한국어와 영어에서 모두 수동문을 많이 사용하며 특히 영어에서는 수동문이 압도적이다(김상옥 128).

    (21) a. 배가 파도에 휩쓸렸다.
        b. The boat was swept away by the waves.

    (22) a. 그가 강에 익사했다.
        b. He(stupidly) drowned in the river.

c. He was accidentally drowned in the river.

d. *He was stupidly drowned ; Why couldn't he have been more careful?

e. He was stupidly drowned ; Why couldn't they have fenced off the safe area so he could have told how far to venture out?[134]

다섯째, 널리 알리는 정보전달 자료나 상업 광고의 경우 영어에서는 행위자가 생략된 수동문을 선호한다.

(23) a. Before the war olives were imported in casks in the brine in which they were cured, and then packed on arrival into jars, which made them expensive. (Quirk et al 1985: 1508)

b. Directions: *Apply* liberally to ear. *Massage* base of the ear. *Clean* accessible portion of the ear with cotton ball. *Repeat* if necessary. *Use* once or twice weekly on a routine basis. Otic-Clens <u>may be</u> <u>used</u> up to three times daily over extended period as directed by your veterinarian. (이탤릭체는 필자의 것임)

(www. Smith-Kline Beecham. com)

(23b)는 미국의 Animal Health 분야의 Smith-Kline Beecham 회사의 Otic-Clens for dogs and cats의 상품사용 지시서이다. 다섯 개의 「… 하십시오」라는 권유형 동사(이탤릭체 표시) 다음에 사용된 수동문은 회사의 관심의 초점과 청자, 독자의 관심이 바로 제품에 있는 것이므로 '*You may use Otic-Clens*'보다는 '*Otic-Clens may be used*'의 수동문이 적절하다.

지금까지 한국어와 영어의 수동문 사용의 문체 및 화용적·의미적

---

134) Bolinger 1977: 16-17.

차이점을 살펴보았다. 한국어와 영어의 능동문과 수동문 사용은 1:1의 대응관계가 성립되지 않는 경우가 대부분이다. 한국어는 근본적으로 '…하다'와 '…이다, …있다'형의 언어이므로 영어 수동문을 한국어로 옮길 때에는 담화내용과 화용적 의미를 고려해야 한다. 그리고 영어에서는 formal speech act나 writing style에 따라 능동문 또는 수동문 사용을 고려하여 선택해야 한다. 특히 과학서적, 학술서적, 논문에서는 행위자 생략의 수동문이 사용이 글의 객관성과 비개인성의 효과를 줄 수 있다.

[4] 텍스트 유형에 따른 영어 수동문 사례 및 한국어 번역

앞에서 논의한 양 언어의 수동구문의 문법적·의미적 차이를 실제 텍스트의 사례를 통해 살펴보고자 한다. 신문·잡지 및 영미 소설의 문학 텍스트에 나타난 수동구문과 이에 대한 한국어 번역을 살펴보고자 한다. 이러한 논의는 다양한 텍스트 유형에 따른 영어 수동용법을 살펴보고자 하는데 그 의의가 있다. 원문은 ST(Source Text), 한국어 번역은 TT(Target Text)로 표기하기로 한다.

> Title: Crackdown on Poachers in Colombia.
> (24) ST: Poachers typically transport the skins to cities around Columbia. They <u>are sold</u> on the black market to buyers in Japan, Europe and the United States. The skins <u>are used</u> to make shoes, wallets and other products.
>
> TT: 밀렵자들은 콜롬비아의 주요 도시에 보통 가죽을 수송한다. 이 가죽들은 일본, 유럽, 미국의 암시장에서 구매자들에게 <u>팔린다</u>. 가죽을 구두, 지갑, 그리고 다른 제품들을 만드는데 <u>사용한다</u>.
> (CNN 뉴스영어 즐기기. 20 밑줄은 필자가 표시함)

원문은 콜롬비아 정부의 밀렵자 단속에 대한 뉴스 기사문이다. 처음의 수동태 'are sold'를 학자들이 분류한 여덟 가지 수동용법으로 살펴보면 문맥상 행위자가 누구인지 분명히 알 수 있는 경우에 해당하며 행위의 대상 수동자 'They'를 강조(관심이 있을 때)하기 위하여 수동태를 사용한 것으로 볼 수 있다. 신문의 경우는 일반성보다는 특정 사건에 초점을 맞추기 때문에 단형 수동문(by+행위자가 나타나지 않는 수동문)을 사용한다(Biber 외 939). 즉 특정사건의 행위자가 비록 일반인이 아니라 특정인이지만, 행위자가 누구인지가 중요하지 않거나 문맥을 통하여 이미 알려져 있으므로 굳이 밝힐 필요가 없기 때문이다.

　　Granger는 텍스트 유형별로 수동구문의 사용빈도를 연구하였는데 그에 의하면 뉴스 기사는 문어체 영어 텍스트에 속하며 과학적 서술(19.3%) 다음으로 13.6%의 비교적 고빈도 텍스트에 해당한다고 주장하였다(282).

　　밑줄 친 수동태의 한국어 번역을 살펴보면 'are sold'는 '~팔린다'의 형태적 수동형(피동 접미사 - 이, 히, 리, 기)으로 나타나 있는데 여기서는 주어가 무생물인 '가죽'을 가리키므로 한국어에서도 수동형이 적절하다. 두 번째 수동표현은 수동자(The skins)를 번역문에서 목적어로 전환하여 서술어를 '사용한다'의 능동문으로 표현되어 있다.

　　　Title: Kyoto Pact Takes Effect
　(25) ST: After years of delays, the U.N.'s controversial Kyoto Protocol comes into effect on Wednesday. The treaty <u>is aimed</u> at reducing greenhouse gas emissions. ~ 중략 ~ The treaty <u>was agreed</u> to at a 1997 conference, and 141 nations ratified it. But it <u>was rejected</u> by Australia and the United States.

TT: 수년간의 연기 끝에 논란이 됐던 유엔의 교토의정서가 수요일에
발효된다. 이 협정은 온실효과가스의 방출을 감축하는 것을 목
표로 하고 있다. 이 협정은 1997년 회의에서 <u>합의되었고</u> 그리고
141개국이 비준했다. 그러나 그것은 호주와 미국에 의해 <u>거부되</u>
<u>었다.</u>

(CNN 뉴스영어 즐기기 36)

위의 글은 교토의정서 발효에 대한 기사문이다. 첫 번째와 두 번째
수동문은 단형 수동문이며 세 번째는 행위자가 드러나 있는 장형 수동문
이다. 국가간의 협의를 다루는 내용으로서 영어 수동문의 수동자는 대명
사(It, They…)보다는 'the treaty'로 분명하게 명시하였으며 한국어 번역은
원문의 의도를 직접적으로 전달하기 위해 수동문 중심으로 번역되었다.

외교문서나 협정 등은 정확성과 객관성이 생명인 만큼 번역문에서도
한국어수동형('하다' 동사 → '되다, 받다, 당하다'의 대치에 의한 수동형)
을 사용하고 있다. 특히 '되다' 수동은 한국어에서 행위자의 실현이 불가
능하거나 굳이 밝히고 싶지 않을 때 사용하며, 공식적인 문서, 협정 등의
문어에서 자주 볼 수 있다.

Title: Copyright Letter of FTA(Free Trade Agreement)

(26) ST: Effective Written Counter-Notification by a Subscriber Whose
Material <u>was Removed</u> or <u>Disabled</u> as a result of Mistake or
Misidentification of Material ~.

TT: 실수 또는 자료의 오인의 결과로서 자신의 자료가 <u>제거되거나</u> <u>무</u>
<u>력화된</u> 가입자에 의한 유효한 서면통보

(27) ST: These criteria may include that such a submission <u>shall be</u>

transmitted to it by the other Party and that ~ that the
submission is submitted by a person of the other Party and the
submission concerns matters related to the implementation of
specific provisions of Chapter Twenty (Environment).

TT: 이러한 기준은 그러한 입장이 다른 쪽 당사국에 의하여 <u>전달된다</u>
<u>는</u> 것과, 그러한 입장이 다른 쪽 당사국에 의하여 <u>제출되고</u> 제 20
장(환경)의 특정 조항의 이행에 관련된 사안에 관한 것이라고 믿
을만한 이유가 있는 경우에만 다른 쪽 당사국의 그러한 입장을
전달한다는 것을 포함할 수 있다.

(www.fta.go.kr. Chapter Eighteen (Intellectual Property Rights)

위의 원문은 한미 FTA협정의 제18장 지적재산권부분에서 발췌하였다.
국가 간의 공식적인 협정은 양해각서에 해당하며 법률적 효력을 가지고
있는 공적인 문서이다. 이것은 Peter Newmark의 기능별 텍스트 유형에
의하면 표현적(expressive), 정보적(informative), 호소적(vocative) 중에서
정보적 텍스트 유형에 속하므로 '정보성', '객관성'의 번역규칙에 따라 원
문의 기능과 의도에 충실하게 번역되어야 한다. 원문의 (26)과 (27)번의
수동구문은 한국어에서도 어휘적 수동방법인 '하다' 동사의 대치에 의한
수동문으로 전환되어 있다.

이번에는 문학작품의 사례를 살펴보기로 하겠다.

(28) ST: Only seniors <u>were allowed to</u> bring girls with them.

(*The Catcher in the Rye* p. 19)

TT1: 여학생을 데려오는 것은 상급생에게만 <u>허락되었기</u> 때문이다.
(이덕형 역 9)

TT2: 오직 상급생들만이 여자 친구들을 데리고 올 수 있게 <u>되어 있기</u> 때문이다.

(공경희 역 11)

(29) ST: I left Elkton Hills was because I <u>was surrounded</u> by phonies.

(The Catcher in the Rye p. 32)

TT1: 내가 엘크턴 힐스를 그만둔 가장 큰 이유는 그곳에는 엉터리 같
     은 놈들만 <u>우글대고 있었기</u> 때문이다. (이덕형 역 23)
TT2: 내가 엘크톤 힐즈를 떠난 가장 큰 이유는 주위에 가식적인 인간
     들만 <u>우글거렸기</u> 때문이었다. (공경희 역 26)

위의 예문은 '호밀밭의 파수꾼' 중에서 몇 개의 수동태 문장을 뽑아
본 것이다. 예문을 살펴보면 (28)번 원문의 번역문(TT1, TT2)은 그대로 수
동구문으로 번역되어 있는데 주어가 다르게 쓰였지만 수동문을 피하지는
못하였다. '~되어 있다'의 표현은 번역투를 연상케 한다. '오직 상급생들
만이 여자 친구를 데려올 수 있었다'와 같은 능동구문의 해석이 더욱 자
연스럽다고 할 수 있다.

영어 원문(29)의 'was surrounded by'는 직역으로 나타내자면 '~에 의
해 둘러싸이다'라는 수동구문이 들어가 있는데 번역문1과 2는 모두 '~ 했
기 때문이다'의 이유, 원인의 능동표현으로 전환하였으며 '우글대다'라는
표현은 원문의 의도를 직접적으로 잘 전달한 것으로 느껴진다.

(30) ST: I <u>am done with</u> the way I was, I <u>am done with</u> everything I
     learned. I am a seagull like every other seagull, and I will fly like
     one. (<i>Jonathan Livingston Seagull</i> p. 135)

TT1: 나는 지금까지의 자신과의 인연을 <u>끊은 거야</u>, 배워 둔 비행법과
도 <u>작별을 해야지</u>. 나는 다른 갈매기들과 똑같은 갈매기이고,
그들처럼 날아야한다. (『갈매기의 꿈』 김진욱 역 40)

TT2: 지금까지의 자신과의 인연을 <u>끊어야 한다</u>. 지금까지 연구해서
익힌 모든 비행술도 <u>잊어야 한다</u>. 나는 이제 다른 갈매기들과
똑같고 그들처럼 날아야 한다. (전혜경 역 24)

예문(30)의 'am done with'의 표현은 수동태구문이 아니라 관용적 표
현으로서 '끝나다', '마치다'라는 의미를 가지고 있는데, 자칫 오역을 할 수
있는 부분이다. 예문 (30)의 원문을 잘못 파악한 어떤 번역가는 '나는 있
는 그대로의 나로서 행했고, 내가 배운 모든 것을 가지고 해내었다. 나는
다른 모든 갈매기와 같은 갈매기이고, 그리고 다른 갈매기처럼 날것이다.'
라고 번역하여 수동태부분을 그대로 직역을 함으로서 어색한 번역을 하
기도 하였다. 따라서 번역가는 원문의 수동태 문장을 상황맥락을 고려하
여 의미 전달에 노력해야 할 것이다.

(31) ST: During this storm, which <u>was followed by</u> a strong wind
west-south-west, we <u>were carried by</u> my computation about five
hundred leagues to the east, so that the oldest sailor on board
could not tell in what part of the world we were. (*Gulliver's
Travels* p. 8)

TT1: 강한 서남풍이 <u>분 다음</u>, 그 사이에 배가 약 2만 킬로미터 동쪽
<u>으로 이동했기</u> 때문에 배에서 가장 연장자도 우리가 어디쯤에
와 있는지 알지 못했다. (『걸리버 여행기』 박정미 역 72)

TT2: 폭풍우가 몰아치는 동안 서남서쪽으로 부는 강력한 바람이 <u>불
었기</u> 때문에 우리는, 내 계산으로는, 동쪽으로 무려 500리그 (약

2,400킬로미터)나 <u>떠밀려온</u> 것 같았다. 따라서 배에서 가장 나
이 많은 선원조차도 우리가 지구의 어느 지역에 와 있는 것인지
알지 못했다. (류경희 역 144)

예문(31)을 살펴보면 번역문 1은 원문에 있는 수동태를 한국어 능동
형으로 번역하였으며[135] 번역문 2는 원문의 수동태 구문의 by+행위자를
이유·원인으로 나타내어 능동으로 번역하여 자연스러우며 'was carried
by' 부분은 강한 바람에 배가 제멋대로 움직이는 상황이므로 한국어 수동
형 번역(피동 접미사 '이', '히', '리', '기' 사용)은 맥락에 적절하다고 할 수
있다.

> (32) ST: Eliza, who was headstrong and selfish, <u>was respected</u>. Georgina,
> who had a spoiled temper, a very acrid spite, a captious and
> insolent carriage, <u>was universally indulged</u>.
>
> *(Jane Eyre* p. 29)

> TT1: 고집통이에 자기만 아는 일라이자는 <u>공대를 받고 있다</u>. 버르장
> 머리없고 표독스럽고 헐뜯기 좋아하고 당돌한 조지아나는 모두
> 에게 <u>귀염을 받고 있었다</u>. (유종호 역 21)
> TT2: 고집이 세고 이기심이 강한 일라이자는 사람들에게 <u>돋보였다</u>.
> 사나운 성질에 몹시 잔인하고 몰아붙이기 잘하는 심술궂은 행
> 동의 조지아나는 어디서나 <u>응석을 부렸다</u>. (임금선 역 14)

TT1에서는 원문의 수동태를 한국어 수동형으로 번역하였고, TT2에서는
능동형으로 번역하였다. TT1의 수동번역 '~받다'의 표현은 '번역문'이라

---

135) TT1의 번역은 원문의 'my computation' 번역이 빠져 있으며 'five hundred league'는
정확하게 계산하면 2400킬로미터인데 '2만 킬로미터'는 계산이 잘못된 오역이다.

는 인상을 다소 주고 있으며 표현이 딱딱한 느낌을 준다. TT2의 번역은 원문의 의미를 자연스럽게 '돋보이다, 응석을 부리다'로 표현하여 쉽게 읽히며 가독성이 다소 높다고 할 수 있다.

지금까지 신문·잡지 및 영미 소설의 문학 텍스트에 나타난 수동구문과 이에 대한 한국어 번역을 살펴보았다. 언어내용은 능동표현과 수동표현으로 모두 실현될 수 있으며 각각의 기능을 가지고 있다. 영어 수동구문의 한국어 번역은 텍스트의 특징과 종류 및 맥락에 근거하여 적절한 번역을 해야 한다는 사실을 알 수 있었다. 공식적인 뉴스 보도문, 과학 논문, 국가 간의 협정 등은 객관성과 정확성을 고려하여 가능한 원문의 의도를 살리는 수동번역이 더욱 빈번하며 앞에서 살펴본 문학번역에서는 대체로 능동번역이 자주 사용되었으며 인물간의 관계 및 맥락, 관용표현 등을 고려하여 적절히 번역해야 한다.

5.4 문학번역 방법 및 평가의 문제

문학 작품은 언어의 창조력을 최대한으로 발휘시킨 하나의 예술로서 수용이나 효능의 차원을 넘어선 보다 고차원적이고 종합적인 인식 활동의 산물이므로, 번역할 때는 그 작품의 고유한 의미와 구조를 존중해 작품의 향취까지 전달할 수 있도록 노력해야 한다. 본 장에서는 문학작품 특히 소설번역이라는 본 논문의 주된 관심사를 살펴보고자 한다. 문학 작품의 번역이 일반적으로 갖는 특수성과 번역이론 그리고 번역과정상의 난점들을 검토하도록 하겠다.

[1] 문학 텍스트의 특수성

과연 문학텍스트는 충분히 번역될 수 있는가? 문학작품을 번역의 대상으로 삼아 번역을 해 본 사람이라면 여타의 텍스트들과는 다른 번역상의 난관을 경험해 보았을 것이다. 이는 문학 텍스트가 가지고 있는 문학의 특수성에서 기인한다.

우리가 알고 있는 언어학적인 번역의 정의는 번역을 이해 또는 해석의 과정이나 창조적 내지는 예술적인 순수한 주관적 전환과정으로 파악하는 철학적·해석학적인 정의나 미학적·문예학적 정의와는 매우 다르다. 문학적 텍스트의 특징은 형식과 내용이 통일체로서 변증법적 관계를 이루고 형식이 강조되는 것인바, 한 문학작품은 그 문학작품 자체만의 의미뿐만이 아닌, 작가의 생애, 작품이 쓰인 당대의 사회상 등 텍스트의 내적, 외적인 정보들이 총체적인 유기적 결합을 하고 있다. 만약 번역가가 이러한 문학 텍스트의 총체적 결합을 이해하기 어려운 것으로 받아들여 번역을 포기한다면 우리는 세계문학을 접할 수 없을 것이고, 나아가 우리문학의 퇴보를 지켜볼 수밖에 없을 것이다. 여기서 문학 텍스트 번역의 필요성이 요구된다.

문학 텍스트는 불특정 다수의 독자를 상대로 한다. 똑같은 원문이나 번역문이라도 독자마다 나름의 해석을 하고 평가를 내린다. 그렇기 때문에 번역가는 원문에 충실하면서도 원문이 주는 효과와 가장 가까운 번역을 해야만 한다. 그렇다면 문학 텍스트 번역이론에는 어떠한 것이 있는지, 문학텍스트 번역방법의 문제점은 무엇인지 먼저 알아볼 필요가 있다.

[2] 문학 텍스트 번역이론

20세기 이후 번역 대상이 되는 텍스트들의 영역은 문학 이외의 분야로 그 폭이 넓어지기는 하였으나, 문학 텍스트의 번역은 여전히 번역의 주된 분야를 차지하고 있다. 그러나 아직도 일천한 '번역학' 이론의 정립 속에서 문학 텍스트만의 번역이론을 찾기란 어려우며, 때문에 문학 텍스트 번역의 방법론은 '직역'과 '의역'의 두개의 큰 축에서 논의되고 있는데, 이 대비는 R. Kloepfer와 J. Levý의 문학번역이론을 보면 잘 알 수 있다.[136]

우선 R. Kloepfer는 『문학 번역 이론』에서 문학 텍스트의 번역은 시 문학 이론 및 해석학과 긴밀한 연관성을 가지고 있고 비문학적인 텍스트 와는 달리 문학 번역 고유의 이론이 요구되며, 과학적 텍스트나 비문학 텍스트는 구조주의 언어학과 정보이론을 원용해야 한다고 했다.[137] 18-19세기의 이론과 Valéry의 주장을 토대로 하는 Kloepfer의 이론은 번 역가의 언어세계가 저자의 언어세계에 대해 임의적으로든 어떻든 전개만 되는 것으로는 안 되고, 반드시 원문의 언어세계와의 투쟁을 통해 그에 따라 목표언어의 낱말소리에서 완성되어야 한다는 보다 수준 높은 직역 을 요구하고 있다.

Kloepfer의 이론은 번역을 문학중의 문학으로 보고 직역, 즉 원문에 대한 충실성의 중요성을 잘 부각시키고 있다. 한가지, Kloepfer는 문학작 품의 번역에 관한 이론에 언어학을 결부시키기를 반대하는데, 문학번역의 제 문제를 언어학으로는 해결할 수는 없으나 언어학의 번역에 대한 공헌 가능성도 묵과할 수는 없을 것이다.

한편 Kloepfer와 함께 문학텍스트의 번역이론을 정립한 J. Levý는 『문학적 번역, 예술장르의 이론』에서 독자에게 원문을 읽는 것 같은 환상 을 불러일으키는 번역인 환상적 방법과 독자 자신이 원문이 아닌 번역문

---

136) Levý, J. 1967: 1175.
137) 박용삼 역. 1990: 86.

을 읽고 있다는 의식을 갖도록 하는 번역인 비환상적 방법으로 구분하여 '축어적인/의역의, 문헌학적/예술학적, 소외적/독일어화된' 등으로 나누는 이분법적 번역 방법론을 제시하였다.[138]

Levý의 입장은 언어학적으로는 기능적이고, 미학적으로는 실제적인 것이다. 즉, 독자에게 원본을 읽는다는 환상을 환기시켜주는 번역 방법론인 환상적 방법론을 말한다. 이는 원본을 읽는 독자와 번역본을 읽는 독자의 체험이 같아야 한다는 것이 아니라, 양 독자의 문화사적 관계의 총체적 구조에서의 기능이라는 시각에서 본 동일성을 주장하는 것이다. 그에게 있어 번역본은 작품으로서의 예술적 복제품, 번역 행위 자체는 과정에서의 독창적 창조, 예술장르로는 복제예술과 독창적 예술의 경계로 파악하는 복합적인 입장을 취한다.

이렇듯 Levý의 이론적 특징은 구조주의적 방법을 중시한 데 있지만, 그 보다 중요한 핵심은 작품이 지니는 작용에 대한 개념이라 할 수 있을 것이다. 번역의 미학적 기능, 번역가의 객관적 번역태도를 중요시하는 Levý와 Kloepfer의 이론적 차이점은 Kloepfer가 기존의 언어학적인 방법론보다는 새로운 문학번역이론의 필요성을 강조하는 데 비해 Levý는 새로운 언어학적 방법론을 모색한다는 것이다.

여기서 '왜 우리는 번역을 하는가'를 잠깐 생각해 볼 필요가 있다.

우리는 번역을 통해 모국어의 영역을 끊임없이 넓혀주는 작업을 한다. 모국어의 새로운 어휘를 창조하며, 그 통사와 의미구조를 새롭게 하고 확장시키는 것이다. 번역을 하는 것은 곧 외국어의 낯설음을 모국어에 옮겨 놓음으로써 우리가 체험하지 못했던 정서와 개념을 탐색하고, 무엇보다도 그것에 '형식'을 부여하려는 것이다.

---

138) ibid, p.90.

결국 번역에 있어서의 과제는 번역하고 있는 언어에서, 그 언어를 통해 원 텍스트가 갖고 있는 의미와 메시지를 구현하는데 있다.

[3] 문학 텍스트 번역의 문제점

앞서 말했듯이, 문학의 특수성으로 인해 문학 텍스트의 번역은 어려울 수밖에 없다. 하지만 문학 작품은 계속 쓰여 질 것이고, 그에 따라 작품을 읽고자 하는 독자가 생겨나는 것은 당연하며, 국제화 시대에 각 나라 사이에 문화교류 또한 더욱 더 활발히 이루어져 번역 또한 영구히 지속될 작업이고 보면 문학 텍스트 번역의 문제점은 어떠한 것들이 있는지 살펴보아야 할 것이다.

문학 작품의 번역은 번역에서 가장 어려운 분야라고 할 수 있다. 문학성을 옮겨 놓는다는 것은 곧 제2의 창작을 의미할 수 있기 때문이다. 작가 못지 않은, 어쩌면 작가 이상의 풍부한 상상력과 표현력 등 문학적 소양이 두루 갖춰져야 한다. 특히 소설의 경우, 작품의 분위기, 글의 상징성, 등장인물의 성격 파악, 사건의 상호 연관성과 연속성에 대한 완벽한 이해 없이는 올바른 번역이 될 수 없다.[139]

번역에 있어, 소설은 우리가 가장 흔히 접할 수 있는 문학 장르로 양적으로도 가장 많이 이루어지고 있다. 하지만, 소설번역의 어려움은 허구를 만들어 가는 언어의 환기성뿐만 아니라 그 허구적 요소, 사건들과 그 사건들이 이야기되는 방식으로서의 이야기, 사물이나 인물, 장소들을 제시하는 묘사, 인물들의 말과 생각이 알려지는 방식인 서술의 층위에서 찾을 수 있다. 즉 이러한 모든 층위의 것들이 동시에 작용해야 하는 역동적인 구조를 가진 것이 소설이기 때문에 어느 한 가지만을 번역의 대상으로

---

139) 이석규 외, 『우리말답게 번역하기』, 역락, 2002, p.256.

삼기 어려워진다.

문학 텍스트의 기본 구조는 형식과 내용이다. 각 장르마다 다른 형식, 그 작품의 내용에 따른 미적 가치 때문에 번역에 있어서의 어려움도 보다 커지게 된다. 결국 문학 텍스트 번역에서 문제가 되는 것은 형태의 보존이 아니라 독자에 대한 의미상의 문제와 미학적인 가치에 관한 것이다.

이러한 문학 텍스트 번역의 문제는 다음과 같이 크게 두 가지 요인, 즉 언어 내적인 요인과 언어 외적인 요인으로 나눌 수 있을 것이다.

① 언어 내적인 요인

번역상의 문제에 직면하였을 때, 그것이 언어적 차이인지 혹은 문화적 차이인지 검토해 볼 수 있다. 유사 문화권에 속한 국가 간의 언어는 문화적 차이보다는 언어적 차이가 크지만, 영어와 한국어처럼 문화권이 다를 때에는 언어적으로나 문화적으로나 많은 문제점을 야기 시킨다.

언어 기호의 상이성이 개념의 등가성으로 바뀜으로써 번역 가능성을 실현시킬 수는 있지만, 언어기호가 서로 다르더라도 공통 개념을 표현하는 기호체계로서의 어휘의 부재라든가, 같은 개념을 가진 어휘가 각 언어에서 어느 정도의 다의어를 포함할 수 있는가, 형식적 어휘가 의미론적으로 실현되는 언어 자체의 유기적 특성 등 그 점진적 난이도를 무시할 수는 없다. 어휘, 문법, 의미, 문체 등의 층위가 언어 내적인 요인에 속하는데, 이러한 층위의 요소들은 언어의 상이성에서 비롯된다. 예를 들면 한국어는 논리적이기보다는 막연하고 모호하며, 객관적이기보다는 특수한 관계의 의식에 의존하는 경향이 짙다. 반면, 영어는 한국어에 비해 논리성과 객관성을 표현하는 특징이 있다.

이러한 층위의 요인들 중에서도 문학 텍스트 번역에서 중요한 것은 아마도 원 텍스트의 문체를 그대로 살려낼 수 있는가 일 것이다. 작가의 언어 창조 및 그의 의도까지도 숨어 있는 개인의 문체는 미학적 효과와 관련되기 때문에 번역에 있어 적합한 문체를 선택한다는 것은 원 텍스트의 의도를 완전히 이해하고 난 후에야 가능하기 때문이다.

② 언어 외적인 요인

언어 외적인 요인의 문제는 상이한 문화 체계 수용의 문제로 귀결된다. 상황, 시간, 독자, 화자 등의 언어 외적인 요인들이 끊임없이 변화하는 유기체인 언어에 발맞춰 어떻게 나른 특징으로 나타나는가가 문학텍스트 번역을 특징짓기 때문이다.

예를 들어 프랑스인의 이름을 한국인 이름으로 바꾸어 부른다든가, 프랑스 지방이름을 한국의 지방이름으로 대치하여 번역하는 것은 독자로 하여금 혼란을 느끼게 할 수 있다.

번역에 있어 문화수용의 방식은 수용문화에 적합한 형식을 취하는 것과 충실한 번역을 위해 이질성을 그대로 제시하는 두 가지로 요약된다. 독자의 이해도에 따라 자연스러운 것으로 혹은 충격으로 받아들여질 수 있는 언어 외적인 요인들은 현대사회의 대중매체의 발달과 날로 빈번해지는 국제교류로 어느 정도 감소될 수 있기는 하지만, 번역을 담당하는 번역가의 윤리적 태도를 반영하는 경험에 기대어 인식할 수밖에 없는 것이다.

진정한 문제는 번역가가 문화적 차이의 해석자가 되어야 하느냐 아니면 그 해석을 독자에게 맡겨야 하는가를 아는 것이다. 이렇게 보면 번역은 단순한 외국어의 문장이식에서 끝나는 것이 아니라 문화이식의 문제와도 관련되는 것임을 알게 된다.

우리가 외국 문학작품을 번역할 때 문화적 차이에서 오는 소통불능을 가장 큰 애로사항으로 손꼽았던 것이 사실이다. 하지만 빠른 속도로 줄어들고 있는 문화적 차이를 이제는 무시하거나 과장하지 않는 번역의 자세가 필요하다.

[4] 오역과 번역비평

최근 학계에서뿐만 아니라 언론계나 일반 독자들에게서까지 번역비평이 폭넓게 이루어지고 있다. 하지만 이러한 번역 비평에서 등장하는 '오역', '직역', '의역', '충실성', '가독성' 등의 용어는 지나치게 포괄적이고 모호하다. 이런 상황을 반영하여 번역비평의 기준을 보다 구체화하려는 시도가 있었다. 이상원은 일간지 및 월간지 기사, 2개 인터넷 서점 홈페이지(www.aladdin.co.kr, www.yes24.com), 6개 출판사(열린책들, 김영사, 시공사, 다빈치 코드, 북하우스, 황금가지) 홈페이지를 통해 총56건의 번역비평을 수집하고 여기서 581개의 지적사항을 추출한 후, Toury(1995)와 Chesterman(1998)의 번역규범모델을 바탕으로 분류하여 <표 5.1>과 같은 번역평가규범으로 정리하였다.140)

표 5.1 출판번역독자들의 번역평가규범(이상원, 2005)

상위 규범	하위 영역	
기본적 태도 규범	1) 기본 지향	2) 번역 여부 판단
출발 텍스트와의 관련성 규범	1) 텍스트 이해 3) 단어 및 표현 이해 5) 형태 유지 7) 언어 유희	2) 문장 이해 4) 첨삭 6) 숫자 표기

---

140) 이상원 2006.

상위 규범	하위 영역	
도착 텍스트의 효율성 규범	1) 텍스트 구성	2) 문장 구성
	3) 단어 및 표현 구성	4) 오탈자
	5) 외국어 고유명사 발음 표기	6) 대우법
	7) 역주	8) 띄어쓰기
	9) 새로운 한국어 인지명 창조	
배경지식 규범	1) 전문 용어	2) 신화 내용
	3) 시대 배경	4) 대중문화/스포츠
	5) 종교	6) 제도와 관습
	7) 제 3의 외국어 지식	8) 저자 및 도서 관련 지식
	9) 지리	10) 고전 문학 지식
	11) 자연 과학 지식	12) 예술
윤리 규범	1) 번역사 윤리	2) 편집인 (출판사) 윤리
	3) 기타 관련인 윤리	
정책 규범	1) 번역사 선정	2) 원본 도서 선정
	3) 분책 출판	4) 중역

한편, 전현주는 '용인성', 즉 번역 텍스트의 내적 외적 신뢰성을 기준
으로 삼아 비평전문지 '안과 밖' 및 '교수신문'의 번역비평 27편을 분석하
여 <표 5.2>와 같은 '용인성 점검 요소'를 추출하였다.[141] 앞서 정리한 이
상원과 전현주 학자들의 작업은 문학작품에 대한 번역비평만을 분석대상
으로 삼지는 않았다. 물론 이상원의 경우 비평 대상 도서 60편 중 36편이,
전현주의 경우 27편 중 16편이 문학작품이고 따라서 문학작품에 대한 번
역비평이 과반수 포함되기는 하였다. 하지만 결과로 제시된 표는 장르를
막론한 총체적 번역비평에 대한 분석이었다.

---

141) 전현주 2006: 179-205.

표 5.2 번역 텍스트의 용인성 점검 요소(전현주, 2006)

텍스트 외적요소		ST 및 TT 작가 및 작품의 위상, ST출전, TT출간 이력(중역, 표절본, 발췌본), 번역환경, 작품에 대한 배경지식, 번역전략, 독자반응, 역자후기, 역주
텍스트 내적요소	어휘적인 면	어휘, 고유명사, 방언, 관용어, 표기법, 한자어, 외래어
	의미적인 면	저자 의도, 수사법
	통사적인 면	문법(시제, 어순, 수식, 대명사), 문장부호, 역자 부주의 (첨가, 누락, 탈자, 오식)
	화용적인 면	① 문체 : 어투(구어체, 문어체, 고어투, 현대어투, 대우법), 우리말 어법, 서술기법 ② 결속성 : 단락처리, 접속사, 호응관계, 문맥, 등장인물 관계, 인물이나 대상묘사의 일관성
	형식적인 면	가로쓰기, 문단 나누기(혹은 합치기), 역주

<표1>의 번역평가규범을 최근의 번역비평 서적들에 적용해 본 결과 본 연구자는 문학작품을 대상으로 하는 번역비평이 여타 번역비평과는 조금 다른 특성을 가지고 있는 것을 살펴볼 수 있었다. 즉 도착 텍스트의 효율성 규범에서 의미전달을 넘어선 더욱 자연스러운 표현이 강조되었고 그밖에도 뉘앙스의 전달, 상황을 반영하는 표현과 문체, 대우법 등에 대한 비평이 두드러졌다. 이는 '문학'이라는 장르의 특성을 반영하는 것으로 판단되며 문학 번역 비평을 별도로 다룰 필요성을 제기하게 된다.

외국 문학 작품에 대한 한국어 번역에 대한 비평을 살펴보면, 현재 외국문학작품에 대한 한국어 번역에 대한 본격적인 비평은 대부분 해당 국가 문학 혹은 해당 작가를 전공한 학자가 맡고 있다. 영미문학 연구회의 영미문학 번역 비평이나 교수신문의 '최고의 고전 번역을 찾아서' 시리즈 등이 있다. 이는 문학 번역비평이 언어적 치환보다는 '문학적 치환', 즉 출발어 문학이 도착어 문학으로 옮겨지는 것을 기본 전제로 삼는다는 점을 알려준다.

상대적으로 더 다양한 언어권을 다루는 교수신문의 고전 번역 비평 시리즈 중 문학 번역에 대한 비평을 살펴보면 여러 번역본의 비교 분석을 통하여 결국 '원문에 충실한 번역본'이 추천되는 경향이 있다. 김운찬은142) '이따금 가독성이 떨어지기는 하지만 원본에 충실한' 단테 '신곡'의 두 번역본을 추천했고 김성일도 '원문에 가장 충실한 번역'이라는 이유로 톨스토이 '안나 카레니나'의 한 번역본을 추천하고 있다.143) '원문의 내용을 가장 충실히 전달했으며 적절한 주석이 붙었기에' '고투체가 있고 문장이 무미건조한 융통성 없는 필체'에도 불구하고 추천된 '삼국지연의' 번역본(교수신문 편, 168), '오역의 최소화를 이뤄냈고 누락된 구절이 거의 없기' 때문에 '원작 특유의 시니컬하고 풍자적인 어투를 살려내지 못한 직역'이 추천된 루쉰의 '아Q정전' 번역본(교수신문 편, 202-203)이 그 예이다.

전공 학자들의 이러한 번역비평은 '출발 문학작품의 의미와 내용을 얼마나 잘 재현하고 있나'를 판별한다는 목표를 가진 것이라 정리 할 수 있다. 전문가 독자들이 기자나 일반 독자에 비해 원문과 번역문의 비교 분석을 더욱 중시한다는 점을 파악할 수 있다.

김효중이 '번역비평의 가장 기본적인 목적'을 '원본과 번역본의 비교를 통해 오류가 있는지 찾아내고 또 한편 그 오류의 원인이 어디에 있는지 확인하는 데 있다'고144) 규정한 바도 있지만, 강대진(2004), 이재오(2005)를 비롯한 대개의 번역비평 관련 저술이나 논문들에서는 오역비평에 치우쳐 있다는 느낌을 받는다. 『영미명작, 좋은 번역을 찾아서』의 '충실성'과 '가독성'이라는 '좋은 번역'의 기준들도 사실은 오류의 빈도를 따지기 위한 기준들이다. 정혜용145)과 이상원의 연구결과가 '현행 번역비평

---

142) 교수신문 2006년 12월 26일 참고.
143) 교수신문 2007년 2월 5일 참고.
144) 김효중 1998: 247.

의 핵심에 충실성과 가독성이 위치한다는 것을 실증적으로 보여주는데 충실성과 가독성이라는 두 잣대가 함량미달의 번역을 걸러낸다는 점에서 우리의 번역 현실에서 일정 역할을 하고 있다는 것을 인정하지만 궁극적으로 폐기되어야 할 비평기준이라 평가한다. 이는 내세운 번역비평이 충실성과 가독성이라는 두 잣대를 내세운 번역비평이 텍스트 층위에서 이루어지는 문학번역가의 번역 실천을 아우르지 못하는 랑그 층위의 기준들이기 때문이라는 것이다. 그러나 모든 오류분석은 담론차원에서 보다 적극적으로 이루어질 필요가 있다.146)

전성기는 오류분석 차원을 넘어, Berman이 말하는 본격적인 번역비평의 상당 부분, 특히 그가 지적하는 번역 텍스트들의 우선적인 검토, 원텍스트의 검토, 상호적 검토의 상당부분을 포괄해야 한다고 주장한다.147) 지금까지의 오역에 대한 담론들은 '금지문법적' 혹은 '규범 문법적' 번역담론들인데, 이러한 규범적 번역문법은 현재도 필요하고 앞으로도 어느 정도는 계속 필요할 것이다. 하지만 문제는 우리가 이 규범적 번역문법에 과도하게 얽매여 있고 이 규범적 번역문법도 지나치게 경직되어 있다는 것이다. 이러한 경직된 규범적 번역문법이 어제의 번역문법이요, 지금까지의 번역문법이라면, 앞으로 우리에게 필요한 것은 '기술적' 번역문법이요, 보다 완화된, 다양한 언어생활을 반영하는 보다 탄력적인 '규범적 문법'이다. 그러나 오늘의 구체적 번역읽기와 번역비평을 위해서는 무엇보다 '생산적' 혹은 '산출적' 번역문법이 필요하다. Ladmiral은 번역학을 학문이라기에는 너무도 인간적인 학문이라 하였는데148) 번역문법이야말로

---

145) 정혜용 2006: 1-12.
146) 전성기 2006: 359-387.
147) Berman 1995.
148) Ladmiral 2004: 24-65.

현재로는 '인간적인 너무도 인간적인 문법'일 수밖에 없다.149)

산출적 번역문법은 규범문법에서 말하는 '법칙'이나 '규칙', 기술번역
문법이 말하는 체계나 일관성은 가지고 있지 못하다. 하지만 이 번역문법
은 텍스트1(원텍스트)의 언어-문화문법과 텍스트2(번역텍스트)의 컨텍스
트(맥락)상의 관계 혹은 상호작용을 텍스트 내용과 관련된 연구들은 물론,
언어이론, 번역이론, 문화이론 등 다양한 자료들을 활용하여 탐색한다. 이
번역문법은 엄밀히 구분되지는 않지만 편의상 1단계와 2단계로 구분할
수 있다. 1단계에서는 텍스트번역에 대한 기본적 비교조사를 하는데, 다
양한 오역들에 대한 '신단과 치료'를 목적으로 하는 '임상문법'의 역할을
할 수도 있다. 무엇이 잘못 되었는가, 왜 잘못되었는가, 어떻게 하면 되는
가 하는 문제들을 다루는 것이다. 여기서는 번역상의 선택의 여지가 비교
적 좁다고 할 수 있다. 2단계에서는 원 텍스트와 번역텍스트의 텍스트 비
교분석에서 기존의 학문적 연구들의 성과를 충분히 고려한 인문학적 성
찰이 번역문법의 주요 과제가 되는데, 1단계에서 고려되지 못한 텍스트상
의 의미관계들이나 텍스트의 심층적 의미들이 충분히 탐색되어야 할 것
이다. 2단계에서는 번역상의 선택의 여지도 상대적으로 커지기 때문에 의
미와 표현의 선택의 타당성에 대한 검증이 보다 면밀하게 이루어져야 한
다. 이 과정에서 다양한 자료들을 바탕으로 한 의미와 표현에 대한 번역
사의 자신과의 수사적 협상과정이다(전성기. 2007).

---

149) 전성기(2006: 367) "라드미랄(1987)은 '오늘'의 번역학을 '생산적' 번역학이라 부른
다. 이 생산적 번역학은 번역 실천을 용이하게 해 줄 목적으로 일련의 개념과 원리
들을 짜맞추는 '편익적'담론들로 이루어진다. 그는 이러한 '편익적' 담론이 번역사
의 번역상의 심리적 고충이나 고통들을 일시적으로나마 해결해 준다는 점에서 '치
료적 담론'이라고도 말한다. 그 자신이 독일철학, 정신분석학 등의 인문학 번역가
인 라드미랄(2004:150)은 '연역적 과학적 번역학의 발전을 기다리는 동안 우리는
인식론적 오만을 물리치고 번역학이라는 것이 인문과학임을 상기하여야 할 것'이
라고 조언한다.

하나의 텍스트를 번역문법적으로 읽는다는 것은 우선 그 텍스트를 '깊이', '심층적으로' 읽는다는 것이다. 이에는 다양한 접근법이 있을 수 있는데, Gile(1995)이 말하는 '비판적 읽기'도 하나의 방법이고, 원 텍스트나 번역텍스트를 '삼중 대조분석'적으로, 즉 원어표현들끼리 대조하고, 역어표현들끼리 대조하고 전자와 후자 사이의 교차대조하는 방식으로 읽고 분석하는 것도 변별적 의미 파악을 위한 하나의 방법이 될 수 있지만, 이는 어디까지나 맥락을 고려하여 하는 작업이다.150)

Schleiermacher는 작품의 이해는 그 첫 출발부터 언제나 '이해의 불확실성'을 내포하고 있다고 한다. 인문학 번역자도 '선이해'와 '선입견'의 불가피성을 인정하고 의미의 이해에 보다 깊이 주의를 기울여야 할 터인데, 맥락이나 상호 텍스트성은 물론 다양한 자료들의 도움을 받아야 하며 그렇게 함으로써 해석의 타당성을 보다 높일 수 있을 것이다. 원 텍스트와 번역텍스트의 다양한 의미들의 분석과 이해, 그리고 그 타당성을 검증하려면 번역주체가 깊이 개입될 수밖에 없는데 텍스트마다 관련된 내용과 맥락, 사회적 역사적 상황이 다르기에 구체적인 작용은 매번 달라질 수밖에 없다. 번역의 번역문법적 이해와 분석 역시 불확실한 상황에서 다양한 요소들을 고려하여 선택하고 결정해야 한다는 점에서 수사적이고 해석학적일 수밖에 없다. 번역사는 원 텍스트와 번역 텍스트의 의미에 대한 부단한 교섭과 협상의 과정을 거치면서 번역물은 이러한 과정의 결과물이다. 언어와 문화 시니피앙과 시니피에, 텍스트와 맥락 모두를 고려하는 번역문법은 번역의 주요한 원리임에 틀림없다.

---

150) 변별적 의미는 이른바 '번역단위'에 의해 표현될 수도 있고 그렇지 않을 수도 있다.

6

번역 사례 분석

이번에는 Daniel Defoe의 『로빈슨 크루소』(*Robinson Crusoe*) 영어 소설을 연구중심 자료로 다수의 한글 번역본 가운데 김병익 역. 2004(개정판). 문학세계사와 박혜령 역. 1993. 서울: 홍신문화사, 박영의 역 2001년을 중심으로 비교 검토하였고 번역평가 차원에서 본 연구자의 의견도 함께 서술하였다.[151]

(1) ST: **Being the third son of the family and not bred to any trade,** my head began to be filled very early with rambling thoughts. My father, who was very ancient, **had given me a competent share of learning, as far as house-education and a country free school generally go,** and designed me for the law; but I **would**

---

151) 필자의 번역은 하나의 대안일 뿐이며 모범번역은 아닐 수 있음을 미리 밝혀둔다.

be satisfied with nothing but going to sea and my inclination to this led me so strongly against the will, nay, the commands of my father, and against all the entreaties and persuasions of my mother and other friends, that there seemed to be something fatal in that propensity of nature, **tending directly to the life of misery which was to befall me.** (*Robinson Crusoe*, 5)

TT1: 셋째로 태어나 이렇다 할 직업도 가져 본 일이 없이 자란 나는 일찍부터 방랑해 보고 싶은 생각에만 사로잡히기 시작했다.

아버지는 아주 완고한 분이어서 나를 꽤 많이 공부시켜 주셨다. 하기야 가정교육과 시골의 월사금이 없는 학교의 교육에 지나지 않았지만, 그분은 나를 법관으로 만들 계획이었다. 그러나 내게는 배를 타는 것만이 소원이었다. 이처럼 바다에 대한 갈망이 너무나 심했기 때문에 아버지의 뜻, 아니 명령까지 거역하고 어머니와 친구들의 간청과 설득도 모두 물리쳤다. 이 타고난 외고집이 나를 비참한 생애로 몰아간 어떤 숙명이었던 것처럼 생각된다. (로빈슨 크루소 김병익 역 4)

TT2: 나는 셋째 아들로 태어났고, 그 어떠한 직업교육도 받지 못했다.

내 머릿속에는 일찍부터 '방랑'이란 말이 꽉 들어차 있었다. 부친은 그때 이미 나이가 많았으나 나에게 가정교육은 물론, 그 지방학교들의 수준에 떨어지지 않는 교육을 받게 해주었고, 장차 나를 법률가로 만들 작정을 하고 있었다. 그런데 나는 선원이란 직업말고는 만족할 만한 일이 없다고 생각했다. 이러한 내 생각은 부친의 의지 - 의지라기보다는 명령 - 또는 모친이나 친구들의 간곡한 설득에도 꺾이지 않을 정도로 강력했다. 그러나 결국은 내가 지고 말았지만······. 그런데 한편으론 그저 불행한 생활 속으로만 빠져들어 가는 이런 성미도, 어찌 보면 하늘에서 내려준 운명을 사

람의 힘으로는 도저히 거역할 수 없기 때문에 갖게 된 것이 아닐까 생각되기도 했다. (박혜령 역 4)

『로빈슨 크루소』는 흔히 아동문학의 고전정도로 이해되고 있으므로 번역이 쉬울 것 같지만, 실제 텍스트는 만만하지 않은 작품이다. 18세기 특유의 문어체와 긴 호흡을 가지고 있고 구문과 의미 등이 현대어와 달라진 경우가 있어 상당한 주의를 요한다.

원문의 첫 번째 문장이 분사구문으로 시작되고 있는데 TT1에서는 이유, 원인의 분사구문을 뒤의 주절과 연결해서 번역하였으며 TT2에서는 "나는 셋째 아들로 태어났고, 그 어떠한 직업교육도 받지 못했다"로 문장을 끊어서 처리하여서 그 뒤의 주절과 자연스럽게 연결되지 않는 번역이 되고 말았다.

두 번째 문장은 주인공의 아버지의 교육에 대한 열의를 보여주는 부분인데, TT1에서는 '하기야 가정교육과 시골의 월사금이 없는 학교의 교육에 지나지 않았지만'이라고 한 부분은 원문의 의미를 오역한 해석인데, "as far as house-education and a country free school generally go" 구문은 '− 만큼이나, − 할 정도로'로 의미를 파악해서 나름대로 아버지께서 최대한도로 학습을 시키신 것으로 이해해야 한다. '나의 아버지는 상당한 정도의 교육을 나에게 시켜주셨는데, 가정교육과 시골의 무료학교도 보내주셨다.'의 번역이 의미상 부합된다.

원문의 조동사 "would"는 과거의 주어의 강한 고집, 의지를 나타낸다. TT2의 "− 외에는 만족할 만한 일이 없다고 생각했다"의 번역은 직역으로서 주인공의 간절함이 느껴지지 않는다.

원문의 마지막 분사 구문 "tending directly to the life of misery which was to befall me"을 TT2의 번역에서 "어찌 보면 하늘에서 내려준 운명을

사람의 힘으로는~" 원문에 없는 부분을 역자가 의미보충을 위하여 추가
하였는데 오역이라 할 수 있다. TT1에서는 해석 순서가 적절하지 않다.
이 분사구문을 앞의 that절의 결과로 해석해서 '내 인생을 비참하게 몰아
가게 될 것이다'로 표현하면 자연스럽게 맥락에 부합된다. 품사 명사인
'misery'를 부사로 치환하여 번역하였다.

> (2) ST: My father, a wise and grave man, gave me serious and excellent
> counsel **against what he foresaw was my design.** He called me
> one morning into his chamber, where he was confined by the gout,
> and expostulated very warmly with me upon this subject. He asked
> me what reasons, more than a mere wandering inclination, I had
> for leaving father's house and my native country, where I **might
> be well introduced**, and had a prospect of raising my fortune by
> application and industry, with a life of ease and pleasure. (*Robinson
> Crusoe*, 6)

> TT1: 아버지는 현명하고 엄격한 분이어서 내 계획을 미리 알아차리시
> 고 그것을 말리려고 진지하고도 조리있게 충고해 주셨다. 중풍으
> 로 꼼짝 못하는 아버지는 어느 날 아침 나를 자기 방으로 불러 이
> 문제에 대해 너그럽고 따뜻하게 타이르셨다.
> "난 널 좋은데 취직도 시켜주겠다. 네가 의욕과 근면으로 일하면
> 돈을 벌어 편안하고 즐거운 생활을 할 수 있다. 그런데도 집과 고향
> 을 떠나려 하다니 그건 방랑벽 아니면 무엇이겠느냐?" (로빈슨 크
> 루소 김병익 역 5)

> TT2: 부친은 분별 있고 성실한 분이었다. 또한 내가 무엇을 생각하고
> 있는지를 훤히 알고 있어 나에게 적절하고 훌륭한 충고를 해주었

다. 부친은 어느 날 아침 나를 그의 방으로 불러들여 이 문제에 관해서 간곡하게 **타일렀다**. 이 나라 안에 있으면 **훌륭한 사람들과 알게 되고** 또 성실하게 일하면 재산도 모으고, 따라서 안락한 생활을 할 수 있을 텐데 이것을 마다하고 고국을 떠나겠다는 이유가 도대체 무엇이냐, 단지 방랑을 해보겠다는 그런 어리석은 이유밖에 더 있느냐는 것이었다.

(박혜령 역 5)

TT3: 아버지는 현명하고 엄격한 분이어서 내 **계획**을 미리 알아차리고서 그것을 말리려고 진지하고도 적절한 충고를 해 주셨다. ------누락 -----.
　　　"난 널 좋은데 취직도 시켜 주겠다. 네가 근면하고 성실하게 일하면, 편안하고 즐거운 생활을 할 수 있는데 왜 집과 고향을 떠나려 하니?" (박영의 역 5)

　　먼저 TT1에서 아버님의 충고부분에서 원문의 후반부 부분에서부터 거슬러 번역을 하였는데 의외로 자연스러움을 주고 있으며 그래서 "I might be well introduced"라는 부분이 아버님의 충고가 처음 시작되는 부분에서 "난 널 좋은데 취직도 시켜 주겠다"라는 해석으로 나오는데 다소 의미를 의역하였는데 번역가의 의도가 느껴지는 대목이다. 원문의 "expostulated very warmly" 부분을 TT1에서는 '너그럽게'라는 부사를 추가시킴으로서 의미를 더욱 살려주었다. 아버지가 아들에게 타이르는 대목인데 '따뜻하게'라는 부사만으로는 분위기를 나타내는데 다소 부족하기 때문이다. 그리고 TT1에서는 아버지가 말씀하는 대목을 직접화법으로 처리하여 생생한 느낌을 나타내려 하였다.

　　TT2에서는 "I might be well introduced"라는 부분을 "훌륭한 사람들과 알게 되고"라는 표현으로 번역하였는데 다소 직역투가 느껴진다. 이

부분은 번역을 하는데 있어 번역가의 개입이 필요한 부분이다. 주인공 로빈슨이 아버지의 덕택으로 여러 사람들에게 얼굴이 알려지고 그래서 좀 더 편안한 생활을 할 수 있다는 의미가 암시되어 있다. "against what he foresaw was my design" 부분을 "내가 무엇을 생각하고 있는지를 훤히 알고 있어"라고 번역하였는데 아버지가 아들의 심중을 이미 간파하고 있다는 의미를 잘 드러내고 있다.

TT3에서는 일부 번역이 누락되어 있는데 번역가의 윤리의식이 필요한 부분이다. 번역가는 충실하게 원문을 전달해야 하는 의무가 있다. 전체적으로 번역이 잉성하며 많이 생략한 부분이 눈에 띈다. 그리고 마지막 문장의 번역에서 "왜 집과 고향을 떠나려 하나?"의 우리말 표현이 아들을 꾸중하는 분위기에서 어투가 다소 어색하다. 아버지의 충고가 시작되는 부분과 맥을 같이하는 어법으로 '왜 집과 고향을 떠나려 하는 거냐?'의 방법이 더욱 자연스럽다.

(3) ST: He told me it was men of desperate fortunes on one hand, or of aspiring, superior fortunes on the other, who went abroad upon adventures, to rise by enterprise, and make themselves famous in undertaking of a nature out of the common road; that these things were all either too far above me or too far below me; that mine was the middle state, or what might be called the upper station of low life, which he had found , by long experience, was the best state in the world, the most suited to human happiness, not exposed to the miseries and hardships, the labour and sufferings of the mechanic part of mankind, and not embarrassed with the pride, luxury, ambition, and envy of the upper part of mankind. (*Robinson Crusoe*, 6)

TT1: 모험을 찾아 바다를 항해하면서 기발한 일로 이름을 날리려는 자들이란 극심한 절망에 빠진 사람이거나 아니면 야심만만하고 재산이 굉장히 많은 모험가다. 그런 계획은 네 손이 닿을 수 없는 거다. 너는 중간층이 아니면 하류의 상층이라 할 신분을 가지고 태어났는데, 이것은 오랜 경험으로 보아 이 세상에서 가장 좋은 신분으로 사람의 행복에 가장 알맞은 계층이다. 천한 일을 해야 하는 사람들이 겪어가야 할 가난과 고역, 노동과 고통을 겪지 않을 것이고 상류계급처럼 오만이나 호사, 야심이나 질투로 고민할 필요도 없다. (김병익 역 5)

TT2: 부친의 생각을 말한다면, 자포자기한 사람이나 또는 특별히 좋은 환경에 있는 사람들이 한번 그 이름을 세상에 떨쳐보겠다고 해서 나라밖으로 나가는 것이지, 아무나 함부로 나가는 것이 아니라는 거였다. 그리고 이런 일들은 어느 것이든 나로서는 도저히 넘겨다 볼 수 없는 아주 고급의 것이거나 반대로 아주 저급의 것으로서, 나에게 알맞는 것은 그 중간, 즉 상류층보다는 조금 낮고 서민층보다는 조금 높은 정도의 것이라는 말씀이었다. 부친은 또한 이것이 이 세상에서 가장 좋은 경우이고, 인간의 행복이란 관점에서 볼 때도 가장 알맞은, 가장 실속 있는 경우라고 주장하셨다. 육체노동을 하는 하류층 사람들처럼 비참과 곤란에 부딪힐 염려가 없고, 또 상류층 사람들처럼 오만, 사치, 야심, 질시 등과 같은 악덕을 경험하지 않아도 되며, 그것도 부친 자신이 오랜 삶에서 얻은 소중한 경험에 의해서 증명된 일이라는 것이었다. (박혜령 역 5)

TT3: 모험을 찾아 바다를 항해하면서 기발한 일로 이름을 날리려는 사람들이란, 극심한 절망에 빠진 사람이거나, 아니면 야심만만하고 재산이 굉장히 많은 야심가이다. 그런 계획은 내 손이 닿을 수 없는 거다. 너는 중류층이 아니면 하류의 상층이라 할 신분을 가지고 태어났는데, 이것은 오랜 경험으로 보아 이 세상에서 가장 좋은 신분으로 사람의 행복에 가장 알맞은 계층이다. 천한 일을 해야 하는 사람들이 겪어야 할 가난과 고역, 노동과 고통을 겪지 않을 것이고, 상류계급처럼 오만이나 사치, 야심이나 질투로 고민할 필요도 없다. 이 한 가지 사실만으로도 우리 신분이 얼마나 행복한가를 너는 판단할 수 있을 거다. 바로 이런 신분은 다른 계급의 사람이 모두 부러워하는 거야" (박영의 역 6)

이 대목은 아버지가 바다로 나가려는 아들을 어떻게 해서든지 설득해서 마음을 돌리려고 애쓰는 상황인데 문장의 호흡이 길며 위의 원문 전체를 하나의 의미의 덩어리로 번역가는 일관성 있는 주제를 표현할 수 있어야 한다. 문장의 앞부분은 크게 'It be — that —' 강조구문이 들어가 있는데 일단 이점을 파악했다 하더라도 문장 내부가 길게 늘어져 있어서 적절하게 잘라야 한다.

"it was men of desperate fortunes on one hand, or of aspiring, superior fortunes out of the common road." 부분은 TT1과 TT3의 번역이 비슷한데 동일 작품의 번역에 있어서 앞서 출판된 번역물의 내용을 번역가가 그대로 모방하는 사례가 적지 않다. 번역가의 직업적 윤리의식이 요구되는 부분이다. TT1과 TT3 모두 첫 부분의 강조구문을 그 의미를 살려서 'who went abroad upon adventures~' 뒷부분에서부터 거슬러 해석하였다.

우선 원문의 진하게 표시되어 있는 부분은 하나의 호흡으로 파악하여 의미가 단절됨이 없이 자연스러운 번역이 요구되는 부분이다. 특히 "that these things were all either too far above me or too far below me"에서 대명사 'me'의 우리말 처리를 보면 TT1에서는 "네 손이 닿을 수 없는 거다"라고 하였는데 원문은 아버지가 주인공에게 말씀하신 부분을 간접화법으로 나타내고 있지만 TT1과 TT3의 번역문은 직접화법으로 나타내고 있으므로 이때 'me'의 해석은 주인공인 '너'가 되는 셈이다. TT1의 해석은 원문의 의미를 단순화시켜 나타냈는데 의미의 재현에 다소 무리가 있다. 그러면 TT3의 '그런 계획은 내 손이 닿을 수 없는 거다'의 번역은 대명사 부분이 오역되어 있다고 할 수 있다. TT2는 원문처럼 간접화법으로 번역을 표현하였는데 문장의 말미를 '~ 라는 거였다. ~라고 주장하셨다.'라는 식으로 표현한 점이 두드러진다. 그리고 "가장 실속 있는 경우라고 주장하셨다", "아무나 함부로 나가는 것이 아니라는 거였다"라는 부분은 번역가의 생각이 개입된 부분이다.

TT3의 마지막 번역부분 "이 한 가지 사실만으로도 우리 신분이 얼마나 행복한가를 너는 판단할 수 있을 거다. 바로 이런 신분은 다른 계급의 사람이 모두 부러워하는 거야"는 번역가가 내용을 강조하기 위해 원문에 없는 문장을 추가적으로 삽입된 부분인데 지나친 비약이라고 할 것이며 오역에 해당된다.

(4) ST: **He bade me observe it, and I should always find** that the calamities of life were shared among the upper and lower part of mankind, but that the middle station had the fewest disasters, and was not exposed to **so many vicissitudes** as the higher or lower part of mankind; nay, they were not subjected to so **many distempers** and uneasinesses, either of body or mind, as those were who, by **vicious living**, luxury, and extravagances on the one hand, or by hard labour, want of necessaries, and mean or insufficient diet on the other hand, **bring distemper upon themselves by the natural consequences of their way of living.** (*Robinson Crusoe*, 9)

TT1: "네가 잘 살펴보면 알겠지만, 인생의 재앙은 상류층과 하류층에 일어나기 마련이고, 중류층은 거의 재난을 겪지 않는다. 상·하류 층처럼 덧없이 변하는 인생의 소용돌이도 겪지 않는다. 이를 테면, 중류층은 심신을 아울러 별다른 사고나 불행을 당하지 않는다. 그러나 도덕을 거슬러 살고 사치를 부리는 사람들, 그와 반대로 고된 노동을 하며, 나날의 양식이나 생활 필수품이 모자라는 사람들은, 바로 그네들의 살림 탓으로 수난을 겪게 된다. (로빈슨 크루소 김병익 역 7)

TT2: 부친은 또 신중히 생각해 보면 다음과 같은 것을 꼭 알게 될 것이라고 나에게 말한 적이 있다. 즉 이 세상의 재난이란 그 태반이 상층과 하층계급 사람들의 것이고, 중간층에 있는 사람들은 재난을 당하는 일이 제일 적을 뿐만 아니라 아침에 흥했다가 저녁에 망하는 터무니없는 신세의 변화가 없어서 좋다는 것이었다. 게다가 상류층 사람들처럼 배덕적인 생활이나 사치스런 생활, 또는 방종한 생활로 인하여 타락할 일도 없고, 그리고 하류층 사람들처럼 중노동, 필수품의 결핍, 식량부족 등으로 인하여 병을 얻을 일도 없다는 것이었다. 우리 중간층은 심신의 불건강, 불안 등으로 인한 고통이 적다는 것이었다. (박혜령 역 7)

원문은 의미상으로 크게 중류층의 생활과 상·하류층의 생활을 비교하며 서술되어 있고 중류층의 생활방식을 강조하고 있다. 아버지가 뱃사람이 되려는 아들의 마음을 돌리려고 계속 현재의 삶의 방식을 고수할 것을 강하게 역설하는 대목이다.

먼저 TT1에서 번역의 도입부분 "He bade me observe it, and I should always find that~"을 "네가 잘 살펴보면 알겠지만,~"으로 직접 화법의 형태로 시작하고 있는데 비교적 자연스럽게 대화상황을 나타내었다.

문단의 후반부 "bring distemper upon themselves by the natural consequences of their way of living." 부분의 번역을 보면 "바로 그네들의 살림 탓으로 수난을 겪게 된다"라고 하였는데 '그네들의 살림'이라는 표현과 '수난'이라는 단어를 사용하였는데 의미를 다소 정확하게 나타내지 못했다. 영어 단어 'distemper'를 찾아보면 ①개의 급성 전염병 ②심신의 이상, 병 ③혼란이나 소란 의미로 나와 있는데 번역문에 그대로 옮기기에는 의미가 적절하지 않다. '그들의 생활방식의 자연스런 결과로 말미암아 스스로 화를 초래하게 된다.'로 나타내면 저자의 의도가 잘 드러난다고 할 것이다.

TT2에서 번역 도입부분 "~ 생각해 보면 다음과 같은 것을 꼭 알게 될 것이라고 나에게 말한 적이 있다" 부분은 번역자 편의로 내용을 바꾸었는데 원문의 의미와 맞지도 않을뿐더러 어색한 문장이다. 그리고 좀더 내용을 살펴보면 다소 내용을 생략한 부분과 지나친 직역투가 눈에 거슬린다. "이 세상의 재난이란 그 태반이 상층과 하층계급 사람들의 것이고"에서 "태반(太半)"이라는 말과 원문의 "vicious living"을 '배덕적인 생활이라고 하였는데 모두 지금은 잘 쓰지 않는 일본어를 그대로 표현한 부분은 반드시 정정되어야 할 부분이다.

그리고 "so many vicissitudes"를 "아침에 흥했다가 저녁에 망하는 터무니없는 신세"라고 하였는데 'vicissitudes'라는 단어는 '변화, 변동' 복수형으로 쓰이면 '처지나 환경 따위의 변천, 인생의 부침(浮沈), 영고성쇠'라는 의미를 가지고 있다. 즉 인생을 살아가면서 겪게 되는 여러 어려움, 흥망성쇠를 나타낸다고 하겠다. 하류층과 상류층의 사람들의 인생사가 더욱 여러 가지 일을 겪기 마련이고 인생행로가 순탄치 않다는 것을 의미하는 부분이다. 그런데 '아침에 흥했다가 저녁에 망하는 터무니없는 신세'라는 표현은 원문의 의미에서 다소 비약된, 긴 인생행로의 여정보다는 일시적이고 순간적인 의미를 불러일으키며 하룻밤에 도토리 신세가 되버리고 만다는 부정적인 느낌을 가지게 한다.

> TT3: 아버지는 또 신중히 생각해 보면 다음과 같은 것을 알게 될 것이라고 하셨다. 즉 이세상의 재난이란 그 태반이 상류층과 하류층 사람들의 것이고, 중간층에 있는 사람들은 재난을 당하는 일이 제일 적을 뿐만 아니라 아침에 흥했다가 저녁에 망하는 터무니없는 신세의 변화가 없어서 좋다는 것이었다. 중간층에 속해 있으면 고귀한 사람들처럼 그저 복잡한 인간관계를 맺을 필요도 없고, 질투로 몸을 떨거나 분에 넘치는 야망으로 가슴을 태우는 그런 어리석은 짓을 할 필요도 없이 인생의 행복을 실컷 맛보며 살 수 있다고 하셨다. (김혜리 역 7)

앞서 출간한 번역물의 표절이 암암리에 행해지고 있는데 TT3의 내용역시 상당부분이 먼저 출간된 TT2의 번역본을 그대로 모방하고 있다. 그리고 TT3의 진하게 쓰인 번역부분은 중간부분을 누락시키고 나중에 나오는 내용을 원문과 맞지도 않는데 대충 갖다 붙이는 식으로 번역을 하였는데 번역가의 직업의식이 요구되는 부분이다. 그리고 후반부의 원문과도 의미에 부합되지 않으며 충실성이 현저히 떨어진다.

> (5) ST: **that the middle station of life was calculated for all kind of virtue and all kind of enjoyments; that peace and plenty were the handmaids of a middle fortune**; that temperance, moderation, quietness, health, society, all agreeable diversions, and all desirable pleasures, were the blessings attending the middle station of life; that this way men went silently and smoothly through the world and comfortably out of it, not embarrassed with the labours of the

hands or of the head, not sold to a life of slavery for daily bread, nor harassed with perplexed circumstances, which rob the soul of peace and the body of rest, **nor enraged with the passion of envy, or the secret burning lust of ambition for great things;** (*Robinson Crusoe*, 10)

TT1: 그러나 중용의 생활은 모든 덕성과 안락에 알맞은 살림이다. 평화와 부유함은 중산층의 하녀요, 절제와 중용, 건강과 친교, 모든 유쾌한 오락과 바람직한 쾌락은 중류생활자에게 주어지는 축복이다. 이런 생활이야말로 심신의 노동으로 괴로워하지도 않고, 하루의 식량을 위해 종살이로 몸을 팔 필요도 없고, 복잡한 환경 속에서 마음의 평화와 육체의 안식을 잃지도 않고, 엄청난 일에 질투하거나 남몰래 불타는 야망으로 흥분하지 않는다. (로빈슨 크루소 김병익 역 7)

TT2: 또 중간층의 생활은 모든 오락이나 기호를 내 것으로 하기에 편리하고 평화와 충족이 바로 이 중간층의 시녀처럼 따라다닌다는 것도 강조하셨다. 절제, 중용, 정온, 건강, 사교, 오락 등 모두가 중간층 사람들의 생활에 함께하는 신의 축복과도 같은 것이라는 거였다. 그리고 또 중도를 걷는 사람들은 이 세상을 조용히, 그리고 편안히 지내고는 기분 좋게 사라져간다는 것, 하류층과 같이 손을 쓰는 노동이나 상류층처럼 머리를 쓰는 노동, 그 어느 것으로도 괴로움을 당하지 않고, 나날의 호구(糊口)를 위하여 노예처럼 남들 밑에서 고생할 필요도 없다고 했다. 또 고귀한 사람들처럼 마음에서 평온을 빼앗기고 몸에서 휴식을 빼앗길 만한 복잡한 인간관계를 맺을 것도 없고, 질투에 몸을 태우거나 분에 넘치는 야망에 가슴을 태우는 등의 어리석은 짓은 안 해도 된다는 것이었다. (박혜령 역 7)

TT1의 번역본에서 "중용"이라는 단어는 '중산층'으로 "알맞은 살림"
이라는 표현은 '알맞은 계층'으로 나타내는 것이 의미맥락에 부합된다.
"평화와 부유함은 중산층의 하녀요"는 지나친 직역의 결과이다. '중산층의
생활에서는 평화로움과 풍요로움이 항상 함께 하며'로 주부와 술부를 치
환하여 풀어서 표현해 주면 더욱 자연스러운 해석이 된다. 그리고
"quietness"의 해석이 빠져 있다. '중류생활자'는 '중산층 계층'으로 그리고
원문의 "that this way men went silently and smoothly through the world,
and comfortably out of it."의 번역은 제자리에 해석되어 있지 않고 문단
의 맨 마지막 문장에 '이렇듯 평범하고 편안하게 끝을 맺는 것이 보람 있
는 인생이다'라고 제시되어 있다. 번역가가 이 문장의 의미를 강조해 주기
위해 위치를 바꾸어 놓았는데 번역자의 자율성을 생각하게 하는 부분이다.

TT2의 번역문은 TT1의 번역문보다 다소 길게 이어져 있으며 중간
중간에 "중도를 걷는 사람들" "평화와 충족이 바로 중간층의 시녀처럼 따
라 다닌다" "나날의 호구를 위하여" 등과 같이 어색한 번역투와 한자어가
눈에 거슬린다. 번역문 도입부의 "또 중간층의 생활은 모든 오락이나 기
호를 내 것으로 하기에 편리하고"라고 하였는데 'virtue'라는 단어를 빠뜨
리고 'enjoyment'를 오락이나 기호로 이중 해석하였다. '중산층의 생활은
미덕과 즐거움으로 가득 차 있으며' 정도로 나타내면 의미에 적절하다.
"질투에 몸을 태우거나 분에 넘치는 야망에 가슴을 태우는"의 해석은 지
나친 과잉번역이며 '질투심에 사로잡히거나 세상의 출세를 위한 비밀스런
야망에 가슴 태울 일도 없을 것이다.' 정도로 번역하면 훨씬 자연스럽다.

(6) ST: After this he pressed me earnestly, and in the most affectionate
    manner, not to play the young man, **nor to precipitate myself into**
    miseries which nature, and the station of life I was born in, seemed

to have **provided against;** that I was under no necessity of seeking
my bred; that he would do well for me, and **endeavour to enter me**
fairly into the station of life which he had just been recommending
to me; and that if I was not very easy and happy in the world, it
must be my mere fate or fault that must hinder it; and **that he**
should have nothing to answer for, having thus discharged his duty
in warning me against measures which he knew would be to my
hurt;

TT1: 넘쳐흐르는 애정으로 나에게 이런 말씀을 하신 아버지는 또 타이
르셨다.
"젊은 혈기에만 빠지지 말아다오. 하나님께서도 네가 태어난 환경
이 그저 고생만을 하지 않도록 해주셨다. 너는 빵을 찾아 헤맬 필
요도 없다. 내가 널 잘 보살펴 주겠다. 또 내가 말한 그런 생활을
할 수 있도록 열심히 뒤에서 밀어주겠다. 그렇게 해주어도 네가
안락이나 행복을 얻지 못한다면, 그것은 결국 너 자신의 잘못이거
나 운명 때문이다. 내겐 책임이 없어. 나는 분명히 네 좋지 못한
계획을 아버지로서 미리 경고해 둔다." (김병익 역 8)

TT2: 그 뒤에 부친은 다시없을 두터운 애정이 깃들인 간곡하고 다정한
말로 나에게 다음과 같이 타이르는 것이었다. 그런 무모한 짓은 안
하는 것이 좋다, 너의 성격을 봐서도 그렇고, 집안 환경을 봐서도
빠지지 않을 수 있는 불행에 일부러 뛰어 들어 갈 필요는 없지
않느냐, 그리고 돈을 악착같이 벌어야 할 필요도 너에게는 없다, 나
는 너의 뒷바라지를 해주고 아까 말한 대로 중간층의 생활에 네
가 딱 들어맞을 수 있도록 힘써 주려 하고 있다. 만일 그렇게까지
해도 네가 안락과 행복을 느끼지 못한다면 그것은 바로 너의 운명
이거나 너의 실수로 인해서일 것이다. 나는 자식에게 해로운 일에

대하여 경고하고 아버지로서의 의무를 다한 것이므로 이제는 더 이상의 책임을 질 수가 없다. (박혜령 역 8)

TT3: 그런 뒤에 아버지는 나에게 두터운 애정이 깃든 간곡하고 다정한 말로 다음과 같이 타이르셨다. 그런 무모한 짓은 안 하는 것이 좋다. 너의 성격이나 집안환경을 봐서라도 일부러 불행에 뛰어들 필요는 없는 것 아니냐, 그리고 돈을 악착같이 벌어야 할 필요도 없으며, 내가 힘이 닿는 한 너의 뒷바라지를 해 주려 하고 있다. 만일 그렇게까지 해도 네가 안락과 행복을 느끼지 못한다면 그것은 너의 운명이고 너의 실수이다. 나는 자식에게 해로운 일에 대하여 이렇게까지 충고하였으니 아버지로서의 의무를 다한 것이다. (김혜리 역 8)

TT1은 계속해서 직접화법의 형식으로 번역문을 표현했기 때문에 원문의 "me, myself, I" 등의 인칭은 "너를, 네 자신, 너" 등의 이인칭으로 번역되었고 원문의 "he"는 "내가(화자, 아버지)"로 대명사 전환이 일어났다. 원문은 pressed의 목적어로 크게 네 개의 that 종속절을 취하고 있으며 전체문장이 길어서 주부와 술부를 적절히 끊어서 번역해야 한다.

"which nature, and the station of life I was born in, seemed to have provided against"의 번역문 "하나님께서도 네가 태어난 환경이 그저 고생만을 하지 않도록 해주셨다."은 내용을 너무 축약시킨 점이 느껴진다. which절의 주어는 하나님으로 보고 and the station of life ～ 를 장소의 부사절로 보아 '네가 태어난 환경에서'로 본동사를 seemed 이하로 파악해 보면 '네가 태어난 환경에서 하나님은 온갖 불행으로부터 너를 보호해주셨다.' 마지막 that절의 해석은 직접화법으로 대명사전환에 유의하면서 해석해야 한다. his duty 이하는 duty에 대한 동격으로 파악하고 'measures which he knew would be to my hurt'를 연결해서 보면 '네가 자초하게 되는 계획'으로 의미를 이해하면 맥락에 부합된다.

TT2에서 "너의 성격을 봐서도 그렇고, 집안 환경을 봐서도 빠지지 않을 수 있는 불행에 일부러 뛰어 들어갈 필요는 없지 않느냐"에서 '너의 성격이나 집안환경을 봐서도'라는 부분은 원문에 없는 표현을 삽입하였고 "빠지지 않을 수 있는 불행에"의 부분은 원문에 대한 어색한 번역투가 느껴진다. '너에게 닥칠 불행으로부터'로 표현하면 훨씬 자연스럽다. '아까 말한 대로 중간층의 생활에 네가 딱 들어맞을 수 있도록 힘써주려 하고 있다.'에서 먼저 앞의 내용에서부터 중산층 혹은 중간층이라는 말이 계속 나오기 때문에 이 문장에서는 그 표현을 생략해도 무리가 없을 듯하다. 그리고 "네가 딱 들어맞을 수 있도록"이라는 표현도 상황에 잘 어울리지 않는다. 옷이나 신발의 크기를 말하는 것도 아니어서 '꼭 맞는~'이라는 표현보다는 '방금 너에게 얘기했던 그런 생활 방식에 잘 어울릴 수 있도록 애써 주겠다'의 해석이 상황에 잘 맞는다.

TT3에서는 "너의 성격이나 집안환경을 봐서라도" 부분은 앞의 TT2의 번역본과 똑같은 내용이며 번역자가 의미를 보충하기 위해 의도적으로 어구를 첨가하였는데 오역에 해당한다. 원문의 의도와 다소 비껴가는 해석이다. '네 자신을 불행 속으로 빠뜨리지 않아도 된다. 하느님께서 네가 태어난 형편에 맞게 고생들을 막아 주셨다.'로 표현하는 것이 의미상 부합된다.

"and endeavour to enter me fairly ~ he had just been recommending to me" 부분의 해석이 생략되어 있다. 충실한 번역이 요구되는 부분이다.

(7) ST: but I took my mother at a time when I thought her a little more pleasant than ordinary, and told her that my thoughts were so

entirely bent upon seeing the world that **I should never settle to anything with resolution enough to go through with it,** and my father had better give me his consent than force me to go without it; that I was now eighteen years old, which was too late to go apprentice to a trade or clerk to an attorney; **that I was sure if I did I should never serve out my time, but I should certainly run away from my master before my time was out, and go to sea.**

TT1: 어머니의 기분이 평소보다 좋은 때를 골라 마음을 터놓고 어머니에게 졸랐다.

"전 세상을 구경하고 싶은 생각밖에 없어요. 어떤 일을 해도 손에 잡히지 않아 끝까지 해낼 자신이 없어요. 그래서 아버지의 허락을 받지 못하더라도 떠날 생각입니다. 그러니 차라리 허락을 해 주시는 게 좋지 않겠어요? 저는 벌써 열여덟 살이나 되었으니 상인들에게 장사를 배울 나이도 아니고, 변호사의 서생노릇 하기에도 너무 늦었어요. 가령, 그렇게 한다고 해도 틀림없이 정한 기간을 다 채우지도 못하고 그 전에 뛰쳐나와 바다에 나가 배꾼이 될 거예요."

(김병익 역 10)

TT2: 나는 모친이 평소에 없던 기분 좋은 얼굴, 말하자면 매우 들떠있는 것처럼 보일 정도로 유쾌한 얼굴을 하고 있는 때를 골라 내 심정을 자세히 설명했다.

즉 이 세상을 보고 싶다는 생각, 이 소원 외에는 내 머릿속에 아무것도 없으니 지금 어떤 일을 시작해 보아도 소용없고, 차분히 자리를 지키고 앉아 끝까지 해나갈 자신이 없다. 아버지의 동의가 있든 없든 나는 기어이 나갈 것이므로 제발 어머니만이라도 동의해 주셔서 승낙을 받고 싶다. 그리고 나도 이미 열여덟이나 됐고 상점의 점원이나 변호사 사무실의 서기노릇하기에는 너무 때가 늦었다, 가령 점원이 됐다 하더라도 그것을 끝까지 할 자신이 없고 끝내는 도망쳐서 배 속으로 뛰어 들어갈 것이 틀림없으니, (박혜령 역 10)

원문은 간접화법의 형태로 나타나 있지만 TT1은 주인공의 생각을 표현하는 대목을 직접화법의 형태로 번역하여서 생생한 주인공의 심정을 잘 드러내고 있다. "어떤 일을 해도 손에 잡히지 않아 끝까지 해낼 자신이 없어요." 주인공의 답답한 심정을 잘 드러낸 표현이다. 'settle'이 자동사로 '일에 전념하다, 마음을 붙이다'의 의미로 해석되었고 'go through with it'은 '~을 끝까지 해내다, 완성하다.'의 의미인데 맥락상으로 주인공 로빈슨이 바다로 나가고 싶은 마음에 사로잡혀 있어서 즉, 오직 한 가지 생각에만 빠져 있음을 나타내는 의미로서 앞에서부터 뒤로 해석하여 '어떤 일에도 마음을 잡을 수가 없어서 끝까지 해낼 자신이 없어요'의 해석이 자연스럽다.

"I was sure if I did I should never serve out my time, but I should certainly run away from my master~" 부분은 과거를 기준시점으로 하는 조건절이 포함되어 있다. 주인공의 절박한 심정을 가정법 구문으로 나타내었는데 TT1의 해석은 비교적 의미를 잘 표현하였다.

TT2의 번역에서 "말하자면 매우 들떠있는 것처럼 보일 정도로 유쾌한 얼굴을 하고"는 원래의 의미에 대해 지나친 비약이다. 어머니가 평상시 보다 다소 기분이 좋을 때를 의미하는데 '매우 들떠있는 것처럼 보일 정도로'의 번역은 번역가의 지나친 개입이다.

그리고 "아버지의 동의가 있든 없든 나는 기어이 나갈 것이므로 제발 어머니만이라도 동의해 주셔서 승낙을 받고 싶다."의 부분은 의미를 잘못 이해한 오역이다. 주인공의 심리를 표현한 대목이라서 '집에 있으라고 나에게 강요하는 것보다 차라리 허락을 해주시는 편이 훨씬 나을 텐데'의 해석이 맥락에 적절하다.

(8) ST: **This put my mother into a great passion;** she told me she knew it would be to no purpose to speak to my father upon any such subject; that he knew too well what was my interest to give his consent to anything so much for my hurt; and that she wondered how I could think of any such thing after the discourse I had had with my father, and such kind and tender expressions as she knew my father had used to me;

TT1: 이 말을 듣자 어머니는 무척 화를 내셨다.
"이런 문제는 아버지께 말씀드려 보아도 쓸데없어. 아버지는 무엇이 네게 이로운지 잘 알고 계신다. 네게 해로운 일인 줄 아시면서 허락을 하실 리 없다. 너도 아버지와 충분히 말을 해 보지 않았니? 아버지는 참말 부드럽고 친절하게 타이르셨는데, 이제 와서 또 집 떠날 생각을 하다니 난 알 수 없구나. (로빈슨 크루소 김병익 역 10)

TT2: 이 말을 듣자 모친은 기절할 정도로 놀라는 것이었다. 그리고는 이런 얘기를 아버지에게 해보았자 소용없는 일이다. 아버지는 어떤 일이 너에게 이롭고 어떤 일이 해롭다는 것을 잘 아시기 때문에 이와 같은 당치도 않고 해롭기 짝이 없는 얘기에 찬성하실 리는 결코 없을 것이라고 말했다. 그리고 또 아버지와 네가 많은 얘기를 나누었고, 그렇게나 간절하고 간곡한 아버지의 얘기를 듣고도 이런 당치 않은 소망을 버리지 못한다는 것은 도저히 이해조차 할 수 없다. (박혜령 역 10)

TT1에서는 어머님의 말씀을 역시 직접화법으로 표현하고 있다. 'passion'은 대부분 사람들이 '열정, 열의'라는 뜻만 있는 것으로 생각하기 쉬운데 '감정의 격분, 몹시 화를 내는 상황'에서도 쓰인다. 평소 다양한 글을 읽어서 어휘의 쓰임을 폭넓게 해야 할 필요가 있다. 첫 번째 문장의 번역은 비교적 자연스럽다.

"아버지는 무엇이 네게 이로운지 잘 알고 계시다. 네게 해로운 일인 줄 아시면서 허락을 하실 리 없다." 적절하게 문장을 끊어서 해석했는데 오히려 이 경우는 주인공의 어머니가 강하게 아들의 생각을 만류하는 대목이라 이어서 번역하는 것이 더욱 상황에 알맞다. 여기에서 원문의 "for my hurt" 부분은 맥락상으로 무엇을 의미하는지 독자도 충분히 파악이 가능하므로 굳이 해석하지 않아도 좋을 듯하다. '아버지는 어떤 것이 너에게 좋을지를 너무나 잘 알고 있으셔서 화를 초래하는 어떤 일에도 절대 허락하지 않으실 꺼다.' 표현이 상황에 부합한다.

TT2의 첫 번째 문장 "이 말을 듣자 모친은 기절할 정도로 놀라는 것이었다."에서 모친이라는 표현은 나이가 제법 든 연령의 성인이 자신의 어머님을 존칭해서 부르는 호칭인데, 이 글의 주인공 로빈슨은 불과 10대 후반의 청소년인데 자기 어머니를 '모친'이라고 부르는 것은 다소 어색하다. 상황에 맞는 존칭표현이 특히 중요하다. 그리고 "기절할 정도로"의 번역은 상황을 너무 비약시킨 점이 느껴진다. 그리고 "아버지는 어떤 일이 너에게 이롭고 어떤 일이 해롭다는 것을 ~ 결코 없을 것이라고 말했다,"의 표현에서 문장의 호흡이 너무 긴 것이 상황에 잘 맞지 않다. 그리고 굳이 '어떤 일이 너에게 이롭고 어떤 일이 해롭다는 것을'에서 일일이 어구 하나 하나의 의미를 다 해석하려 했는데 오히려 핵심이 잘 전달되지 않았다.

"이와 같은 당치도 않고 해롭기 짝이 없는 얘기"라는 대목도 번역가가 내용을 덧붙였는데 역시 어색하다.

(9) ST: **It was not till almost a year after this that I broke loose,**
though, in the meantime, I continued obstinately deaf to all
proposals of settling to business, and frequently expostulated
with my father and mother about their being so positively
determined against what they knew my inclinations prompted
me to. But being one day at Hull, where I went casually, and
without any purpose of making an elopement at that time; but I
say, being there, and one of my companions being about to sail to
London in his father's ship, and prompting me to go with them
with the common allurement of seafaring men, that it should cost
me nothing for my passage.

TT1: 이런 일이 있은 지 일 년 후에 나는 집을 나왔다. 하긴 1년 동안
나는 취직자리 알선에 귀를 막고, 내 소원인 여행을 단호하게 말
리는 아버지, 어머니와 말다툼을 해 왔다. 그러던 어느 날 나는
전에도 가끔 다녀 온 적이 있는 헐에 갔다. 그때까지만 해도 꼭 집
을 나가겠다는 생각은 전혀 없었다. 거기서 한 친구를 만났는데, 그
는 아버지의 배를 타고 런던으로 항해를 떠나니 함께 가자는 것이
었다. 배꾼들이 늘 쓰는 꾀임수이지만 뱃삯도 들지 않는다는 것이
었다. (김병익 역 11)

TT2: 내가 집을 나간 것은 그로부터 1년이 다 된 때였다. 그 동안에
도 차분한 마음과 계획으로 일을 배우고 후일을 위해서 모든 일
에 노력을 기울이는 것이 좋지 않으냐 하는 등의 충고랄까 제안
을 귀가 아프도록 수없이 들어왔다. 하지만 나도 양친에 대하여,
내 마음이 어디로 향하고 있다는 것을 뻔히 알면서 그것을 단호
하게 반대하는 것은 또 무슨 일이냐고 때로는 불평을 늘어놓기
도 했었다.
그러던 중 어느 날, 별다른 용무가 있어서도 아니었는데 헐 시에 나

가게 됐다. 하기야 그때까지만 해도 별로 가출할 생각은 없었다. 어쨌든 헐 시에 오니 자기 부친의 배에 편승해서 런던까지 가게 되어 있는 한 친구가 함께 가자면서 선원의 특전(特典), 즉 선임은 무료란 미끼로 나를 유인했다. 나는 그만 이게 웬 떡이냐 하며 수차 감사하다고 말하고 함께 가기로 작정해 버렸다.

(박혜령 역 12)

원문의 첫 번째 긴 문장, 즉 진하게 표시되어있는 부분의 TT1과 TT2의 번역을 서로 비교해보면 TT1은 간략하게 상황을 설명한 반면에 TT2는 상황을 비교적 자세하게 서술하였다. 일단 읽어보면 TT2의 번역이 독자에게 주인공의 심리를 잘 파악할 수 있도록 배려하였다고 하겠다. 번역가는 때로는 원문의 의미에 더하여 상황에 알맞은 설명이 보충되어야 할 필요가 있을 때 독자의 이해를 돕기 위해 내용을 추가할 수 있다.

TT2의 "후일을 위해서 모든 일에 노력을 기울이는 것이 좋지 않으냐 하는 등의 충고랄까 제안을 귀가 아프도록 수없이 들어왔다"의 번역은 독자로 하여금 주인공의 심리와 상황을 잘 이해할 수 있도록 하였다. TT1에서 "~단호하게 말리는 아버지, 어머니와 말다툼을 해왔다." 부분은 'expostulated with'의 번역을 다소 과장했는데 아버지와 어머니께 간곡하게 자신의 결심을 말씀드리는 상황이지 싸우는 상황은 아니다.

TT2의 "나는 그만 이게 웬 떡이냐 하며 수차 감사하다고 말하고 함께 가기로 작정해 버렸다." 부분은 번역가가 원문의 의미에 과잉번역 하였는데 다소 비약이 심했다고 볼 수 있다. 원문에는 없는 문장을 번역가가 임의로 삽입하였고 친구에게 수차 감사하다고 말했다는 부분도 다소 어색하다.

(10) ST: **Never any young adventurer's misfortune, I believe, began**

sooner, or continued longer than mine. The ship was no sooner out of the Humber than the wind began to blow and the sea to rise in a most frightful manner; and, as I had never been at sea before, I was most inexpressibly sick in body and terrified in mind. I began now seriously to reflect upon what I had done, and how justly I was overtaken by the judgement of Heaven for my wicked leaving my father's house, and abandoning my duty.

TT1: 젊은 모험가로서 나처럼 일찍 고된 운명에 부딪쳐야 했고, 오랜 고통을 겪은 사람도 없으리라 믿는다. 배가 험버를 벗어나자마자 바람이 불기 시작하고 파도가 거세게 날뛰었다.
한 번도 바다에 나와 본 일이 없었던 나는 심한 배멀미에 시달렸고 공포에 떨었다. 지금까지 해온 일을 깊이 돌아보고 이것이 아버지로부터 도망쳐 내 할 일을 팽개친 데 대한 하나님의 벌이 내렸다고 생각했다. (김병익 역12)

TT2: 무릇 젊은 모험가로서 내 경우처럼 일찌감치 화(禍)가 닥친 것은 그 예가 없을 것이다. 또 그 화가 내 경우처럼 오랫동안 달라붙어 있은 경우도 없을 것으로 생각된다. 배가 험버를 벗어나자마자 무서운 기세로 바람이 불어대고 파도가 일기 시작했다.
배를 처음 타보는 나는 심한 뱃멀미에 시달렸고 공포심이 내 가슴과 머릿속에 가득 들어차게 되었다. 이것이야말로 내가 저지른 일, 즉 부친과 모친의 반대를 무릅쓰고 멋대로 집을 뛰쳐나온, 그리하여 나 자신의 갖가지 의무를 저버린 데 대한 하늘이 주는 천벌, 바로 그것이라는 생각을 하기 시작했다. (박혜령 역 13)

첫 번째 문장은 '부정주어 + 비교급 + than' 구문인데 주인공 로빈슨의 불행함을 최상급의 의미로 강조하기 위한 것이다. 'sooner'와 'longer'의 두개의 비교급이 연결되어 있다. TT1에서는 자연스러운 직역의 형태를 띠고 있다. '일찍 고된 운명에 부딪쳐야 했고, 오랜 고통을 겪은 사람도'의 번역은 상황에 걸맞은 적절한 번역이다. 두 번째 문장은 'no sooner A than B'의 구문이 들어가 있는데 대부분의 영어 학습자들에게 'A 하자마자 B 하다'라는 해석으로 많이 알려져 있다.

이 구문이 나오면 대부분의 번역가나 영어학습자들은 상투적으로 해석하고 만다. 그런데 '~하자마자, ~한다'라는 표현이 사실은 어색한 번역투의 한 예이다. 실제 행동을 시간적으로 연달아 한다고 해서 우리말 표현에서 이런 식으로 나타내지는 않는다. 'A 하고서 B 했다' 혹은 'A가 일어났을 때 B의 일이 발생하였다'라는 식으로 나타내는 것이 보다 우리말에 자연스러운 표현이다.

본문의 고유 대명사 "Humber"는 강의 이름인데 TT1이나 TT2에서 전혀 설명되지 않았고 언뜻 해석해보면 항구이름처럼 느껴진다. '배가 험버강을 나와서 바다로 들어갈 무렵이 되자, 바람이 불기 시작하고 파도가 무섭게 몰아쳤다' 번역이 맥락에 잘 부합된다.

TT2의 첫 번째 문장을 보면 "화(禍)가 닥친다" 그리고 "그 화가 내 경우처럼 오랫동안 달라붙어 있은~"의 표현은 원문의 'misfortune' 단어를 화(禍)라는 한자어로 나타냈는데 어색하고 "오랫동안 달라붙어있다"라는 표현은 'continued' 단어를 그대로 직역한 나머지 이상한 번역이 되고 말았다. 번역가의 성의 있는 직업의식이 요구되는 대목이다. TT2의 번역은 첫 번째 문장을 두 개의 긴 문장으로 풀어서 서술하였는데 호흡이 다소 길어져서 원문의 의도에서 빗나가는 번역이 되고 말았다.

원문의 마지막 문장부분에서 "I began now seriously to reflect upon what I had done"을 "~ 바로 그것이라는 생각을 하기 시작했다'로 나타내

었는데 오역이며, 원문의 의미를 번역가가 임의로 바꾸어서 해석하였다. 또한 "하늘이 주는 천벌"이라는 부분도 역시 과잉번역 한 예이다. 부모님의 집을 뛰쳐나와서 내 할 일을 져버린 것에 대해 하느님이 주시는 마땅한 벌이라는 의미를 다소 과장한 해석이다.

(11) ST: All the good counsels of my parents, my father's tears and my mother's entreaties, came now fresh into my mind; **and my conscience, which was not yet come to the pitch of hardness to which it has since, reproached me with the contempt of advice, and the breach of my duty to God and my father.**

TT1: 부모의 충고와 아버지의 눈물, 어머니의 간청이 이제야 생생하게 되살아나고, 전에 이처럼 극도의 고통을 받아 본 적 없는 내 양심은 충고를 무시하고 하나님과 아버지께 대한 의무를 저버린 데 대해 깊이 뉘우쳤다.

TT2: 너무나도 도리에 맞는 양친의 충고, 부친의 눈물과 모친의 간청 등이 새삼스레 뇌리에 되살아났다. 내 양심도 그때는 훗날처럼 굳어 있지 않았기 때문에 내가 부친의 충고를 무시하고 신과 양친에 대한 의무를 저버린 일로 나 자신을 가혹할 만큼 책망하는 것이었다.

원문의 "pitch of hardness"를 어떻게 이해했는가가 의미 전달의 중요한 부분이 된다. 먼저 'pitch'는 사전을 찾아보면 '①원유나 콜타르 따위를 증류하고 난 뒤 생성되는 끈적끈적한 검은 물질 ②역청(瀝靑)물질(아스팔트 따위) ③수지; 송진의 세 가지 의미를 가지고 있다. 여기서는 'hardness'를 딱딱하게 굳어버린 상태로 해석해서 '양심이 시커멓게 되버린 상태'를 비유한 표현이라 할 수 있다. 주인공이 처음 바다로 항해를 시작하면서 후회와 부모님에 대한 죄송스러움을 표현한 대목인데 즉 당시만 하더라도 자신의 양심이 그렇게 더럽혀지지 않았음을 나타내는 문구로서 TT1의 "극도의 고통을 받아"라는 해석은 의미를 잘못 이해한 경우이다.

TT2의 "그때는 훗날처럼 굳어있지 않았기 때문에"의 번역은 의미에 부합된 해석이지만 'pitch'라는 단어가 주는 색깔의 느낌을 빠뜨린 부분이 다소 아쉽다는 생각이 든다. '그때는 훗날처럼 시커멓게 굳어있지 않았기 때문에'으로 번역한다면 더욱 느낌이 살아나는 표현이 될 것이다.

TT1과 TT2의 마지막 서술어를 살펴보면 원문의 세미콜론 뒤의 본동사인 "reproach"에 대해 "깊이 뉘우쳤다"와 "책망하는 것이었다"로 각각 표현하였는데 의미맥락상 둘 다 자연스러운 표현으로 볼 수 있다.

> (12) ST: **To make short this sad part of my story, we went the way of all sailors**; the punch was made and I was made half drunk with it: and **in that one night's wickedness I drowned all my repentance, all my reflections upon my past conduct, all my resolutions for the future.**

> TT1: 서글픈 하소연을 지워 없애는 데는 선원들의 습관을 따르는 것이 약이었다. 우리는 펀치를 마셨다. 술기운이 오르기 시작했다. 그리하여 그날 밤 나는 몹시 취하여 모든 회오와 못된 과거의 행위에 대한 반성을, 그리고 모든 결심들을 내동댕이쳤다. (김병익 역 14)

> TT2: 나의 이 신상 얘기 중에서도 이렇듯 어이없는 대목을 간단히 얘기한다면 이렇다. 우리들은 옛날부터 전해오는 뱃사람의 풍습

에 따라 펀치 술을 만들어 마셨다. 그리고 완전히 녹초가 된 나는 가엾게도 하룻밤만에 후회도, 그리고 여태까지의 행적에 대한 반성도, 또 장래에 대한 결심도 그만 깨끗이 잊고 말았다. (박혜령 역 15)

상황을 잠시 살펴보면 주인공 로빈슨이 첫 항해를 시작하고 큰 폭풍을 만나면서 부모님의 말씀을 거역한 데 대해 후회와 양심의 가책을 받았는데 그 다음날, 다시 바다가 잠잠해지고 아름다운 일출을 맞이하면서 잠시 생각에 젖어 있는데 함께 배를 탄 친구가 로빈슨에게 조금이나마 위안을 주기 위해 펀치(포도주 따위에 물, 우유, 과즙, 향료 따위를 섞은 음료)를 권하고 있다.

첫 번째 문장의 "To make short this sad part of my story, we went the way of all sailors"는 주인공 로빈슨이 배를 탄 것에 대해 후회와 죄책감이 섞인 착잡한 심정을 잠시 잊기 위한 방법으로 술을 마시려는 대목이다. 'the way of all sailors'는 선원들이 고향이 그립고 외로운 마음이 들 때 술을 마시는 것으로 외로움을 달래는 것을 말한다. TT1의 해석은 상황을 잘 파악하여 자연스럽게 의미번역을 하였다.

TT2의 번역 "나의 이 신상 얘기 중에서도 이렇듯 어이없는 대목을 간단히 얘기한다면 이렇다. 우리들은 옛날부터 전해오는 뱃사람의 풍습에 따라 펀치 술을 만들어 마셨다"는 원문을 그대로 직역한 나머지 어색한 문장일 뿐만 아니라 원문의 한 문장을 번역문에서는 두개의 문장으로 나누는 바람에 이야기 상황의 흐름이 단절된 느낌을 주고 있다.

"in that one night's wickedness I drowned all my repentance, all my reflections upon my past conduct, all my resolutions for the future."의 TT2 번역에서 '가엾게도'라는 부사를 첨가하여 해석하였는데 번역가가 개인적

으로 느끼는 상황을 나타낸 것 같은데 다소 비약된 부분이다. '가엾은 상황'이 아니라 선원들이 으레 그러하듯이 모든 근심과 생각들을 떨쳐버리기 위해 술을 마시고 될 대로 대라는 식으로 하루 밤을 보내는 대목이다.

TT1의 해석은 비교적 상황을 잘 묘사하고 있다. '그날 밤 몹시 취하여'라고 번역한 부분은 의미맥락을 잘 살린 번역이라고 할 수 있다.

(13) ST: But I was to have another trial for it still; and Providence, as in such cases generally it does, resolved to leave me entirely without excuse; **for if I would not take this for a deliverance, the next was to be such a one as the worst and most hardened wretch among us would confess both the danger and the mercy of.**

TT1: 그러나 아직 또 하나의 양심의 시련이 남아 있었다. 이런 경우의 예도 그러하였지만 하나님의 섭리가 나에게 아무런 변명의 여지도 주지 않았다. 왜냐하면 이번 일을 하나님께서 손수 구해주신 거라고 생각하지 않는다면 그만이겠지만, 다음 번 시련에서는 아무리 무도하고 간악한 배꾼이라도 하나님에 대한 두려움과 은혜를 고백하지 않을 수 없을 만큼 컸기 때문이다. (김병익 역 15)

TT2: 그러나 또 한 가지 시련이 나를 기다리고 있었다. 신은 이런 경우, 더러는 그렇게 하는 것으로 알고는 있었지만, 이번에는 완전히, 빠져나갈 구멍이라고는 하나도 없게 만들어 버렸다. 내가 신의 구원에 대해 생각도 안 했기에 망정이지 그 어떤 강철같은 간덩이와 배짱을 가진 사람일지라도 그 무서움을 인정하고 목숨을 건진 것은 오로지 신의 구원에 의한 것이다 라고 고백하지 않을 수 없을 정도의 무섭고 비참한 꼴을 당하게 된 것이다. (박혜령 역 15)

원문에서 진하게 표시되어 있는 부분은 가정법 구문이 포함되어 있다. 과거를 서술시점으로 하면서 당시 상황에 대한 반대의 내용을 가정하고 있다. 처음의 If 절은 양보로 해석해서 '비록 내가 이번 일을 신의 구원이라고 여기지 않는다 하더라도~'로 해석하는 것이 상황에 더욱 자연스럽다.

TT1의 해석에서 "~그만이겠지만"의 부분과 "하나님에 대한 두려움과 은혜를 고백하지 않을 수 없을 만큼 컸기 때문이다"에서 다소 어색한 번역과 오역이 눈에 뛴다. 하나님에 대한 두려움과 은혜가 아니라 곧 닥쳐올 시련에 대한 두려움과 그것으로 인한 신에 대한 자비를 솔직하게 구하는 의미이다. '~하지 않을 수 없다라는 표현도 우리말에 적합한 표현이 아니라 영어구문을 그대로 직역한 해석이다.

TT2에서 "~생각도 안 했기에 망정이지 그 어떤 강철같은 간덩이와 배짱을 가진 사람일지라도~"의 표현은 독자층을 고려하지 않았고 너무 어감이 강하고 어색한 문장이라 하겠다. 또한 "그 무서움을 인정하고 목숨을 건진 것은 오로지 신의 구원에 의한 것이다라고 고백하지 않을 수 없을 정도의 무섭고 비참한 꼴을 당하게 된 것이다" 표현은 가독성이 현저히 떨어지며 내용의 의미를 오역하고 있다. 'such ~ as' 구문으로 다음번에 닥칠 시련을 다소 강조하고 있는데 '곧 다가올 시련이 꽤 ~해서 가장 악독하고 비정한 뱃사람이라고 하더라도 닥쳐올 위험과 신의 자비를 구하는' 상황이다.

즉 '아무리 악독하고 무정한 뱃사람이라 하더라도 다음번에 닥칠 시련은 두려움과 신의 자비를 호소할 만큼 엄청난 것이었다.' 번역이 상황에 적합하다.

7

영상번역

7.1 영상번역의 정의

영상번역이란 시각정보와 청각정보로 이루어지는 복합모드 텍스트를 문어텍스트로 전환하는 번역방식을 말한다.152) 번역모드에 따라 자막번역(subtitle translation), 더빙번역(dubbed translation), 보이스-오버(voice-over)가 있다. 이 때 더빙번역이나 보이스- 오버의 경우에는 복합모드 텍스트를 문어텍스트로 일단 변환한 다음 다시 청각정보로 바꾸어주는 후속작업이 뒤따른다.

영상번역의 대상은 비디오테이프, CD, DVD 등과 같이 영상을 담고 있는 다양한 매체의 영상물이다. 분야별로는 영화, 드라마, 다큐멘터리,

---

152) 정호정 2008: 214.

토크쇼, 리얼리티 쇼, 애니메이션, 홍보 영상물 등 다양한 분야를 포함한다. 자막번역의 장점에 대하여 Shuttleworth & Cowie[153]는 "영상물에서 출발 텍스트 등장인물의 실제 목소리를 듣게 되면 출발텍스트의 구체적인 대화나 줄거리 구조를 이해하기가 쉬워질 뿐만 아니라 그들의 지위나 관계를 이해하기 위해 필요한 열쇠도 함께 찾을 수 있게 된다'고 설명한다.

7.2 영상번역의 기초

[1] 영상번역 작가란 어떤 직업일까?

번역 초보자의 입장, 혹은 일반인의 입장에서 막연하게 생각하자면 수없이 쏟아져 나오는 케이블 TV와 공중파 텔레비전의 많은 외화들이나 극장에서 개봉되는 영화들, 그리고 비디오 대여점에서 얼마든지 빌려볼 수 있는 외국영화들을 우리가 볼 수 있도록 한글로 번역해주는 사람을 떠올릴 것이다.

영상번역 작가는 외국 영상물을 우리말로 번역해주는 직업을 가진 사람이다. 글로벌 시대를 맞아, 매일같이 수많은 외국 프로그램들이 쏟아져 들어오고 있고, 우리는 좋든 싫든 그 프로그램들을 극장과 텔레비전, 비디오와 DVD 등을 통해 매일 접하고 있는 것이 현실이다. 요즘엔 한류를 타고 잘 만들어진 우리 프로그램들이 외국으로 수출되고 있지만, 미국이나 일본, 중국 등지에서 제작된 외국 영화와 드라마, 다큐멘터리 등은 그에 수십 배에 달하는 분량이 수입되어 안방극장을 24시간 공략하고 있

---

153) Shuttleworth & Cowie 1997: 45.

다. 외국 프로그램은 앞으로의 문화 개방 추이를 보면, 지금보다 더욱 늘어나면 늘어났지 절대 줄어들지는 않을 것이다. 어쩌면 개방 정도에 따라, 국내 제작 프로그램보다 훨씬 더 많은 외국 프로그램들을 시청하게 될 지도 모른다.

그토록 다양한 외국 방송물들을 국내 시청자들에게 보여주기는 위해서는, 꼭 거쳐야 하는 단계가 있다. 바로 번역과 자막, 더빙 등을 거치는 재제작 과정이다. 외화의 재제작은 먼저 그 프로그램의 대사와 자막 따위를 우리말로 번역한 다음, 자막을 입히거나 성우를 동원해 더빙을 하게 되는데, 실제로 요즘 케이블 방송에서 상영되는 외화는 이 과정을 거치지 않는 프로그램은 거의 없다고 해도 무방할 것이다.

영상번역 작가는 바로 그 과정의 선봉에서 뛰어난 외국어 실력과 방송 감각으로, 국내 시청자들이 외국 프로그램을 마치 국산 프로그램처럼 즐길 수 있게 해주는데 꼭 필요한 사람들이다.

향후 방송 시장이 점진적으로 개방된다면 외국 방송 프로그램들이 거의 밀물처럼 쏟아져 들어올 것이다. 그렇게 되면 당연히 영상번역 작가에 대한 수요도 대폭 늘어날 것이다.

[2] 우리말부터 완벽하게 구사하라.

외화 번역에 있어서 어쩌면 외국어 실력보다 더 중요한 것이 바로 한국어 실력일 것이다. 요즘엔 부모님을 따라 미국으로 이민을 갔다가 돌아온 속칭 '연어족'들, 즉 이민 1.5세나 2세들이 국내로 복귀해 학교나 직장에 다니는 것을 많이 볼 수 있다. 완벽한 영어 실력, 세련된 매너 등으로 번역 업계에서도 이들은 실력 있는 번역작가들로 떠오르고 있다. 하지만 영어 실력이 완벽한 이들의 번역물은 어떨까?

필자가 지인을 통해 알아본 결과 실제 외국어는 완벽하다고 하나 한국어 실력은 초등학교 5, 6학년 정도에 불과한 경우가 더 많았다. 물론 이들이 우리말을 영어로 번역하는 경우엔 가히 타의 추종을 불허할 만큼 훌륭한 번역 솜씨를 보여준다. 하지만 우리가 다루는 영상번역 분야는 대부분 영어를 한국어로 번역하는 분야인 만큼 한국어의 중요성이 부각될 수밖에 없다. 외국이민 1.5세이든, 외국어 실력이 뛰어난 토종 한국인이든, 번역을 하기에 앞서 분명한 필요요건인 '자연스러운 우리말 실력'을 키우려면 어떻게 하는 것이 좋을까?

번역 작가가 한국어 실력을 키우는 방법은 여러 가지가 있지만 우선 우리나라 TV의 드라마를 많이 보라고 권하고 싶다. 드라마 주인공들의 대화체를 잘 들어보면 쉽게 쓰인 것 같지만, 실제로 직접 써 볼 때는 자꾸 문어체로 쓰이는 걸 경험한 초보 작가들이 많이 있다.

우리말 표현을 익히는 또 하나의 방법은 일상생활에서의 대화를 늘 귀담아 듣는 일이다. 친구들과 대화를 하다가, 혹은 길을 가다가도 사람들의 대화를 듣고, 가능하다면 좋은 표현이 들릴 때 수첩에 메모해 두는 것도 좋은 습관이라고 할 수 있다. 그 수첩은 그대로 자연스러운 우리말 대사를 만들 때 유용한 '우리말 표현 사전'이 될 수 있기 때문이다.

우리말을 잘 한다는 것은 여러 가지 의미로 볼 수 있는데, 그 중 대표적인 것들을 추려보면 다음과 같다.

① 상황에 맞는 적절한 표현
한국어에는 영어뿐 아니라 세계 어떤 언어에도 없는 재미있는 표현들이 무궁무진하다. 영어의 yellow(노란)와 비슷한 의미의 표현은 amber(호박색), 내지는 gold(황금색) 정도이고, 그나마 yellow와 전혀 다른 느낌을 주는 표현이다.

그러나 한국의 '노랗다'는 표현에는 노랗다, 노르스름하다, 노리끼리하다, 누렇다, 샛노랗다, 누르스름하다와 같은 수도 없이 많은 표현이 가능하다. 이렇듯 풍부한 우리말 표현을 시의 적절하게 동원한다면 얼마든지 훌륭한 표현이 가능하다는 얘기가 된다. 어떤 단어를 골라 쓰느냐도 중요하지만, 상황에 그 단어가, 혹은 대사가 얼마나 적절한 가도 중요하다.

예를 들어 <프렌즈> 같은 코믹 드라마에서는 평상시 쓰는 말보다는 좀 더 위트 있고 통통 튀는 표현을 써준다면, 그만큼 드라마를 보는 재미가 배가될 것이고, 치열한 전투가 난무하는 전쟁영화라면 그에 걸 맞는 전문적인 군대 및 전투용어가, 병원과 의사, 간호사가 자주 나오고 의학용어가 많이 나오는 영화라면 전문적인 의학용어가 나와 주어야 한다. 또 <CSI>시리즈 같이 스릴러, 형사 영화가 많이 나오는 법정 드라마도 인기가 높은데, 그에 따른 전문적인 법률 용어도 잘 골라서 써주어야 한다. 번역은 매끄럽지만 어쩐지 전문적인 용어에서 서툰 느낌이 든다면 시청자 입장에서는 왠지 미흡한 기분을 떨칠 수 없을 것이다. 이런 용어들을 접하게 되면 우선은 사전을 찾아보거나 해당 전문 서적을 뒤지는 방법이 첫 번째 해결방법이고, 그래도 찾을 수 없다면 해당 전문 기관에 직접 전화해서 알아볼 정도의 성의가 있어야 한다.

또 한 가지 유의할 점은, 시대 상황에 맞는 용어를 구사해야 한다는 점이다. 영화의 배경이 중세일 때, 혹은 미래일 때는 지금 우리가 쓰는 용어와는 사뭇 다른 말투일 것이다. 그렇다고 우리의 옛 궁중 용어인 "~하시옵나이다" 등을 남발하는 것은 좀 그렇지만, 여하튼 그 시대의 그 인물에 맞는 용어가 반드시 존재할 것이다. 이를 적절히 살려 대사에 반영해 주는 것이 적절한 표현을 돋보이게 만드는 요인이 된다.

② 정확한 맞춤법과 띄어쓰기

우리말 표현에서 두 번째로 중요한 것이 바로 한글의 정확한 맞춤법과 띄어쓰기이다. 우리말은 영어나 그 밖의 외국어와 달리 동음이어(同音異語)가 상당히 많은 편이다. 이를 순간적으로 혼동하거나 잘못 쓸 경우 자막을 접하는 시청자는 동시에 착각에 빠질 수도 있어, 번역작가로서 조심해야 하는 부분이 아닐 수 없다. 또, 무엇보다 맞춤법이 틀리면, 번역이 아무리 매끄럽고 표현이 훌륭하다 해도 어딘지 '무식하게' 보이는 것은 어쩔 수 없다고 하겠다.

우리말의 맞춤법과 띄어쓰기의 실제는 인터넷 사이트를 검색해 보면 여러 사이트에서 다루고 있다.

③ 매끄러운 우리말 표현

용어와 맞춤법을 적절하게 사용했다 하더라도 우리말 표현이 매끄럽지 못하면 잘된 번역이라고 할 수 없다. 특히 외국어를 우리말로 번역했을 때 가장 눈에 띄는 부분이 흔히 말하는 '번역투'라고 할 수 있다.

번역투란 다시 말하면, 자연스러운 우리말이 아닌, 외국어를 그대로 직역한 느낌이 물씬 나는 말투를 말한다. 이는 초등학교 때부터 영어로 쓰인 문장을 한국어로 옮기는 과정에서 일종의 '공식'을 배운 한국인들이 종종 문어체가 아닌 구어체에서도 같은 공식을 적용하면서 불거지는 문제다. 초보 번역 작가들은 먼저 이 번역투를 극복해야 좋은 번역을 할 수 있다.

그럼 번역투란 어떤 것일까? 예를 들어 같은 대사를 초보작가인 A와 경력 작가인 B가 동시에 번역했다면 어떤 번역문이 나올까?

▶ 예문 1

COLE	I want to tell you my secret now.
MALCOLM	Okay.
COLE	I see people. I see dead people...
	Some of them scare me.
MALCOLM	In your dreams? When you're awake?
	Dead people, like in graves and coffins?
COLE	NO, walking around, like regular people...
	They can't see each other.
	Some of them don't know they're dead.
MALCOLM	They don't know they're dead?

위 대사는 몇 해 전에 국내에서 개봉되어 큰 화제를 불러일으킨 영화 <식스 센스>에 나오는 대사로 주인공 말콤과 콜의 대화 장면이다.

번역투가 나오는 가장 큰 원인은 영어를 한국어로 직역하기 때문인 경우가 가장 많고, 이는 영어를 잘 하는 사람이라도 번역이 서툴 경우 흔히 저지르게 되는 실수이다.

위에서 언급한 대로 이 대사를 초보작가인 A가 번역했다면 이런 번역이 나올 수 있다.

▶ A의 번역

콜: 지금 제 비밀을 말하고 싶어요.
말콤: 좋아.
콜: 전 사람들을 봐요, 죽은 사람들을요.
그중 일부는 절 무섭게 해요.
말콤: 꿈속에서? 깨어있을 때?

　　　　　무덤이나 관에 있는 죽은 사람들을?

콜:　아뇨, 보통 사람들처럼 걸어서 돌아다녀요.
　　　그들은 서로를 보지 못 해요.
　　　그들 중 일부는 그들이 죽었다는 것도 몰라요.
말콤: 그들은 그들이 죽었다는 것도 모른다고?

틀린 번역은 아니지만 누가 보아도 어색하게 느껴질 수 있는 번역이다. 가장 큰 이유는 직역체의 번역 습관과, 영어를 영어로 번역하는 습관 때문이다.

　그렇다면 경력작가 B라면 어떤 번역이 가능할까? 비교해 보자.

▶ B의 번역

콜:　제 비밀을 말씀드릴게요.
말콤: 그래.
콜:　사람들이 보여요, 죽은 사람들요.
　　　어떤 사람들은 너무 무서워요.
말콤: 꿈속에서? 아니면 깨어있을 때?
　　　무덤이나 관에 든 시체들 말이니?
콜:　아뇨, 보통 사람처럼 돌아다녀요.
　　　서로를 보지는 못 해요.
　　　자기가 죽은 걸 모르는 사람들도 있어요.
말콤: 자기가 죽은 걸 모른다고?

B의 번역은 위의 A의 번역에 비해 상당히 자연스럽게 느껴진다.

　주어와 대명사를 굳이 번역하지 않는 것만으로도 자연스러운 대사를 표현할 수 있다. 과거의 영어교육에서는 주어, 동사, 목적어를 분명히 명시해줘야 '정확한 해석'이라고 칭찬을 했지만, 문법보다는 회화와 어휘력, 청취능력에 역점을 두고 있는 현대 영어교육에서는 이런 문제점이 상당 부분 개선되었다.

따라서 신세대 번역작가들 중에는 구세대보다 훨씬 자연스럽고 매끄러운 번역을 할 수 있는 역량을 갖춘 사람들이 얼마든지 많다. 좋은 번역을 하기 위해서는 작가 스스로 나쁜 번역 습관을 과감하게 탈피하는 것이 무엇보다 중요하다.

7.3 영상번역 실무[154]

[1] 자막 번역 개요

자막 번역은 외화를 우리말로 번역함에 있어 우리말 대사를 일정한 규격의 자막으로 처리하여, 실제 원음(Original Sound)을 들으면서 우리말로 된 대사를 음미할 수 있도록 해주는 번역 작업이다. Subtitle이라고도 불리는 자막은 영화나 드라마, 다큐멘터리 등에서는 주인공이나 내레이터의 대사뿐 아니라, 화면에 나오는 자막, 신문기사, 간판, 메모, 편지, 지도의 지명 따위도 모두 자막으로 번역해야 한다. 또 다큐멘터리에서 흔히 쓰는 방법으로, 내레이터의 대사는 우리말 녹음으로 처리하고 그 외 인터뷰를 하거나 자료 화면에 등장하는 인물의 대사는 자막으로 처리하는 경우도 있다.

빠른 외국어 대사를 자막으로 그대로 가감 없이 번역해주다 보면 대사를 다 읽기도 전에 다음 자막으로 넘어가야 하는 경우가 생길 수 있으

---

154) 김형옥 1999: 88. 필자는 2009년 1.4-2.28에 실시된 한국 번역 연구원 주최 제1회 영상번역작가 연수를 수료하였으며 당시 학습한 부분을 정리하였음을 미리 밝혀둔다.

므로, 시청자가 편하게 읽으면서 시청할 수 있도록 대사를 줄여서 번역해 주는 것이 중요하다.

자세한 방법은 다음과 같다.

① 자연스러운 구어체로

대사는 사람이 하는 '말'이다. 즉, 책을 읽는 것 같은 문어체가 아니라 구어체로 의역해 주는 것이 자연스럽다.

다음은 영화 '드리븐'의 한 장면이다.

```
지미   형, 이제 그만 가
드미   내말 잘 들어
       이 사람들은 널 보고 티켓을 사는 거야
       티켓 판매율을 좌우하는 건 기자들이란 말야
지미   내일 시합할 준비해야 돼
드미   이것도 시합의 일부야
       5년 후에 돈방석에 앉으면 다 내 덕인 줄 알아
```

위 대사는 형제끼리 의견이 달라 다투는 내용이다. 만약 외국인들처럼 형제끼리 이름을 부른다거나, 대사를 딱딱한 문어체로 처리했다면 대단히 어색한 대사가 되었을 것이다. 책 번역이 아닌 영상번역은 '무조건' 구어체로 번역해주어야 자연스럽다.

② 각 자막은 호흡에 맞게 끊어서 번역한다.

자막은 원어 대사가 시작되면서 화면에 뜨고, 대사가 끝나는 동시에 사라진다. 따라서 원어 대사와 호흡이 맞게 끊어져서 번역되어야 한다. 예를 들면 원어 대본이 다음과 같이 주어지면 화면을 보면서 대조한다.

JANE
I need a father who's a role model, not some horny geek-boy who's gonna spray his shorts whenever I bring a girlfriend home from school.

Like he'd ever have a chance with her. What a lame-o.

Somebody really should put him out of his misery.

RICKY
Want me to kill him for you?

JANE
Yeah, would you?

RICKY
It'll cost you.

JANE
I've been baby-sitting since I was ten, I've got almost three thousand dollars.

I was saving it for a boob job.

But my tits can wait.

RICKY
You know, that's not a very nice thing to do, hiring somebody to kill your dad.

JANE
Well, I guess I'm just not a very nice girl, then, am I?

LESTER
My name is Lester Burnham. I'm forty two-years old.

In less than a year, I'll be dead.

In a way, I'm dead already. Look at me jerking off while I listen to country music. I hated this shit when I was growing up.

Funny thing is, this is the higt point of my day. It's all downhill from here.

That's my wife Carolyn. See the way the handle on those pruning shears matches her gardening cologs?

That's not an accident.

위와 같은 대본을 받고 주어진 화면과 일차 대조해 보면서 대본에 연필로 다음과 같이 호흡을 표시해준다.

JANE	I need a father who's a role model,/ not some horny geek-boy who's gonna spray his shorts whenever I bring a girlfriend home from school./
	Like he'd ever have a chance with her. What a lame-o./
	Somebody really should put him out of his misery./
RICKY	Want me to kill him for you?/
JANE	Yeah, would you?/
RICKY	It'll cost you./
JANE	I've been baby-sitting since I was ten, I've got almost three thousand dollars./
	I was saving it for a boob job./
	But my tits can wait./
RICKY	You know, that's not a very nice thing to do, hiring somebody to kill your dad./
JANE	Well, I guess I'm just not a very nice girl, then, am I?/
LESTER	My name is Lester Burnham. I'm forty two-years old./
	In less than a year, I'll be dead./
	In a way, I'm dead already./ Look at me jerking off while I listen to country music./ I hated this shit when I was growing up./
	Funny thing is, this is the higt point of my day./ It's all downhill from here./
	That's my wife Carolyn./ See the way the handle on those pruning shears matches her gardening cologs?/
	That's not an accident./

위에서 표시한 것처럼 대본에 호흡을 끊었으면, 각 호흡을 한 개의 자막으로 설정하고 번역해 주면 된다. 대사가 빨리 이어진다면 두 개의 문장이 한 개의 자막이 될 수도 있고, 한 문장이 호흡 없이 길게 이어질 경우엔 중간 절에서 끊어서 자막을 바꿔줄 수도 있다.

③ 지명, 인명 등은 정확한 발음으로 표기해 주어야 한다.

우리가 번역하는 외화엔 무수한 지명과 인명이 나온다. 물론 모두 외국어이다. 따라서 우리말로 표기할 때는 읽는 사람에 따라서 여러 가지 표기가 나올 수도 있다. 외국어를 우리말로 표기하는 데는 기존에 우리에게 익은 한국식 영어 표기법이 좋다고 하지만, 필자는 가능하면 원어에 가깝게 표기하는 것이 정석이라고 믿는다. 그러나 예외도 있다. New York을 실제 원어로 발음한다면 '누우욕'에 가깝지만 기존에 우리에게 익숙한 표기가 '뉴욕'이기 때문에 이 경우엔 '뉴욕'으로 표기해주는 것이 무리가 없다고 하겠다. 여기서 정확하게 표기하자고 하는 의미는, 지명이나 인명에 익숙하지 않아 잘 못 읽을 수 있기 때문에 하는 얘기이다. 특히 미국식 지명이나 인명이 아닌 독일어나 불어에서 유래한 지명, 또는 인명의 경우엔 찾아보거나 그래도 없을 때에는 대사를 잘 듣고 그 발음 그대로를 적어주는 것이 최선이다.

④ 자막 한 줄에 한글 13자에서 15자, 두 줄까지 표현이 가능하다.

시청자가 가장 보기 좋은 자막의 글자 수는 15자 이내이다. 너무 대사가 길어도 읽을 시간이 부족하기 때문이다. 즉, 적당한 크기로 시청자가 읽어나가기 좋은 글자 수는 한 줄에 15자 이내란 뜻인데, 대체로 그 한도 내에서 대사를 처리해주면 무리가 없다. 어떤 경우엔 정확하게 대사의 길이를 계산하여 글자 수를 맞추는 경우도 있지만, 번역이란 것이 완전히 기계적으로 글자 수를 맞출 수는 없기 때문에 어느 정도의 융통성이 필요하다.

아래 번역 대본은 영화 '엔젤 아이즈'의 한 장면이다. 대본을 보면서 실제 어떻게 글자 수가 맞춰져 있는지를 파악해 보자.

글자 외의 느낌표, 물음표 등은 반 자로 친다. 문장 끝부분의 마침표는 하지 않는다는 것을 유의해야 한다.

■ **자막 글자 수 안배의 예**

샤론   여기서 만날 줄 몰랐어요 —10자
      왜 혼자 앉아 있어요? —8자 반

캐취   사교적인 성격이 못 돼요 —10자
      좀 앉으시겠어요? —7자 반

샤론   그러죠 —3자
      고맙다는 말도 못했네요 —10자
      전 샤론 포크에요 —7자

캐취   난 캐취에요 —5자

샤론   그냥 캐취요? —5자 반

캐취   네 —1자

샤론   그땐 정말 너무 무모했어요 —11자
      총 가진 사람한테 덤볐잖아요 —12자

캐취   당신이 위험해져서요 —9자

샤론   그러다 다치면 어쩌려고요? —11자 반
      정말 죽고 싶었어요? —8자 반

캐취   그런 걸 따질 경황이 없었어요 —12자

동료   포고! —2자 반

샤론   지금 생각은요? —6자 반

캐취   잘 했다고 생각해요 —8자

샤론   절 알지도 못하잖아요? —9자 반

캐춰　그렇죠 ─3자

당신도 마찬가지였을 거에요 ─12자

난 경찰을 존경해요 ─8자

사람들의 안전을 위해 ─9자

밤낮 고생만 하잖아요 ─9자

소방대원들을 보면 모두 ─10자

손 흔들고 웃어주는데 ─9자

왜 경찰에겐 그렇게 ─8자

냉담한지 모르겠어요 ─9자

내 말이 우스워요? ─7자 반

샤론　아뇨 ─2자

위에서 보는 것처럼 한 줄에 들어가는 글자는 15자를 넘지 않는 것이 보통이고, 또 보기에도 좋다. 대사 앞 부분에 짧은 바가 들어가 두 개의 대사가 나란히 놓이는 경우는, 두 사람이 빠른 대화를 나눌 때 한 자막에 대사를 띄워주기 위해 그렇게 하는 것인데, 이 기법을 적절히 사용하면 더욱 간결하고 깔끔한 자막을 만들 수 있다.

⑤ 유행어나 속어의 남발을 자제해야 한다.

중세시대나 지금 보다 훨씬 과거의 얘기를 다룰 때는 예외가 되지만, 최근을 배경으로 한 현대물의 경우엔 부드럽게 대사를 만들어 준다는 명목으로 흔히 유행하는 말을 써주는 경우를 종종 본다. 예를 들어 코믹물의 경우에 TV에서 흔하게 접하는 개그 용어를 써주기도 하는데, 자칫 천박해 보일뿐더러 미국과 한국의 배경이나 상황이 전혀 다른 데서 오는 이질감도 클 것이다. 다음 대사를 눈여겨보자.

■ 영화 〈Someone like you〉 중에서

제인　왔어?

에디　응

제인　그 여자랑 있는 줄 알았는데

에디　우리 파토났어

제인　무슨 문제라도 생겼어?

　　　왜 그래, 어떻게 된 거야?

에디　그냥 맛이 좀 갔다니까

제인　맛이 가다니 무슨 소리야?

에디　그렇게까지 집요하게

　　　확인사살 해야겠어?

제인　그냥 궁금해서 그래

　　　먼저 영화를 보고

　　　여자 집엘 갔을 거고

에디　그냥 한잔 꺾으면서

　　　주방에 있었는데

　　　갑자기 여자가 먹을걸

　　　찾는거야

　　　저녁을 먹고 난 다음에

　　　영화를 봤는데 말야

　　　잘을 모르지만 배꼽시계가

　　　울렸나봐

사실 원래 번역은 이게 아니지만, 만약 위와 같은 식으로 번역했다면 보는 사람 입장에서는 재미있기보다는 왠지 씁쓸한 기분이 들 수도 있다. 재미있는 번역은 품위도 갖춘 번역을 말한다.

⑥ 두 사람의 짧은 대사가 바로 이어질 때에는 한 화면에 같이 표현해 준다.

두 등장인물의 대사가 짧고 빠르게 이어질 때, 순차적으로 대사를 자막으로 처리하면 그 자막을 전부 읽을 시간이 부족할 것이다. 이럴 때는 아래와 같이 두 사람의 대사를 한 화면에 띄워주어야 한다.

> (예) - 나랑 애기 좀 하자
>   - 싫어요
>
>   - 대체 뭐가 불만이야?
>   - 아시잖아요!

이런 기법은 짧은 대사가 속사포처럼 이어지는 액션 장면이나, 말이 많고 빠른 코믹물에서 특히 유용하다.

⑦ 대사는 간결하게 축약해준다

우리가 접하는 영화나 드라마의 대사는 일상생활에서 흔히 사용하는 구어체이다. 따라서 단어 하나하나를 너무 직역해 주는 것보다는 의역을 통해 자연스럽고 매끄러운 대사로 약간씩 축약해 주는 기교가 필요하다. 많은 대사를 일일이 전부 번역해 주면 시청자가 미처 다 읽기도 전에 다음 자막으로 넘어가게 되기 때문이다.

■ **축약하지 않은 번역**

I think I've found a very nice vase for the foyer.
현관에 놓아둘 아주 멋진 꽃병을 찾았어

You'll probably think it's an extravagance,
but it's not, all things considered

자넨 사치라고 생각할지 모르지만
그렇지 않아, 다 생각해서 산 거야

There pieces are becoming increasingly rare.
이런 것들은 점점 보기 드물거든

Isn't that exquisite?
우아하지 않니?

I hope you like it, because
it's perfect for the foyer.
마음에 들었으면 좋겠군, 현관에는 완벽하게 어울리거든

We already have a vase in the foyer, Eve.
이브, 현관에는 이미 꽃병이 있어요

Yes, but this will never look right when we redo the floors.
그래, 하지만 이건 바닥을 다시 깔면 전혀 어울리지 않을 거야

I've never understood why they have to be redone.
바닥을 왜 다시 깔아야 하는 지도 모르겠어요

■ 축약한 번역
I think I've found a very nice vase for the foyer.
현관에 놔둘 예쁜 화병을 찾았어

You'll probably think it's an extravagance,
but it's not, all things considered
사치라고 생각하지 말게 다 알아서 고른 거니까

There pieces are becoming increasingly rare.
이런 건 요즘 점점 보기 드물어

Isn't that exquisite?
우아하지 않니?

I hope you like it, because
it's perfect for the foyer.
현관 장식용으로 그만이야 맘에 드니?
We already have a vase in the foyer, Eve.
현관에 꽃병 있어요

Yes, but this will never look right when we redo the floors.
하지만 바닥을 고치면 그건 안 어울려

I've never understood why they have to be redone.
바닥도 왜 고쳐야 하는지 모르겠어요

위의 번역은 축약하지 않고 그대로 번역해 주었다. 당연히 말이 길다. 대사가 진행되는 시간이 5초 정도라면, 자막도 역시 5초 이내에 읽을 수 있게 만들어주어야 한다. 따라서 자막 번역에 알맞은 대사의 길이는 아래쪽 번역과 같이 해주어야 한다.

⑧ 가급적 의역을 해준다.

영화나 드라마의 대사는 보고서가 아니다. 따라서 문어체적인 대사나 직역보다는 의역을 하더라도 실제 우리가 쓰는 표현으로 번역해 주는 것이 훨씬 자연스럽게 느껴진다. 다시 말해서 꼭 대사에 나오는 말 한마디 한마디를 그대로 번역해 줄 필요는 없으며 큰 테두리 안에서의 의미에 차이가 없다면 다른 말로 바꾸어 주어도 무방하다. 번역은 제2의 창작이라고 하지 않았던가.

다음 대사를 보면서 의역의 묘미를 음미해 보자.

■ **직역과 의역의 비교: 영화 〈Interiors〉 중에서**

원문 It's good to be back.
직역 돌아오니 좋구나
의역 집에 오니 좋구나

원문 You can't beat Greece for sand and blue water.
직역 모래와 푸른 물은 그리스를 당할 수 없지
의역 모래와 푸른 바다는 그리스만 한 데가 없지

원문 The only problem I had was nobody spoke English.
직역 단 한 가지 문제라면 영어를 하는 사람이 없다는 거였지.
의역 영어를 하는 사람이 없다는 게 문제였지만

원문 You knew he was bringing someone.
직역 아빠가 누구 데려오는 거 알았어?
의역 저 여자 오는 거 알았어?

원문 Yes. Didn't I mention it?
직역 응, 내가 말 안 했나?
의역 응, 얘기했잖아?

대사를 비교해 보면 알 수 있겠지만, 단어 하나하나 보다는 영화 전체의 흐름이나 분위기, 줄거리에 맞게 번역해주는 것이 중요하다. 단, 의역을

한다고 해서 대사의 의미가 바뀌거나 오역이 나와서는 안될 것이다.

⑨ 미국식 단위는 한국식으로 환산해 준다.

미국에서는 거리를 나타낼 때 km이 아니라 Mile을 쓴다. 따라서 영화대사에도 그대로 Mile로 표현이 되는데, 그대로 써주면 km에 익숙한 우리나라 시청자들에겐 낯설게 느껴지고 얼마만큼의 거리인지 감이 잘 잡히지 않는 경향이 있다. 따라서 이 단위는 Km로 환산하여 표현해 주어야 한다. 그밖에 길이나 무게 등에서 우리와 다른 표기는 우리 식으로 반드시 고쳐주는 것이 상식이다.

주로 많이 쓰이는 단위 환산은 아래와 같이 정리할 수 있다.

■ 길이
1인치 = 2.54센티 = 0.0254미터
1피트 = 30.48센티 = 0.3048미터
1야드 = 91.438센티 = 0.8144미터
1마일 = 1.609킬로미터

■ 무게
1온스 = 28.3495그램 = 0.02835킬로그램
1파운드 = 453.592그램 = 0.45359킬로그램

■ 온도
• 화씨(°F)를 섭씨(℃)로 환산하는 공식
  C = F -32 ÷1.8   (예) 80°F = 26.6℃
• 섭씨(℃)를 화씨(°F)로 환산하는 공식
  F = C ×1.8+32   (예) 30℃ = 86°F

⑩ **속어와 비어(碑語)의 사용에 특히 주의한다.**

미국 문화, 특히 영화에서는 아무렇지도 않게 쓰이는 각종 비어나 속어를 그대로 직역해 놓는다면 어떻게 될까. 아마도 대단히 적나라한 표현이 많이 등장할 것이고, 까다로운 심의에서도 걸림돌이 될 것이다. 영화에 흔히 등장하는 비어나 속어는 상황을 리얼하게 묘사하기 위해 들어간 것이므로 굳이 그대로 번역해 줄 필요는 없다. 예를 들어 교육을 받지 않은 등장인물들이 말끝마다 후렴처럼 내뱉는 욕을 그대로 다 번역해준다면 시청자들은 수많은 욕의 홍수에 빠지게 될 것이다.

주로 많이 나오는 fuck같은 욕은 굳이 번역할 필요 없이, 대사를 조금 거칠게 표현해주면 된다. 예를 들어, 유난히 욕이 많이 나오는 영화 <디-톡스> 중의 대사를 예로 들어보자.

예 1 He's at my fuckin' house.
　　　놈이 우리 집에 있어!

예 2 What the fuck is...? What's the matter with you?
　　　무슨 짓이야? 미쳤어?

예 3 Stupid fucker missed his brain and blew half his cheek out.
　　　놈이 머리를 잘 못 쏴서 뺨을 스쳤대요.

⑪ **맞춤법과 띄어쓰기에 유의해야 한다.**

흔히 비디오나 영화에 나오는 자막은 맞춤법이나 띄어쓰기가 그대로 맞다고 생각하기 쉽다. 따라서 자칫 번역 작가의 실수로 대중매체에 잘못된 자막이 보여지는 경우 그 파장은 심각하다고 볼 수 있다. 최근 개정된 맞춤법에 따라 정확하게 표기해 주는 것도 번역을 잘하는 것 못지 않게 중요한 일이다. 개정된 맞춤법에 관한 책자는 서점에 가보면 여러 종류가 나와 있으므로 참고하는 것도 좋다.

⑫ **전문적인 용어나 약어는 정확하게**

CSI: 수사물/ 검시용어, 약물, 의학용어

보스턴 리걸: 법정용어

전쟁물: 무기용어, 계급, 지명, 역사적 사실

역사물: 역사적인물명, 지명

영화의 스토리 전개상 전문적인 용어가 나올 때가 간혹 있다. 예를 들면 컴퓨터용어나 전쟁용어, 과학용어, 첨단기자재의 명칭, 의학, 생물학적인 용어 등 영화 내용이나 흐름에 따라 등장하는 전문 분야의 전문 용어는 실로 다양하다. 간혹 번역작가들이 이 용어들을 영화라고 해서 대충 번역하거나 혹은 그냥 넘어가는 예가 간혹 있는데, 그렇게 되면 중요한 포인트를 놓치거나 관객으로 하여금 애매한 느낌을 갖게 만드는 경우가 있다. 따라서 영화 전개상 꼭 필요한 전문용어는 반드시 정확하게 표현해주는 것이 기본이다.

전문용어는 대게 인터넷 검색엔진─주로 네이버에서 해당 단어를 치거나, 백과사전을 찾아보는 것이 유용하다. 예를 들어, conjunctivitis라는 생소한 단어도 컴퓨터 사전이나 인터넷 사전을 찾으면 금방 '결막염'이란 것을 쉽게 알 수 있기 때문에 굳이 의학사전을 뒤지지 않아도 된다.

[2] 대사 이외에 번역할 것들

① 타이틀

예) chance to love→사랑의 약속→찬스투러브

    chasing amy→체이싱 에이미→체이싱 아미

어떤 프로그램이든 제목이 있게 마련이다. 대개의 경우 작가에게 번

역을 의뢰하기 전에 영화사, 혹은 방송국에서 제목을 달아 주는 것이 보통이지만, 원제목을 그대로 보냈을 경우 작가는 제목을 우리말로 번역해 주어야 한다. 물론 작가가 단 제목을 꼭 그대로 사용하는 것은 아니지만, 적어도 어떤 제목이 적당한지 스스로 네이밍을 할 수는 있어야 번역작가라고 할 수 있다.

프로그램의 제목은 시청률, 또는 흥행의 성공에 아주 중요한 영향을 주게 되므로 번역 작가의 역할이 중요하다.

② 크레딧 표기

영화의 시작 부분에는 영화에 출연한 사람들이나 제작진의 이름이 순서대로 뜨는 것이 보통이다. 외국어로 된 이름을 우리말로 표기할 때는 원 발음에 맞게 제대로 표기해 주어야 한다. 때로는 제작진의 표기와 대사가 겹치기도 하는데, 이럴 때는 대사를 우선적으로 띄워준다.

제작진의 우리말 표기법은 다음과 같다.

Director of Photography	촬영감독
Production Designer/Art Director	미술감독
Casting	배역담당
Music/ Score	음악담당
Editor	편집
Based upon Novel by~	원작
Screenplay	각본
Teleplay	TV용 각본
Costume Design	의상담당
Special Effect	특수효과
Make-Up Artist	분장
Special Appearance, Guest Star	특별출연
Producer	제작
Director	감독

'촬영감독'은 카메라의 위치와 각도 등을 결정하여 지시하는 감독이다. 영화를 찍을 때는 한 촬영감독이 영화제작사에 고용되어 일하기도 하지만, 촬영 전문 회사에 맡기기도 하는데, 그 경우에는 회사명이 나오기도 한다.

'미술감독'은 영화 장면의 밑그림, 즉 화면 배경이나 소도구, 각 장면의 컬러 등을 준비하는 작업을 하며, 영화의 분위기를 담당하는 중요한 위치이다. 건축이나 디자인, 의상의 분위기 등 모든 영역을 책임지기 때문에 탁월한 감각을 요한다. 미술감독은 대본을 받아 들고 가장 먼저 각 장면에 맞는 배경을 구상하고, 이 아이디어를 세트 디자이너에게 충분히 설명하여 물질적인 도구를 만들게 한 뒤 이를 배치하여 완성시킨다. 세트 데코레이터에게 장식과 포장을 의뢰하여 겉모양을 꾸미면 세트가 완성이 되는 것이다.

'배역' 담당은 각 역할에 맞는 배우를 캐스팅 하는 사람을 일컫는다. 원작의 분위기에 적합한 배우를 선택하는 일은 영화의 성패를 가르는 중요한 작업이다. 최근에는 배우를 먼저 선정해 놓고 그 배우의 이미지에 맞게 대본을 쓰는 경우도 있다.

'음악'은 영화에 사용되는 음악을 쓰는 사람을 의미한다. 영화음악은 영화를 관객들에게 각인시키는데 한 몫을 하고 하나의 커다란 음악장르로까지 발전했다. '타이타닉', '대부', '사운드 오브 뮤직', '로미오와 줄리엣' 등은 주제음악 자체로도 유명하다.

'편집'은 촬영이 끝난 뒤, 각 장면의 구성을 감독이나 제작자의 지시에 따라 처리하는 일을 말한다. 편집자는 감독이 제공하는 필름을 처리하는 단순작업자로 보기 쉽지만, 한편의 영화를 깔끔하게 마무리하는 최종 점검자로서 막중한 임무와 감각이 요구되는 일이다.

'원작'은 영화의 줄거리가 되는 소설을 쓴 작가의 이름이다. 원작을 영화화하면서 전체, 또는 부분을 고치거나 첨가하는 작업은 '각색'이라 부른다.

'각본'은 소설 또는 연극대본 등으로 되어있는 내용이 영화화할 수 있도록 대본으로 바꾸어 주는 작업이다. 흔히 영화의 청사진을 만드는 작업이라고도 한다.

'의상'은 영화에 등장하는 연기자들의 의상을 총 책임진다. 영화의 배경이 현대물인 경우 연기자의 성격에 맞는 의상을 준비하면 되지만, 역사물이나 외국을 배경으로 한 영화의 경우엔 그에 걸맞은 고증을 거쳐 의상을 준비해야 한다. 의상 때문에 영화 전체가 돋보인 경우도 대단히 많은데 그 중 대표적인 것이 오드리 햅번이 주연한 영화 '사브리나'였다. 유명한 디자이너 지방시의 의상이 각 장면에서 빛을 발해 아카데미 의상상을 받기도 했다.

'특수효과'는 특정장면을 직접 촬영하기 힘들 때 컴퓨터그래픽이나 모형으로 처리하여 영화의 극적 재미를 높이는 역할이다. 엄청난 자본과 기술이 필요한 대규모 폭파 장면이나, 잔인한 장면, '쥬라기공원'에서 처럼 공룡이 등장하는 장면 등, 현대영화에서 특수효과가 차지하는 비중은 대단히 크다.

'특별출연'은 이미 널리 알려진 유명한 배우가 주연이 아닌 조연급으로 영화에 출연할 경우 일반 출연진이나 조연과 구분하여 칭할 때 쓰인다. 대사 없이 화면에 얼굴만 잠시 비추는 <카메오>와는 성격이 다르다.

'감독'은 영화가 완성되기까지의 모든 과정을 책임지는 사람이다. 한 편의 영화를 만든다는 것은 물론 '공동작업'이기는 하지만, 촬영장에서의 감독의 말 한마디는 법과 같은 효력을 가진다고 해도 과언이 아니다. 일단 영화 제작안이 기획되면, 제작자와 작가, 촬영감독, 배우 등은 감독을 전폭적으로 믿고 지지하면서 촬영이 원활히 진행될 수 있도록 협조해야 한다. 제작과정에서 완벽한 뒷받침이 이루어질 때 감독의 역할이 빛나는 것이다. 즉 감독은 자질구레한 준비나 비용 문제에 신경 쓰지 않고 다만 영화를 잘 만드는 일에만 전념할 수 있기 때문이다. 제작과 감독의 분업 효과가 극대화되어 일체 상승효과를 낼 때 훌륭한 영화가 만들어진다.

③ 대사 이외의 자막

영화나 다큐멘터리를 번역하다 보면 지명이나 대사 이외의 자막, 메모, 편지, 신문기사 등이 나온다. 이런 것들은 대사에 관계없이 수시로 화면에 등장하므로, 빠뜨리지 말고 번역해 줘야 시청자가 외화를 보는데 있어 불편함이 없을 것이다.

특히 지명의 경우 정확한 외국어 표기를 잘 모를 때에 가장 좋은 방법은 사전에서 그 지명을 찾아 우리말로 어떻게 표기되어 있는지 알아보는 일이다. 예를 들어 Washington이란 지명은 읽기에 따라 '워싱턴' 또는 '와싱턴' 등 다양하게 나올 수 있는데, 사전을 찾아보면 정확하게 '워싱턴'으로 표기되어 있으므로, 워싱턴이 라고 표기하는 것이 좋다. 가령 연도의 표시는 미국에서는 2002년 7월20일을 '20th July, 2002'라고 표시하지만, 우리말로는 2002년 7월20일로 번역해 주어야 한다.

7.4 자막 번역 실습

이번에는 직접 자막번역을 실습해보기로 한다. 대본은 튜더스(The Tutors) 천년의 스캔들 에피소드 1이다.

이 영화는 시대적 배경이 영국 르네상스 시대인 헨리8세를 중심으로 절대 왕정의 권력을 둘러싼 역사물이다. 주요 등장 인물은 다음과 같다.

헨리 8세, 토머스 울지 추기경, 토머스모어, 앤 불린, 캐서린 왕비, 마가렛 공주, 찰스 브랜든(서포크 공작), 안토니 나이버트, 토머스 하워드(노포크 공작), 토머스 불린(윌트셔 백작), 토머스 크롬웰(에섹스 백작), 윌리엄 컴프턴, 토머스 탈리스, 에드워드 스테포드(버킹햄 공작)

등장인물간의 신분 및 계급차이, 호칭 등을 신경 쓰면서 번역해 본다.

자막번역은 다음과 같은 순서로 하면 된다.

(1) 영문대본 확인
  - 화면내용과 빠짐없이 대사가 일치하는지
  - 처음부터 끝까지 대본이 다 있는지
(2) 영상물 확인
  - 화면이 끊어지거나 잘린 부분은 없는지
  - 소리는 선명한지
  - 타임코드는 있는지
(3) 대사 스파팅 작업
  - 영문대사를 호흡에 맞게 끊어주는 작업
  - 두 사람의 짧은 대사는 묶어주기
  - 지도나 표지판, 메모, 편지, 화면 내 자막 등 점검
(4) 스파팅 된 대본을 보며 자막 번역
  - 의역 및 오역에 유의
  - 대사길이에 유의
  - 글자 수 및 자막의 안배에 유의(2줄일 경우)
(5) 번역된 대본을 보며 영상과 대조하며, 빠진 대사가 없는지, 상황에 맞게 번역이 되었는지를 점검한다.
(6) 오자, 탈자, 맞춤법, 띄어쓰기 점검
(7) 제출

MAPLE FILM PRODUCTIONS LIMITED
"THE TUDORS"

Production Office:
Ardmore Studios
Herbert Road, Bray
Co. Wicklow
Tel:+3531 276 9332
Fax:+3531 276 9478

Post Production Office:
20 Butterick Road
Toronto, Ontario
M8W 3Z8
Tel: 416 255 2260
Fax: 416 847 0188

THE TUDORS: EPISODE 101

by
Michael Hirst

As-Broadcast Script: Editorial Associates
41 Bingham Avenue,
Toronto, Ontario
M4E 3R1

Footage	Shot Desc.	Dialogue	Music/FX
01:00:00	O P E N I N G CREDITS		
01:00:09	EXT. DUCAL PALACE– URBINO– DAY		Clopping of horses' hooves crossing courtyard
01:00:48		DRIVER Ha, Ha!	
01:00:51		SARTO Mr. Ambassador.	Surrounding background noise
01:00:52		COURTENAY This is really most humiliating, Signore Bedoli.	
01:00:54		BEDOLI Prego, Excellency, prego. [Translated: I pray]	
01:00:56		COURTENAY What could possibly be so important that you drag me from my bed before seven o'clock in the morning?	
01:01:00		SARTO The Duke has called an early meeting of the Council. He wanted you to attend.	
01:01:06		CAPTAIN Monsieur.	
01:01:09		COURTENAY Why are the French here?	
01:01:11		BEDOLI That is what his grace wants to talk to you about.	

01:01:15	INT. CORRIDOR —DAY		
01:01:40		CAPTAIN Excellency.	
01:01:48		COURTENAY Bastards! You French bastards! Bastards.	Yelling, gasping
01:02:13	EXT. WHITEHALL		
01:02:30	INT. COURT–WHI TEHALL PALACE–LON DON–DAY		Background conversation in
01:02:33		MORE Mr. Pace.	
01:02:34		PACE Mr. More. His Majesty wants council this afternoon to be brief. He doesn't want a lot of speeches.	
01:02:40		MORE Where is the King?	
01:02:42		PACE He's in seclusion and not to be disturbed.	
01:02:45		MORE How is he?	
01:02:47		PACE With regards to...?	
01:02:48		MORE With regard to Italy. What the French are doing in Italy. What other regard is there?	

01:02:52	PACE His Majesty is counseling patience.	
01:02:54	MORE Yes, but you are his secretary. You see him every day.	
01:02:57	PACE In private he's mad with grief. Almost inconsolable. I think you ought to remember it was his uncle they murdered!	Background conversatio n out
01:03:07	INT. PRESENCE CHAMBER– DAY	
01:03:09	CRIER The King.	
01:03:10	HENRY My Lords–	
01:03:21	HENRY (cont'd) We meet to consider questions of great moment. The King of France has demonstrated to the world his aggressive policies. He's already overrun five or six city states in Italy. He's a threat to every Christian nation in Europe–yet he bullies the Pope into declaring him Defender of the Faith! On top of that, to prove that nobody can touch him, he has our Ambassador in Urbino–and my uncle–murdered in cold blood.	Murmurs of concern
01:03:57	HENRY (cont'd) My Lords, I believe these are all just causes for war.	
01:03:05	CROWD Yes!	

01:04:08	BUCKINGHAM Your Majesty is certainly right. You have every reason to prosecute a war. Indeed I warned you a year ago about French ambitions–though it has taken this personal tragedy for your Majesty to accept my word!	
01:04:26	HENRY Norfolk?	
01:04:29	NORFOLK I agree with my lord Buckingham. The King of England has an ancient and historic right to the French throne, which the Valois have usurped. It's high time we kicked them out!	
01:04:39	CROWD Yes!	laughter
01:04:41	NORFOLK (cont'd) We should attack France with all our might.	
01:04:43	ALL Yes.	
01:04:49	HENRY What say you, Wolsey?	
01:04:55	WOLSEY I concur with your Majesty. These are indeed just causes.	
01:05:01	HENRY Good! Then it is settled. We are to war with France.	
01:05:08	CROWD Yes!	cheers
01:05:10	HENRY (CONT'D) Your Eminence will make all the arrangements.	

01:05:14		HENRY (CONT'D) Now I can go play.	Laughter and applause
01:05:27		MORE You really think we should go to war?	
01:05:29		WOLSEY I think we should try to do what the King wants us to do.	
01:05:32		MORE What if the King doesn't know what's in his best interest?	
01:05:34		WOLSEY Then we should help him decide.	
01:05:40	INT. HENRY'S BEDCHAM BER–JERIC HO –DAY		(OS) Groaning, moaning
01:06:24	INT. OUTER CHAMBER– JERICHO – DAY		
01:06:34	INT. HENRY'S BEDCHAM BER–DAY		
01:06:42		HENRY How is your husband?	
01:06:45		ELIZABETH My husband is–extremely jealous.	

01:06:52	ELIZABETH (cont'd) He's threatening to make a scandal. He says he'll put me in a nunnery.
01:07:00	HENRY Oh, that would be such a waste.
01:07:13	EXT. HAMPTON COURT PALACE– DAY
01:07:19	INT. WOLSEY'S PRIVATE APARTMEN T–DAY
01:07:21	SECRETARY His Excellency the French Ambassador and Bishop Bonnivet.
01:07:27	WOLSEY Gentlemen, welcome.
01:07:30	WOLSEY (cont'd) Your Excellency.
01:07:32	WOLSEY (cont'd) What happened in Urbino–the butchering of our Ambassador–was most unfortunate–especially for me. Your Excellency is well aware of my sentiments towards your country. I have laboured long and consistently in French interests. But –how to explain this? The murder of my king's uncle.

01:07:54	AMBASSADOR Frankly it was not done on my master's orders. And those that committed the crime have been punished.	
01:08:00	WOLSEY No. You must understand, we are well beyond that. King Henry is a young man. He has an appetite for war. And on this occasion he will not be easy to appease.	
01:08:14	AMBASSADOR Then, by all means–let us have war.	
01:08:19	WOLSEY With the greatest respect–you don't mean that.	
01:08:23	BONNIVET Well... I believe that everything humanly possible should be done to avoid a war between our two countries. It would do England no good to get involved in our European squabbles. Far better she stands above them. I'm sure your Eminence has ways of pacifying the young Lion.	
01:08:47	INT. REAL TENNIS COURT–DAY	Background conversation in
01:08:57	HENRY Yeah!	
01:09:01	HENRY Play on!	Grunting, gasping
01:09:03	REFEREE Fifteen-love.	
01:09:07	HENRYYeah! Ah!	

01:09:12	REFEREE Thirty-love.	
01:09:21	HENRY (cont'd) Our game, I think, Anthony.	
01:09:22	KNIVERT Your Majesty knows we're just letting you win!	
01:09:24	COMPTON Actually, I was playing as hard as I can!	
01:09:29	BRANDON Now, there is someone I have to try. See her: middle gallery, blue dress? See that exquisite, virginal face?	
01:09:37	HENRY Ah, Ah! Who is she? REFEREE Forty-love, please.	
01:09:47	BRANDON She's Buckingham's daughter.	
01:09:51	HENRY A hundred crowns you don't succeed.	
01:09:53	BRANDON Done.	Applause; Background conversation out

| 01:09:58 | INT.
HENRY'S
PRIVATE
CHAMBERS–
OUTER
CHAMBER–
DAY | |

01:09:59	HENRY
	How is our daughter?
01:10:02	KATHERINE
	She is well. Her tutors say she has exceptional talents, especially for music. Your Majesty should be proud.
01:10:13	HENRY
	I am. You know I am Katherine. Mary is the pearl of my world.
01:10:28	KATHERINE
	You have not answered my nephew's letters.
01:10:31	HENRY
	Just because your nephew is the King of Spain, does he think I have nothing better to do?
01:10:35	KATHERINE
	You know he advises you to sign a treaty with the Emperor recognizing France as our mutual enemy.
01:10:42	KATHERINE (cont'd)
	He also advises you not to heed everything Wolsey tells you, because Wolsey is so biased for the French.
01:10:51	HENRY
	Since when are you a diplomat?
01:10:54	KATHERINE
	I am my father's daughter!
01:10:56	HENRY
	You are my wife! You are not my minister, you are not my chancellor, but my wife.

01:11:11	KATHERINE And I should like to be your wife in every way. Henry, will you not visit my bedchamber, as you used to?
01:11:25	HENRY Eat.
01:11:28	INT. HENRY'S BEDCHAMB ER–NIGHT
01:12:20	HENRY Gown.
01:12:33	INT. PASSAGE– NIGHT
01:12:43	INT. QUEEN'S PRIVATE BEDCHAMB ER–NIGHT
01:12:50	LADY JANE Your Majesty.
01:12:55	HENRY Where is Queen Katherine?
01:12:56	LADY JANE Her Majesty is still at prayer, your Majesty.
01:13:00	HENRY Tell her Majesty that I came to offer my love and devotion, as her true husband.
01:13:07	LADY JANE Yes, your Majesty.

01:13:22	INT. CHAPEL ROYAL– NIGHT		
		KATHERINE Hail Mary, Full of Grace, The Lord is with thee. Blessed art thou among women, and blessed is the fruitof thy womb, Jesus. Holy Mary, Mother of God, pray for us sinners now, and at the hour of death. Hail Mary, Full of Grace, The Lord is with thee. Blessed art thou among women–	
01:13:46	INT. HENRY'S BEDCHAMB ER–NIGHT		
01:14:09		HENRY Jane.	
01:14:09		LADY JANE Your Majesty.	
01:14:22		HENRY Do you consent?	
01:14:24		LADY JANE Yes, your Majesty.	
01:14:42	EXT. TILTYARD– DAY		
01:14:44		ANNOUNCER Three points, Earl of Portland.	Applause; Background crowd noise
01:14:53		ANNOUNCER (CONT'D) Mr. Charles Brandon has now entered the list.	

01:15:09	BRANDON Your Majesties.	
01:15:15	BRANDON (cont'd) My Lady Buckingham, would you do me the honour of letting me wear your favours today?	
01:15:55		Applause; trumpets
01:15:58	ANNOUNCER Lord Hallam challenges en plaisance [Translated: in pleasure].	
01:15:23	BRANDON Yeah!	
01:15:24	HALLAM Ya!	
01:16:31	ANNOUNCER (cont'd) A hit! Two points Mr. Charles Brandon.	applause
01:16:46	ANNOUNCER (cont'd) His grace the Duke of Buckingham will now joust en plaisance [Translated: in pleasure] with the Earl of Newcastle. BUCKINGHAM	trumpets
01:16:55	Ah!	
01:17:16	ANNOUNCER (cont'd) A hit! Another three points for his grace.	Background conversation out
01:17:18	HALLAM Uh.	
01:17:28	INT. WOLSEY'S CHAMBER– HAMPTON COURT PALACE– NIGHT	

01:17:28	AMBASSADOR Does your Eminence have a plan? A way to avoid war?
01:17:38	WOLSEY This is the outline of a new peace treaty uniting the English with the French.
01:17:44	AMBASSADOR May I?
01:17:45	WOLSEY No. I want you to take it away and read it very carefully. I believe it represents something new in the world of diplomacy. If your King accepts it in principle, he can sign it without any loss of face. Indeed, he can rejoice. My master can rejoice. We can all-rejoice.
01:18:08	AMBASSADOR In which case-what does your Eminence want in return?
01:18:12	WOLSEY Nothing.
01:18:13	AMBASSADOR Nothing?!
01:18:15	WOLSEY Nothing from you.
01:18:20	WOLSEY (cont'd) What I want, your Grace... only you can give me.
01:18:27 EXT. TILTYARD –DAY	
01:18:28	ANNOUNCER Applause, The Duke of Buckingham has crowd noise entered the list.

01:18:32	KNIVERT He's won ten courses already! What is he trying to prove?	
01:18:34	COMPTON I'm going to take him.	
01:18:35	BRANDON No. I will. I'd love to damage Buckingham's pride.	
		Applause; trumpets
01:18:42	ANNOUNCER My Lords, the King has entered the list. His Majesty makes the challenge a la guerre [Translated: act of war].	
01:19:10	COMPTON Here we go again.	
01:19:12	BRANDON Claim or no claim, Buckingham is not the king.	
01:19:15	COMPTON Not all of the court is as loyal as you, Charles.	
01:19:23	CROWD Hey!	
01:19:31	HENRY Ya!	
01:19:32	HENRY My Lady.	applause trumpets
01:20:35	ANNOUNCER His Majesty wins the game.	Applause; drumming
01:20:51	EXT. RIVER THAMES – DAY	
01:21:07	ROWER The King.	

01:21:15	BOAT CAPTAIN And easy....Lift oars.
01:21:29	EXT. MORE'S HOUSE AND LANDING STAGE– CHELSEA– DAY
01:21:29	HENRY Thomas.
01:21:31	MORE Your Majesty.
01:21:33	MORE (cont'd) This is my family.
01:21:35	DAUGHTER Your Majesty.
01:21:36	MORE My wife Alice. Alice, won't you kiss the King?
01:21:41	HENRY Mistress Alice.
01:21:45	ALICE Your Majesty.
01:21:50	HENRY Shall we walk by the river, Thomas? I like walking.
01:21:58	HENRY (cont'd) Why won't you come and live at court?
01:22:00	MORE You know perfectly well why; I don't like it. My legal practice and my life are here. The court is for more ambitious men.

01:22:11	HENRY You didn't say much in Council last month.
01:22:13	MORE About what?
01:22:15	HENRY Going to war with France.
01:22:17	MORE As a humanist I have an abhorrence of war. It's an activity fit only for beasts–yet practiced by no kind of beast so constantly as by man.
01:22:29	HENRY As a humanist I share your opinion. As a King I am forced to disagree.
01:22:33	MORE Spoken like a lawyer.
01:22:35	HENRY You should know. You taught me!
01:22:36	MORE Not well enough, it seems.
01:22:38	HENRY Are you finished?
01:22:39	MORE Yes!
01:22:45	MORE (cont'd) Harry! Harry!
01:22:46	BOAT CAPTAIN (OS) Easy.
01:22:48	MORE Instead of spending ruinous amounts of money on war, I think you should spend it rather on the welfare of your people.

01:22:57	HENRY Thomas, I swear to you I intend to be a just ruler. But tell me this: why is Henry V remembered? Because he endowed universities, built alms houses for the destitute? No. He is remembered because he won the battle of Agincourt. Three thousand English bowmen against sixty thousand French. The flower of French chivalry destroyed in four hours. That victory made him famous, Thomas. It made him immortal!	
01:23:38	INT. COURT– NIGHT	music in
01:23:41	BUCKINGHAM He has no right to any of this. His father seized the crown on the battlefield; he had no real claim to it, only through a bastard on his mother's side.	
01:23:51	NORFOLK Your Grace's family is more ancient.	
01:23:53	BUCKINGHAM I am a direct descendant of Edward II. This is my crown, and this is my court. Not his crown, or his court.	
01:24:02	NORFOLK That's treason, your Grace.	
01:24:04	BUCKINGHAM It's the truth. And one day we shall make it come true.	Music out
01:24:23	MAN Your Grace.	

01:24:24		SERVANT My lord.	
01:24:32	INT. BUCKING HAM'S PRIVATE APARTME NTS–WHIT EHALL PALACE– NIGHT		Gasping (OS)
01:24:48		BUCKINGHAM What is this? Brandon!	
01:24:50		BRANDON This is what it looks like–your Grace.	
01:24:58		BUCKINGHAM You have violated my daughter.	
01:25:01		BRANDON No. No, she begged.	
01:25:03		BUCKINGHAM You've taken her honour.	
01:25:05		BRANDON I swear to your Grace Someone else was there before me.	
01:25:12		BUCKINGHAM You son of a whore.	
01:25:14		BRANDON Yes, that is true, your Grace.	
01:25:18		BUCKINGHAM I should kill you for this.	
01:25:25		BUCKINGHAM (cont'd) Get out.	
01:25:51		ANNA Ah!	

01:25:57	INT. WOLSEY'S CHAMBER– HAMPTON COURT PALACE– DAY
01:26:02	SECRETARY Eminence—Lady Blount is here.
01:26:07	WOLSEY Very well.
01:26:16	ELIZABETH Your Eminence.
01:26:18	WOLSEY What can I do for you, Lady Blount?
01:26:21	ELIZABETH I am–with child, your Eminence.
01:26:28	WOLSEY Yes...
01:26:31	ELIZABETH It is–his Majesty's child.
01:26:36	WOLSEY You are certain?
01:26:38	ELIZABETH Yes.
01:26:41	WOLSEY Have you told the King?
01:26:43	ELIZABETH No.
01:26:45	WOLSEY Good. I will inform his Majesty in due time. In the meantime you will say nothing to anybody–on pain of death. Do you understand?

01:27:03		WOLSEY (cont'd) When you are no longer able to hide your condition, you will be removed to a private place for your lying-in. There you can give birth to your bastard.
01:27:22		ELIZABETH Thank you, your Eminence.
01:27:43	EXT. WHITEHALL PALACE– DAY	
01:28:00		WOMAN Sick child. Pray for us.
01:28:09		MANPlease–
01:28:11	INT. COURT– DAY	
01:28:11		USHERS Oh my lords and masters, make way for his Lord's Grace.
01:28:18		WOMAN Your Eminence. You're my last chance!
01:28:23		PACE Your Eminence.
01:28:24		WOLSEY Mr. Pace, I trust you are keeping a good eye on my interests?
01:28:28		PACE Of course, your Eminence. Like an eagle.
01:28:30		WOLSEY I don't want an eagle, Mr. Pace. They can soar too high. Be a pigeon–shit on everything!

01:28:36	WOMAN (OS) Your Grace. Please listen
01:28:37	PACE Yes, Eminence.
01:28:40	WOLSEY Where is the King?
01:28:41	MAN (OS) Please help.
01:28:42	PACE Out hunting.
01:28:44	WOLSEY Good. It keeps him in good humour. Send word when he returns.
01:28:48	PACE Yes, Eminence.
01:28:50	WOMAN (OS) Your Grace, please–it was written in my father's will...
01:28:56	PACE (cont'd) Who are you? What is it you want?
01:29:00	YOUTH I–I have letters of introduction sir.
01:29:05	PACE But–these are from the Dean of Canterbury Cathedral!
01:29:08	YOUTH Yes, sir.
01:29:09	PACE Why did you not present yourself?
01:29:13	EXT. COUNTRYSIDE–DAY HENRY Ya! Ya! Ya!

01:29:29	INT. CHAPEL ROYAL– PALACE– DAY	Choir singing
01:30:09	CORNISH Thomas Tallis.	
01:30:11	TALLIS Yes, sir.	
01:30:15	CORNISH And you can play, it says, the organ and the flute, and can sing more than moderately well.	
01:30:24	CORNISH (cont'd) Anything else?	
01:30:25	TALLIS Yes, sir. I compose a little.	
01:30:30	CORNISH Indeed. Well, if the Dean commends your talents–we shall have to see, won't we?	
01:30:43	INT. HENRY'S PRIVATE CHAMBERS –OUTER CHAMBER– NIGHT	
01:30:44	HENRY Thomas.	
01:30:49	WOLSEY I trust your Majesty enjoyed hunting today.	
01:30:51	HENRY How are the preparations going?	

01:30:53	WOLSEY Very well. Both your army and fleet are assembling. Stores and provisions are being laid in. You could go to war in a matter of weeks.
01:31:01	HENRY Excellent. I knew I could depend on you.
01:31:04	WOLSEY I am grateful to your Majesty.
01:31:16	HENRY What is it?
01:31:18	WOLSEY Your Majesty, wars are expensive. To pay for them you have to raise taxes. That's not always popular. What if your Majesty could gain more power and prestige by other means?
01:31:33	HENRY Other means?
01:31:35	WOLSEY Peaceful means.
01:31:37	HENRY What! No battles? No glory?
01:31:41	MORE I think your Majesty should hear him out.
01:31:48	WOLSEY In the past few weeks, I have conducted, on your Majesty's behalf, an intense round of diplomatic talks. Not just with the French Ambassador but also with representatives of the Emperor, with envoys from Denmark, Portugal, the Italian States and so...

| 01:32:05 | HENRY |
| | What for? |

| 01:32:07 | WOLSEY |
| | To make a Treaty. |

| 01:32:08 | HENRY |
| | What kind of Treaty? |

| 01:32:10 | WOLSEY |
| | A Treaty of Universal and Perpetual Peace. |

| 01:32:19 | HENRY |
| | Ha! How is it to be effected? |

| 01:32:23 | WOLSEY |
| | In several stages. In the first place there would be a summit meeting between the Kings of France and England. At the summit, your Majesty's daughter would be betrothed formally to the French Dauphin. And at the end of the summit, you would both sign the Treaty. |

| 01:32:37 | MORE |
| | The treaty is entirely new in the history of Europe, committing all its signatories to the principles of collective security and universal peace. |

| 01:32:49 | HENRY |
| | How would it be enforced? |

| 01:32:51 | WOLSEY |
| | Should any of the signatory countries suffer aggression, all the others would immediately demand that the aggressor withdraws. If he refuses, within one month the rest would declare against him... and continue until peace is restored. |

01:33:04	MORE
	The Treaty also envisages the creation of pan-European institutions.
01:33:22	HENRY
	In some ways I like it. I recognize it...
	And so do you, Thomas.
01:33:28	MORE
	Indeed.
01:33:30	HENRY
	It's the application of humanist principles to international affairs.
	Your Eminence is to be congratulated.
01:33:41	WOLSEY
	I do not seek praise. Your Majesty will be known as the architect of a new and modern world. That would be reward enough.
01:33:52	HENRY
	Always, be assured of our love.
01:33:59	HENRY (CONT'D)
	Good night gentlemen.
01:34:02	HENRY (cont'd)
	What is it?
01:34:04	GROOM
	Your Majesty, the Duke of Buckingham insists upon an audience.
01:34:15	HENRY
	Your Grace.
01:34:17	BUCKINGHAM
	Your Majesty ought to be made aware that I have discovered Mr. Charles Brandon in flagrante delicto [Translated: having sex with] with my daughter.

01:34:25	BUCKINGHAM (cont'd) Mr. Brandon has brought shame to my family. I demand that your Majesty banish him from court— with whatever other punishment your Majesty sees fit.
01:34:34	HENRY There will be no punishment. Unless your daughter accuses Mr. Brandon of rape. Does she so claim?
01:34:41	HENRY (cont'd) Does your daughter claim Mr. Brandon raped her?
01:34:43	BUCKINGHAM She doesn't need to. The offence is against me and against my family.
01:34:47	HENRY As far as I know, there has been no offence. So there is no need for any punishment.
01:34:58	BUCKINGHAM Your Majesty.
01:34:59	HENRY Your Grace.
01:35:09	MORE Be careful of Buckingham, Harry. He may be stupid, but he is richer than you are, and he can call upon a private army. Not even your father crossed him.
01:35:30	INT. CORRIDOR– COURT– NIGHT

01:35:30	**WOLSEY** I'm very happy that the King of France has agreed to sign the Treaty and to host the summit.
01:35:35	**BONNIVET** His Majesty is delighted there will be no war. As we all are.
01:35:43	**WOLSEY** What about the other matter we discussed?
01:35:45	**BONNIVET** Which–other matter, your Eminence?
01:35:52	**WOLSEY** I saved your Master's arse. Now I want my reward. And you can arrange it. Do you understand?
01:36:11	INT. BEDCHAMBER –BRANDON'S CHAMBERS– NIGHT
01:36:19	**BRANDON** Poor you. Now–where were we, when we were so rudely interrupted?
01:36:36	**ANNA** Charles, we shouldn't! My father will kill you!
01:36:58	**BRANDON** Then I shall die a happy man.
01:37:09	INT. MORE'S HOUSE–CHELS EA–NIGHT

01:37:09		MORE Now, have you all finished your reading?
01:37:14		CHILDREN Yes, father. Yes father. Yes father.
01:37:20		MORE Very well. May God and his angels bless you and keep you this night–and always. Good night. Good night children.
01:37:44	INT. MORE'S CLOSET–CHELSEA–NIGHT	

Confiteor Deo omnipotenti, beatæ Mariæ semper Virgini, beato Michæli Archangelo, beato Ioanni Baptistæ, sanctis Apostolis Petro et Paulo, omnibus Sanctis, et vobis, fratres (et tibi pater), quia peccavinimis cogitatione, verbo et opere:mea culpa, mea culpa, mea maxima culpa.

[Translated] I confess to Almighty God, to blessed Mary ever Virgin, to blessed Michael the Archangel, to blessed John the Baptist, to the holy Apostles Peter and Paul, to all the Saints and to you, brothers (and to you Father), that I have sinned exceedingly, in thought, word and deed: through my fault, through my fault, through my most grievous fault.

01:38:30	EXT. WHITEHALL PALACE– ESTABLISHI NG–DAY
01:38:32	INT. HENRY'S PRIVATE CHAMBERS– OUTER CHAMBER– DAY

01:38:32	PACE Your letter to King Francis, Your Majesty.
01:38:39	HENRY My dearest royal cousin... No. Make that–My beloved cousin. We send you our love. We love you so much it would be impossible to love you better.
01:38:54	HENRY (cont'd) Make all necessary arrangements so we may meet face to face. Nothing is now closer or more dear to my heart than this Treaty of Universal Peace.
01:39:07	HENRY (cont'd) As a token of my goodwill, my commitment to this Treaty, and my love for your Majesty, I have decided...
01:39:23	HENRY (cont'd) ... I have decided...
01:39:29	PACE Yes your Majesty.

01:39:31	HENRY I have decided I will not shave again until we meet. My beard will be a token of universal friendship, of the love between us.
01:39:45	INT. WOLSEY'S CHAMBER –HAMPTO N COURT PALACE– DAY
01:39:50	BONNIVET Your Eminence.
01:39:51	WOLSEY Your Grace.
01:39:52	BONNIVET I have some news for your Eminence. His Holiness, Pope Alexander, is desperately ill. It cannot be long before he is summoned to God's House.
01:40:15	BONNIVET (cont'd) In view of your Eminence's well-known piety, as well as your great learning and diplomatic skills–I can assure your Eminence of the support of the French Cardinals at the conclave to elect a successor. With the votes of your own Cardinals–and if it is pleasing to God–you will be elected Pope, Bishop of Rome–our new Holy Father.
01:40:46	WOLSEY Thank you, your Grace. You make me feel truly humble.

01:40:55	INT. QUEEN'S PRIVATE BEDCHAMBER –PALACE– NIGHT
01:41:06	KATHERINE Are you ill, Lady Blount?
01:41:09	ELIZABETH No, your Majesty.
01:41:11	KATHERINE Please stay.
01:41:23	KATHERINE (cont'd) Thank you. Good night.
01:41:38	KATHERINE (CONT'D) I have not talked to anyone for a long time. Cardinal Wolsey dismissed my Spanish confessor and most of my Spanish ladies, in case they were spies. And I cannot trust my English confessor.
01:41:53	KATHERINE (cont'd) But I can trust you though, can I not, Lady Blount?
01:42:00	ELIZABETH Yes, Madam.
01:42:04	KATHERINE What is my sadness? It is this: that I cannot give the King a living son. I gave birth to a baby boy once... a sweet boy... but he died in my arms, after just four weeks of life.
01:42:39	KATHERINE (cont'd) The King blames me. I know. He thinks it all my fault! He does not know how much I suffer, how much I pray...

01:42:54	INT. CONFESSION AL–NIGHT
01:42:54	HENRY I have been thinking about my brother. Arthur. He died. It was decided that I should marry Katherine. I think my father didn't want to lose her dowry. Or the prestige of a Spanish marriage. In any case, Katherine swore the marriage was never consummated. That's why a Papal dispensation was granted.
01:43:31	HENRY (cont'd) So I married her. And since then we have had five still-born children, a boy who lived for 26 days, and a single living daughter.
01:44:02	HENRY (cont'd) What if their marriage was consummated?
01:44:06	PRIEST She has sworn before God that it was not.
01:44:10	HENRY What does it say in the Gospels? If a man should marry his brother's wife... Tell me!
01:44:19	PRIEST In Leviticus it says: "If a man marries his brother's wife, they will die childless." But you have a child.
01:44:30	HENRY But not a son! I have no son.

01:44:39	INT. HALLWAY– PALACE– DAY	
		Background conversation in Background conversation out
01:44:44	INT. BUCKINGH AM'S CHAMBERS –OUTER CHAMBER	
01:44:53		HOPKINS Sir Thomas Boleyn, Your Grace.
01:44:56		BUCKINGHAM Sir Thomas. I hope you didn't find my invitation presumptuous. I heard you had been recalled from France.
01:45:02		BOLEYN I'm here for a short while, your Grace.
01:45:07		BUCKINGHAM Come. They tell me you are an excellent Ambassador.
01:45:12		BOLEYN Then, whoever they are, they are very kind.
01:45:17		BUCKINGHAM You come from an old family.
01:45:21		BOLEYN Though not as ancient, nor as grand, as your Grace's.

01:45:25	BUCKINGHAM The King chooses to surround himself with commoners, men of no distinction, new men, without pedigree or titles. How does that help the prestige of his crown?
01:45:32	BOLEYN Your Grace, I–
01:45:33	BUCKINGHAM His father only acquired the crown by force–not by right!
01:45:36	BOLEYN Your Grace, no one wants to return to the evil days of civil war. What is done is done. The King is the King.
01:45:50	BUCKINGHAM The King is the King. Wolsey. A man of the cloth with a mistress and two children! How do you like this fellow?
01:46:09	BOLEYN Not at all.
01:46:16	BUCKINGHAM We shall talk again.
01:46:25	INT. PRIVATE CHAMBERS –OUTER CHAMBER– EVENING
01:46:25	HENRY Tell me about King Francis, Sir Thomas.
01:46:28	BOLEYN He is twenty-three years old.

01:46:30	HENRY Is he tall?
01:46:31	BOLEYN Yes. But ill-proportioned.
01:46:38	HENRY How about his legs? Are his calves strong, like mine?
01:46:42	BOLEYN Majesty, no one has calves like yours.
01:46:52	HENRY Is he handsome?
01:46:54	BOLEYN Some people might think so. He certainly thinks so himself.
01:47:00	HENRY He's vain?
01:47:02	BOLEYN Your Majesty–he's French!
01:47:10	HENRY What about his court?
01:47:12	BOLEYN It has a reputation for loose morals and licentiousness which the King, by his own behaviour, does nothing to dispel.
01:47:20	HENRY You have two daughters, Sir Thomas. How do you protect them?
01:47:25	BOLEYN I keep a watchful eye on them. But I also trust in their goodness and virtue.

01:47:33		HENRY You will return immediately to Paris. I am entrusting you with all the diplomatic negotiations for the summit.
01:47:48		HENRY (cont'd) Check mate.
01:47:50	INT. COURT– DAY	
01:47:51		COURTIER Your Majesty.
01:47:52		COURTIER Your Majesty.
01:47:53		COURTIER Your Majesty.
01:47:54		COURTIER Your Majesty.
01:47:55		COURTIER Your Majesty.
01:47:57		HENRY Mary! Ah.
01:47:59		MARY Papa.
01:48:01		HENRY Mmm. Aren't you beautiful? Aren't you the most beautiful girl in the world? Hmm?
01:48:05		Mary I don't know.
01:48:06		HENRY Yes you are. How do you feel?
01:48:08		MARY Well.
01:48:09		HENRY Well? Papa's busy.

01:48:12	HENRY (cont'd) Be good. Do everything you are told.
01:48:15	KATHERINE May we speak?
01:48:21	HENRY Continue. My Lady.
01:48:28	INT. QUEEN'S PRIVATE CHAMBERS –OUTER CHAMBER– DAY
01:48:33	LADIES IN WAITING Majesty. Majesty.
01:48:43	KATHERINE I do not like it.
01:48:45	HENRY What don't you like?
01:48:46	KATHERINE Your beard.
01:48:50	KATHERINE (cont'd) Nor what it represents.
01:48:52	HENRY Katherine.
01:48:53	KATHERINE You are giving my daughter away to the Dauphin and to France. You did not even consult me. The Valois are the sworn enemies of my family.
01:49:03	HENRY She is mine to do with as I see fit. It is a great marriage.

01:49:10	KATHERINE I see Wolsey's hand behind this. Though I love your Majesty, and am loyal to you in every way, I cannot disguise my distress and unhappiness.
01:49:31	HENRY Well you're going to have to.
01:49:40	EXT. FRANCE– ESTABLISHING– DAY
01:49:43	INT. chamber– AMBASSADOR'S HOUSE– PARIS–DAY
01:49:44	SERVANT Bonjour Monsieur Ambassador. Il y a des messages pour vous. On demande d'une audience avec le Roi. [Translated: Hello Ambassador. Here is a message for you. You are requested to have an audience with the King.]
01:49:46	MAN (OS) Allez, allez-vous! [Translated: Hurry, hurry.]
01:49:50	BOLEYN Tres bien. Merci [Translated: very well; thank you] –Where are my daughters?

01:49:55		BOLEYN (cont'd) I have some exciting news. There is to be a summit between King Francis and King Henry near Calais. I am to arrange it. That means you will both have the opportunity to meet the King of England!
01:50:09		BOLEYN (cont'd) Mary.
01:50:15		BOLEYN (cont'd) ...and Anne Boleyn. To your futures!
01:50:19	INT. HENRY'S PRIVATE CHAMBER S–OUTER CHAMBER –PALACE –DAY	
01:50:20		SERVANT His Eminence Cardinal Wolsey.
01:50:25		HENRY I want your opinion. Do you like this cloth?
01:50:31		WOLSEY I think it suits your Majesty very well. Perhaps, if I might suggest– with these.
01:50:49		HENRY Do you think Francis will have anything as fine as these?
01:50:52		WOLSEY Only if he steals them.

01:50:56	HENRY Come. Let's eat together. We can talk.
01:51:10	WOLSEY Hold.
01:51:26	HENRY Your Grace will apologize. I said, you will apologize.
01:51:36	BUCKINGHAM I apologize if I have offended your Majesty.
01:51:41	HENRY Your Grace may leave us.
01:51:46	HENRY (cont'd) Boy, fetch the Chancellor a new pair of shoes!
01:51:50 INT. BUCKINGHAM'S CHAMBERS– NIGHT	
01:51:51	BUCKINGHAM Hopkins! Hopkins!
01:52:13	NORFOLK Your Grace.
01:52:15	BUCKINGHAM It's time.
01:52:18 INT. HENRY'S PRIVATE CHAMBERS– OUTER CHAMBER– NIGHT	
01:52:19	HENRY Speak to me.

01:52:21		WOLSEY
		Yes. Well, everything is prepared for the summit. It will take place in the Pale of Calais–English territory. In a valley known as the Val d'Or– the valley of gold. A thousand labourers have constructed a palace for your Majesty. It's known as the Palace of Illusions. Some say it is the eighth wonder of the world!
01:52:43	INT. BUCKINGH AM'S CHAMBERS –NIGHT	
01:52:43		BUCKINGHAM
		You are to purchase as much cloth of gold and silver as you can find. It is a better thing to bribe the guards with.
01:52:48		HOPKINS
		Yes, your Grace.
01:52:49		BUCKINGHAM
		Then I want you to proceed to our estates and do as we discussed, just making some noise that we're only raising men to defend ourselves.
01:52:55		HOPKINS
		Yes, your Grace.
01:52:56	INT. HENRY'S PRIVATE CHAMBERS –OUTER CHAMBER– NIGHT	

01:53:00	WOLSEY Lady Blount is with child.
01:53:11	HENRY Lady Blount?
01:53:13	WOLSEY If you want to keep the child, I will arrange for her to be moved to the house at Jericho. I will also deal with her husband.
01:53:23	HENRY Mmm.
01:53:26 INT. BUCKINGH AM'S CHAMBERS– NIGHT	
01:53:26	BUCKINGHAM My father once told me how he had planned to assassinate Richard III.
01:53:33	BUCKINGHAM (cont'd) He would come before him–with a knife secreted about his person.
01:53:40	BUCKINGHAM (cont'd) Your Majesty!
01:54:51	HOPKINS Huh! Huh!
01:54:11 INT. HENRY'S PRIVATE CHAMBERS– OUTER CHAMBER– NIGHT	

01:54:17	HENRY
	I can't wait for this summit! It will change the world forever.
01:54:22	WOLSEY
	That is my dearest hope, and my ultimate belief.·
01:54:27	HENRY
	Nothing will ever be the same, your Eminence. You and I will be immortal.

01:54:36	CLOSING CREDITS

01:55:39	END

 **참고문헌**

강대진. 2004. 『잔혹한 책읽기』. 서울: 작은이야기.

강수언. 1992. 『한국어와 영어의 비교연구』. 서울: 한신문화사

국립국어 연구원. 2007. 『표준국어대사전』. 2628.

교수신문. 2006. 『최고의 고전 번역을 찾아서』. 서울: 생각의 나무.

김귀순 2002. 「외국어교육에 있어서의 번역의 문화 매개 기능」. 『언어 과학』
　　　제9권 2호. 한국 언어 과학회. 131-155.

김상옥. 1996. "영어와 한국어의 수동태에 대한 대조 연구", 박사학위논문, 서울:
　　　건국대학교 영어영문학과

김애림. 2000. "프랑스어 교육에 있어서 번역에 관한 연구", 부산대 교육대학
　　　원 석사논문.

김영실. 2001. 「영어의 경어법 소고」. 『안산1대학논문집』 19, 227-237.

김종록. 1999. 『한국언어문화론』. 대구: 영한문화사.

김형옥 외 2인. 1999. 『영화번역 이야기』. 서울: 신론사

김희숙. 2004. 「경어법과 사회집단의 이해: 사피어-워프 가설의 새로운 적용」.

『언어학』 40, 59-84.

김효중. 1998. 『번역학』. 대우학술총서 서울: 민음사

김효중. 2004. 『새로운 번역을 위한 패러다임』. 서울: 푸른 사상사.

남기심, 고영근. 2008. 『표준국어문법론』(개정판). 서울: 탑 출판사.

두산동아. 2007. 『연세 한국어사전』. 833.

문용. 1999. 『한국어의 발상·영어의 발상』. 서울: 서울대학교출판부.

박시현, 이향 역. 2003. 『전문번역 어떻게 가르칠 것인가?』. 서울: 고려대학교
출판부. (Christine Durieux. 1988. *Fondement didiactique de la traduction technique*. Paris)

박수경. 2003. "번역의 문화 매개적 기능과 외국어교육." 부산외국어대학교 교육대학원 석사 논문.

박영목. 1994. 「영문번역문체의 생성요인과 그 양상」. 박갑수 편. 『국어문체론』. 서울: 대한교과서 주식회사.

박용삼. 2003. 『번역학 역사와 이론』. 서울: 숭실대학교

서계인. 2004. 『실전영어번역의 기술』. 서울: 북라인.

서정수. 1994. 『국어문법』. 서울: 뿌리깊은 나무.

_____. 1996. 『국어문법』. 수정증보판. 서울: 한양대학교 출판원.

성기철. 1991. 「국어경어법의 일반적 특징」. 『새 국어생활』 제1권3호. 2-22

신선영 2000. 「번역에 미치는 문화의 영향」. 서울대학교 석사 논문

신성철, 박의재. 1987. 『영어교수법』. 서울: 한신문화사

_____. 1996. 『영미문화의 이해』. 대전: 문경출판사

신수송, 윤미애, 최윤영, 최성만. 2002. 「문화수용과 문화전이로서의 번역-괴테, 카프카, 토마스만 작품의 한국어번역연구」. 『독일언어문학』, 18 p. 259-299

신지선. 2005. "아동문학 영한번역규범연구: 가독성과 가화성을 중심으로", 세종대학교 대학원 박사논문.

안정효. 1996. 『번역의 테크닉』. 서울: 현암사.

영미문학연구회 번역평가사업단. 2005. 『영미명작, 좋은 번역을 찾아서 1』. 서
　　울: 창비

영미문학연구회 번역평가사업단. 2007. 『영미명작, 좋은 번역을 찾아서 2』. 서
　　울: 창비

유영난. 1991. 『번역이란 무엇인가』. 서울: 태학사

유진형. 1980. 「외국어 교육과 문화배경」. 『이대논총』. 36. 이화여자대학교

이근희. 2008. 『번역의 이론과 실제』. 서울: 한국문화사

이경우. 1999. 「현대 국어 경어법의 사회언어학적 연구 1」. 『인문논총』18,
　　199-210.

＿＿＿. 2004. 「현대 국어 경어법의 사회언어학적 연구 3」. 『국어교육』113,
　　545-587.

이상원. 2006. 「최근의 번역비평서적에서 나타난 번역평가규범 분석」. 『국제회
　　의 통역과 번역』, 8(1), 123-141.

이상원. 2008. 「문학 번역평가 어떻게 할 것인가?」 『번역학 연구』 9(2), p. 161.

이석규 허재영 등 저 2002. 『우리말답게 번역하기』. 서울: 도서출판 역락.

이영옥 2000. 「한국어와 영어간 구조의 차이에 따른 번역의 문제」. 『번역학 연
　　구』 1:2, 47-76. 한국번역학회

이은숙. 2007. 「해석이론과 등가에 관한 연구」. 『번역학 연구』8(1), 245-261.

＿＿＿. 2008. 「문학번역평가의 문제: 충실성과 가독성을 중심으로」. 『통역과
　　번역』 10(2), 83-103.

＿＿＿. 2008. 「문화적 차이에 따른 한·영 언어비교연구: 경어법을 중심으로」.
　　『언어학 연구』 Vol 13, 127-154.

이익섭 외 2인. 1997. 『한국의 언어』. 서울: 신구문화사.

이재호. 2005. 『문화의 오역』. 서울: 동인.

이현석. 2006. "문화와 언어표현의 차이에 기초한 영한번역의 방법론 연
　　구", 박사학위논문. 서울: 세종대학교 영어영문학과.

장정희, 조애리. 2002. 「샬롯 브론테의 제인 에어 번역본 점검」. 『안과 밖』 14,
　　140-165.

전성기. 2002. 『의미번역 문법』. 서울: 고려대 출판부.

_____. 2006. 「번역인문학과 번역비평」. 『텍스트언어학』 21집, 359-387.

_____. 2007. 「인문학 번역과 번역문법」. 『불어불문학 연구』 70, 한국 불어불
문학회.

전성기 역. 2001. 『번역의 오늘』 서울: 고려대학교 출판부(Marianne Lederer.
1994. *La traduction aujourd' hui*. Paris: Hachette-livre).

_____. 2003. 『불어와 영어의 비교문체론』. 서울: 고려대학교출판부. (Vinay,
Jean-Paul과 Jean Darbelnet. 1958. *Stylistique comparé du français et l'anglais*.
Paris: Didier)

전정례. 1999. 『언어와 문화』. 서울: 도서출판 박이정.

전현주. 2006. 「번역텍스트의 용인성: 번역비평가의 관점을 중심으로」. 『번역학
연구』 7(2), 179-205.

정혜용. 2006. 「번역문학 비평을 위하여」. 『학술발표회 자료집』. 고려대 레토릭
연구소, 1-12.

정호정. 2001. 「공손어법의 언어문화특수성과 번역」. 『한국외대 논문집』 5,
169-192.

_____. 2008. 『제대로 된 통역 번역의 이해』 서울: 한국문화사.

최윤희. 1998. 『문화간 커뮤니케이션과 국제협상』. 서울: 커뮤니케이션 북스.

최정화. 2001. 『통역 번역 노하우』. 넥서스

최청자. 1992. "번역에서 발생되는 난역성에 대한 연구: 특히 영역을 중심으로"
단국대학교 석사논문.

최현욱. 1991. 『영어교육을 위한 한미문화의 비교, 영어교육의 실제』. 서울: 한
국문화사.

홍순석. 1988. 『김억 한시역선』. 서울: 한국문화사.

Anzilotti, Gloria I. 1983. Four English/Italian Stories Lake Bluff: Jupiter Press.

Baker, M. 1992. *In other words*. London & New York: Routledge.

Baker, M. 1998. *Routledge encyclopedia of translation studies*, London & New York:
Routledge

Bassnet, S. 1980/1991. *Translation Studies*, London & New York: Routledge.

Bassnett-Mcguire, Susan. 1988. *Translation Studies*. London: Routledge.

Bell, R. 1991. *Translation and Translating: Theory and practice*. London & New York: Longman.

Berman, A. 1995. *Pour une critique des traductions*. John Donne, Editions Gallimard.

Bolinger, D. 1977. *Meaning and Form*, New York/London: Longman.

Bronte, Emily. 1972. *Wuthering Heights*. New York: W · W · Norton & Company.

Brooks, N. 1964. *Language and Language Learning*. New York: Harcourt brace and World, Inc.

Brown, H. D. 2000. *Principles of language Learning and Teaching*. (4th Ed.). Addison Wesley Longman, Inc.

Brown, Roger and Ford, Margurite. 1961. Address in English. Journal of Abnormal and Social Psychology. 62: 454-62.

Brown, Penelope and Steven Levinson. 1978. *Politeness; Some Universals in Language Usage*. Cambridge: Cambridge University Press.

Catford, J. C. 1965. *A linguistic Theory of Translation*. London: Oxford UP.

Catford, J. C. 1974. *A linguistic Theory of Translation*. London: Oxford UP.

Chesterman, Andrew. 1998. *Translation in Context*. Ed. Amsterdam: John Benjamins.

Farghal, M. 1992. Ideational equivalence in translation. In De Beugrande, R., Shunnag, A. and Heliel, M. H., *Language, discourse and translation* pp. 55-62. Amsterdam/philadelphia: John Benjamins.

Granger, S. 1983. *The BE+PAST PARTICLE Construction in Spoken English*. North-Holland: Elsevier Science Pubs. B. V.

Grice, H. 1975. Logic and Conversation. In A. Martinich (Ed). 1993. *The Philosophy of Language*. Oxford: Oxford Univ. Press.

Gutt, Ernst-August. 2000. *Translation and Relevance: Cognition and Context*. Manchester: St. Jerome.

Hardy, Thomas. 1991. *Tess of the D'ubervilles.* New York. W · W Norton.

Hatim, B. 2001. *Teaching and researching translation.* Harlow & New York: Longman.

Hawkins, J. 1985. *The Unity of English-German Contrast.* London: Croom Helm.

Hervey, S. 1998. Speech Acts and Illocutionary function in Translation Methodlogy. In L. Hickey (Ed). *The Pragmatics of Translation.* Clevedon: Multilingual Matters Ltd.

Hickey, L. 2000. Politeness in Translation between English and Spanish. *Target* 12:2. 229-240.

Holmes, James S. 1972. "The Name of Nature of Translation Studies", in Lawrence Venuti (ed.). 2000. *The Translation Studies Reader,* London and New York: Routledge. 175-182.

Hudson, R. A. 1980. *Sociolinguistics.* Cambridge: Cambridge University Press.

Hurtado-Albir, A. 1990. *La Notion de Fidélité en Traduction.* Didier Erudition.

Jakobson, Roman. 1959. On Linguistic Aspects of Translation, in Reuben Brower (ed.). *On Translation.* Cambridge: HUP, 232-239.

Jespersen, O. 1961. *Essential of English Grammar,* London: George Allen & Unwin Ltd.

Katan, D. 1999. *Translating Cultures: An Introduction for Translators, Interpreters and Mediators.* Manchester, UK: St. Jerome.

Kelly, L. 1979. *The true interpreter.* Oxford: Blackwell.

Kim, Kenny. 2006. *Enjoy CNN News English.* 서울: 종합 출판.

Ladmiral, J. R. 2004. La traduction entre en philosophie, *La traduction entre philosophie et littérature,* A. Lavieri(éd.). L'Harmattan Italia, 24-65.

Lawendowski, B. P. 1978. On Semiotic Aspects of Translation, In Thomas A. Sebeok. (ed.). *Sight, Sound and sense.* Bloomington: Indiana University Press. 264-282.

Levý, J. 1967. Translation as a decision process. In *To honor Roman Jakobson: Essays on the occasion of his 70th birthday,* 2 pp.1171-1182. The Hague.

Munday, J. 2001. *Introducing Translation Studies-theories & applications*. London: Routledge.

Neubert, A. & Shreve, G. 1992. *Translation as Text*. Kent: Kent state University.

Newmark, Peter. 1980. *Approaches to Translation*. Oxford, Pergamon.

Newmark, Peter. 1988. *A Textbook of Translation*. N.Y: Prentice Hall

Newmark, Peter. 1991. *About Translation*. Clevedon: Multilingual Matters LTD.

Nida, E. A. 1964. *Toward a Science of Translating*. Leiden: E. J. Brill.

Nida, E. A. & C. R. Taber. 1982. *The Theory and Practice of Translation*. Leiden: E. J. Brill.

Niranjana, T. 1992. *Siting Translation: History, post-structuralism, and the colonial context*, Oxford, England: University of California Press.

Nord, C. 1997. *Translation as a purposeful activity. Functionalist Approachers explained*. Manchester: St. Jerome.

Nord, C. 1991. *Text Analysis in Translation*. Amsterdam: Rodolpi.

Reiss, K. 2000. *Translation criticism: The Potentials and Limitations: Categories and criteria for translation quality assessment*. (Trans. by E. F. Rhodes). Manchester: St. Jerome.

Rivers, W. M. 1981. *Teaching Foreign-Language Skills* (2nd ed.). Chicago: The University of Chicago Press.

Sager, Juan C. 1993. *Language Engineering and translation: Consequences of Automation*, Amsterdam & Philadelphia: Benjamins.

Salinger, J. D. 1983. *The Catcher in the Rye*. Seoul: TamGuDang.

Sapir, E. 1921. *Language*. NewYork : Harcourt Brace.

Sapir, E. 1949. *Culture, Language, and Personality*. Berkely: University of California Press.

Schleiermacher. F. 1813. "Über die verschiedenen Methoden des Übersetzung", in Störig (ed). 1963, 38-70; trans. By Andre Lefevere (1977) as "On the Different Methods of Translating" in *Translating Literature*, 67-89.

Seleskovitch, D., & Lederer, M. 1998. *Approaches to Interpretation.*

Seleskovitch, D. 1967. *Interpreting for international conference: Problems of language and communication.* Paris: Didier-Eruditio.

Shuttleworth & Cowie. 1997. *Dictionary of Translation Studies,* Manchester: St. Jerome.

Snell-Hornby, M. 1988. *Translation as Intercultural Communication.* Prague: John Benjamins Publishing Company.

Snell-Hornby, M. 1995. *Translation Studies. An Integrated Approach.* Amsterdam & Philadelphia: John Benjamins.

Stubbs, Michael. 1983. *Discourse Analysis: The Sociolinguistic Analysis.* Oxford: Basil Blackwell Ting-Toomey, S. 1992. Cross-Cultural Face-Negotiation: An Analytical Overview.

Toury, G. 1995. *Descriptive Translation Studies and beyond.* Amsterdam: John Benjamins Publishing Company.

Valdes, J. 1986. *Culture Bound.* London: Cambridge University.

Venuti, Lawrence. 1995. *The Translator's Invisibility.* London: Routledge.

Venuti, Lawrence. 1998. *The Scandals of Translation: Towards on Ethics of Difference.* London: Rourledge.

Watts, R. et al. (Eds.) 1992. *Politeness in Language: Studies in Its History, Theory, and Practice.* Trends in Linguistics: Studies and Monographs 59. New York: Mouton de Gruyter.

참고사이트

국립국어연구원 http://www.korean.go.kr/08_new/index.jsp.

네이버 무비 http://www.naver.com/movie/

드림웍스 http://www.dreamworks.com

영상물등급위원회 http://www.kmrb.or.kr/

영상 번역가 김덕수 http://www.transca.co.kr/

영상번역자료 http://www.diskstory.com

영화진흥위원회 http://www.kofic.or.kr/

한국영상자료원 http://www.koreafilm.or.kr/

META http://www.erudit.org/

Translation Journal http://www.accurapid.com/journal/

www.fta.go.kr, Chapter Eighteen-Intellectual Property Rights.

사례분석 텍스트

공경희 옮김. 2001. 『호밀밭의 파수꾼』. 샐린저 제롬. 서울: 민음사.

김병익 역. 1977. 『로빈슨 크루소』. 서울: 문학세계사.

김용철. 1989. 『테스』. 토마스 하디. 서울: 을유문화사.

김종길 옮김. 1994. 『폭풍의 언덕』. 브론테, 에밀리. 서울: 계몽사.

김진욱 역. 1986. 『갈매기의 꿈』. 서울: 범우사.

김혜리 역. 2001. 『로빈슨 크루소』. 서울: 청목사.

류경희 역. 2003. 『걸리버 여행기』. 서울: 미래사.

박기만. 1995. 『테스』. 토마스, 하디. 서울: 나나출판사.

박영의 역. 2001. 『로빈슨 크루소』. 서울: 혜원 출판사.

박정미 역. 2001. 『걸리버 여행기』. 서울: 청목사.

박혜령 역. 1993. 『로빈슨 크루소』 서울: 홍신 문화사.

유명숙 옮김. 1998. 『폭풍의 언덕』. 브론테, 에밀리. 서울: 서울대학교출판부.

유종호 역. 2006. 『제인 에어』. 서울: 민음사.

이덕형 옮김. 1998. 『호밀밭의 파수꾼』. 샐린저, 제롬. 서울: 문예출판사.

이호규. 2001. 『테스』 서울: 혜원출판사.

인병선 옮김. 2000. 『폭풍의 언덕』. 브론테, 에밀리. 서울: 청목사

임금선 역 2004. 『제인 에어』. 서울: 혜원출판사.

전혜경 역. 1999. 『갈매기의 꿈』. 서울: 혜원출판사.

Bronte, Emily. 1972. *Wuthering Heights.* New York: W · W · Norton & Company.

Brontë. Charlotte. 1971. *Jane Eyre.* Norton Critical Edition.

Hardy, Thomas. 1891. *TESS OF D'URBERVILLES.* New York: W · W ·
  Norton.

Salinger, J. D. 1983. *The Catcher in the Rye.* Seoul: Tamgu-Dang.

Swift, Jonathan. 1994. *Gulliver's Travels.* Seoul: YBM Si-Sa.

 찾아보기

■ 용어명

부록 1.

영화, 드라마에 자주 나오는 구어체 표현들

1. 당근이지. You bet./Absolutely.

2. 너나 잘해. None of your business.

3. 뒷북치지 마. Thanks for the history lesson.

4. 어제 필름이 끊겼어. I got blacked out yesterday.

5. 그 사람 그거 참 잘~됐다(그거 당연하다). 쌤통이다 He deserves it.

6. 그래 니 팔뚝 굵다. Okay, You are the boss!

7. 죽을 만큼 마셔보자 Let's go all the way!

8. 니가 나한테 어떻게 그럴 수 있니? How could you do that to me?

9. 놀구 있네~~ 삽질하네~~ Yeah. Right~

10. 거기 물 좋다 That place rocks! That place kicks!

11. (문제의 답 등이) 너무 쉽네/야갸갸 구개다야? That's it? / Is that all?

12. 너도 내 입장이 되어봐. Put yourself in my shoes.

13. 음식 잘 먹었습니다. I've never eaten better.

14. 야, 친구 좋다는 게 뭐야? Come on, what are frineds for?

15. 너무 감격해서 눈물이 난다. It was so touching, I almost cried.

16. 미안해 할 것까지는 없어. There's nothing to be sorry about.

17. 이보다도 좋을 순 없다. It couldn't be better than this!

18. 메롱. Neh Neh Neh Boo Boo.

19. 섭섭(실망)하지 않게 해드리겠습니다! You won't be disappointed!

20. 나를 만만하게 보지 마. Don't you think I am that easy.(you에 강세)

21. 니가 하는 일이 다 그렇지 뭐. That's what you always do.

22. 분위기 파악 좀 해라, 인간아. Consider your surroundings, you fool.

23. 두고 보자. Just wait! I'll get(또는 pay) you back.

24. 이번 한 번만 봐준다. I'm gonna let is slide only this time.

25. 쟤는 어디가도 굶어죽진 않겠다. He will never starve anywhere.

26. 너무 많은 걸 알려고 하면 다쳐. You'll get hurt if you try to know too much.

27. 제발 잘난 척 좀 그만해. Stop acting like you're all that.

28. 장난이 좀 심하군. The joke is too harsh.

29. 말장난 그만 합시다. Let's stop playing word games.

30. 내가 만만하게 보여? Do I look like I am easy?

31. 몸이 찌뿌둥하다. I feel heavy.

32. 오해하지 마세요. Don't get me wrong.

33. 기가 막혀 말이 안나오네. It's so outrageous I can't say a word.

34. 니 맘대로 하세요. Suit yourself.

35. 아직 옛날 실력 안 죽었어. I've still got it.(it은 옛날 실력을 의미)

36. 넌 이제 죽었어. You are dead meat!

37. 너 들으라고 한 소리 아냐. Don't take it personally.

38. 까꿍! peekaboo!(삐까부; "삐"자에 강세: 아기들 달래거나 놀라게 할 때)

39. 알랑거리지 마. Don't try to butter me up.

40. 배 째. Sue me!

41. 그게 어딘데? That's better than nothing.

42. 머리뚜껑이 열렸다. My head is about to open.

43. 그녀는 이중 성격을 가졌어. She has a multi-personality (또는 spilt personality)

44. (나에게) 너무 심한 거 아니예요? Don't you think you are too harsh?

45. 그렇게까지 할 필요는 없어. You don't have to do all that

46. 나도 맘이 편하지는 않아. I don't feel well(good) about it, either.

47 그다지 썩 내키지는 않는데. I don't feel like doing it.

48. 생각보다 '별로'인데... It's not as as good as I thought (expected).

49. 몸살에 걸려 온몸이 쑤신다. My whole body aches.

50. 그 사람 똥배가 나왔어. He has a big belly.

51. 저 사람은 인간이 왜 저래? What's wrong with him?

52. 바늘로 꼭꼭 찌르는 것 같다. It feels like a needle poking me.

53. 걔 원래 그런 애야. He's usually like that.

54. 너 삐졌니? Are you mad at me? Are you pissed off?

55. 이 싸가지 없는 녀석아. you have no respect.

56. 그는 밥만 축낸다. You are mot worth feeeding.

57. 그는 성격이 털털하고 시원시원하다. He has an east-going and cool attitude.

58. 있는 척 좀 하지 마. Don't act like you are rich.

59. 저 애는 내가 찍었어. That boy is mine. He is on my list.

60. 내 입장이 정말 난처해. My position is very uncomfortable.

61. 그녀는 마음을 잘 주지 않고 튕겨. She's playing hard to get.

62. 그는 뒤로 호박씨 깐다. He does something ing people's back.

63 야~~. 신난다. Yeah! This is fun!

64. 놔둬 그냥 그러다가 말겠지 뭐. Leave him alone. He'll stop it eventually.

65. 이 숙제 정말 짜증난다. This homework is very tedious.

66. 너무 오버하지 마. Don't go too far.

67. 그냥 그렇다고 해, 뭘 자꾸 따져? Just say it, don't argue.

68. 넌 왜 맨 날 그 모양이니? Why are you always like that?

69. 뭐 이런 놈이 다 있어~! What kind of person is this!

70. 저 사람 변태 아니야? Isn't he a pervert?

71. 애들은 싸우면서 크는 거야. Kids grow up fighting all the time.

72. 어휴 난 이제 죽었다. Man. I'm dead now.

73. 옷이 촌스럽다. Those clothes are out of style.

74. 기본부터 돼 먹지 않았다. It was wrong from the beginning.

75. 누구 맘대로? With whose permission?

76. 아! 사는 게 왜 이럴까? Why is my life like this?

77. 그 여자는 너무 코가 높아.(콧대가 세다/도도하다) She's too snobby.

78. 내 일은 내가 알아서 다 할 거야. I'll take care of my business.

79. 뭐 찔리는 거라도 있는 거야? Are you hiding something?

80. 내 방은 지저분해서 발 디딜 틈이 없어. My room is so messy, there is no place to step.

81. 넌 꼭 그런 말만 골라 하는군. You always choose that type of words.

82. 찍어둔 사람 있습니까? Do you have someone in mind?(anyone: 있는지 없는지 모를 때)

83. 너 시치미 떼지마. Don't you try to lie. (you에 강세)

84. 그는 자신감으로 똘똘 뭉쳤다. He is full of self-confidence.

85. 좋은 사람 있으면 소개시켜 줘. Hook me up if there's a good person.

86. 누가 니 성격을 받아주겠니. Who would put up with your attitude?

87. 결코 고의가 아니었다. I didn't mean to do that./ It's not what I mean.

88. 넌 배신자다. You are a traitor!

89. 다 티 난다. Everything shows./ It's too obvious./ You can't hide it.

90. 과연 얼마나 버틸 수 있을까? How long could it last?

91. 그래서? 내가 어떻게 하길 바라니? So? What do you want me to do?

92. 이젠 돌이킬 수가 없다.(소용없다) You can't turn it back now.

93. 사랑이 식었구나. The love has died.

94. 우리 사이가 애매하다. I don't know what kind of relationship we have.

95. 내 말 안 듣더니, 그래 꼴좋다. You didn't listen to me, now look at you!

96. 그렇게 함부로 말하면 안 돼. You're not supposed to talk like that.

97. 전 간지럼을 잘 타요. I am ticklish.

98. 마음이 붕 떠 있어서 일 손해 안 잡혀. I'm so excited, I can't work.

99. 어휴 넌 아무도 못 말린다니까~~~! Ah, nobody can stop you.

100. 내 모든 걸 걸었어. I put everything into it.

101. 너에겐 내가 있잖아. But you've got me.

102. 원샷! Bottoms up!

103. 왜 너 찔리니? Why? You feel guilty?

104. 그녀에게 뿅 갔어. I got a crush on her!

105. 쪽 팔리는 줄 좀 알아라. Shame on you!

106. 그래도 그만하길 다행이다. It could've been worse than that.

107. 그는 골칫덩어리야. He's a pain in the neck(속어로는 neck 대신 ass).

108. 그걸 꼭 말로 해야 되니? Do I have to make it explicit?

109. 난 타고난 체질이야. I was born for this.

110. 아까워라! what a waste!

111. 너 제정신이냐? Are you out of your mind?

112. 너 뭔가 믿는 구석이 있구나. You've got somebody behind you, huh?

113. 이거 장난이 아닌데! Man, this isn't a joke!

미군 계급장

	육군 (ARMY)	해군 (NAVY)	공군 (AIR FORCE)	해병대 (MARINE ORPS)
대 장	General	Admiral	General	General
중 장	Lieutenant General	Vice Admiral	Lieutenant General	Lieutenant General
소 장	Major General	Rear Admiral Upper Half	Major General	Major General
준 장	Brigadier Generall	Rear Admiral Lower Half	Brigadier General	Brigadier General
대 령	Colonel	Captain	Colonel	Colonel
중 령	Lieutenant Colonel	Commander	Lieutenant Colonel	Lieutenant Colonel
소 령	Major	Lieutenant Commander	Major	Major
대 위	Captain	Lieutenant	Captain	Captain

	육군 (ARMY)	해군 (NAVY)	공군 (AIR FORCE)	해병대 (MARINE ORPS)
중 위	First Lieutenant	Lieutenant Junior Grade	First Lieutenant	First Lieutenant
소 위	Second Lieutenant	Ensign	Second Lieutenant	Second Lieutenant
준 위	Chief Warrant Officer 5	None	None	Chief Warrant Officer 5
	Chief Warrant Officer 4	Chief Warrant Officer 4	None	Chief Warrant Officer 4
	Chief Warrant Officer 3	Chief Warrant Officer 3	None	Chief Warrant Officer 3
	Chief Warrant Officer 2	Chief Warrant Officer 2	None	Chief Warrant Officer 2
	Chief Warrant Officer 1	None	None	Chief Warrant Officer 1
원 사	Command Sergeant Major	Master Chief Petty Officer	Chief Master Sergeant	Master Chief Petty Officer
상 사	Master Sergeant	Senior Chief Petty Officer	Senior Master Sergeant	Master Sergeant
중 사	Platoon Sergeant	Chief Petty Officer	Master Sergeant	Gunnery Sergeant
하 사	Staff Sergeant	Petty Officer First Class	Technical Sergeant	Staff Sergeant
병 장	Sergeant	Petty Officer Second Class	Staff Sergeant	Sergeant
상등병	Corporal	Petty Officer Third Class	Sergeant Airman	Corporal
일등병	Private First Class	Seaman	Airman First Class	Lance Corporal
이등병	Private	Seaman Apprentice	Airman Basic	Private First Class

부록 3.
....
군사용어

┃ A ┃

AA	Air to Air (공대공)
AA	Assembly Area (집결지)
AAA	Anti-Aircraft Artillery (대공포병)
AAGS	Army Air Ground System (육군공지체계)
AAM	Air to Air Missile (공대공 미사일)
ABC	Atomic, Biological, Chemical (화생방)
ABCCC	Airborne Battlefield Command and Control Center (전장 공중지휘 통제본부)
ACC	Air Component Command (공군 구성군 사령부)
ACC	Airspace Control Center (공역통제본부)
ACE	Airspace Control Element (공역 통제반)
ACE	Airspace Coordination Element (공역 협조반)
ACO	Airspace Control Order (공역통제명령)
ACR	Armored Cavalry Regiment (기갑수색연대)
AD	Active Duty (현역)

ADA	Air Defence Artillery (방공포병)
ADAM	Area Denial Artillery Munition (대인용 지뢰탄)
ADC	Aide-De-Camp (전속부관)
ADD	Agency for Defense Development (국방과학연구소)
ADIZ	Air Defence Identification Zone (방공식별구역)
ADOA	Air Defence Operation Zone (방공작전구역)
AFAC	Airborne Forward Air Controller (공중 전방항공통제관)
AFKN	American Forces Korea Network (주한 미군 방송)
AFV	Armored Fighting Vehicle (장갑전투차량)
AGM	Air to Ground Missile (공대지 미사일)
AGOS	Air Ground Operations System/School (공지작전체계/학교)
AH	Attack Helicopter (공격용 헬기)
AI	Air Interdiction (항공차단)
AIDE	부관, 보좌관
AIM	Air Intercept Missile (공중 요격 미사일)
AKAC	Allied Crypto-graphic Operational Code or Cipher (연합작전용 음어)
ALB	Air Land Battle (공지전투)
ALCC	Air Lift Control Center (공수통제본부)
ALO	Air (Army) Liaison Officer (공군 (육군)연락 장교)
AM	Amplitude Modulation (진폭 변조)
AMC	Airborne Mission Commander (공중작전 임무 지휘관)
AMLS	Airspace Liaison Company (공역통제연락반)
AMRAAM	Advanced Medium Range Air to Air Missile (향상된 중거리 공대공 미사일)
ANGLICO	Air Naval Gunfire Liaison Company (항공 함포 연락중대)
AO	Area of Operation (작전지역)
AOA	Amphibious Objective Area (상륙목표지역)
AOB	Air Order of Battle (공군전투서열)
AOC	Airbase Operation Center (항공 작전본부)
AOP	Aerial Observation Post (공중감시소/대공관측소)
AP	Ammunition Point (탄약분배소)
AP	Anti Personnel (대인)

AP	Armor Piercing (철갑탄)
AP	Auto Pilot (자동 조종 장치)
APC	Armed Personnel Vehicle (인원수송차량)
APFSDS	Armor-Piercing Fin-Stabilized Discarding Sabot (날개 안정식 철갑 형성작약)
APPCON	Approach Control (접근관제)
AR	Automatic Rifle (자동화기)
ARS	Automatic Replying System (자동응답체계)
ARTCC	Air Route Traffic Control Center (항로교통 관제본부)
ASEAN	Association of Southeast Asian Nation (동남아 국가연합)
ASG	Area Support Group (지역 지원단)
ASOC	Air Support Operation Center (항공지원 작전본부)
ASP	Ammunition Supply Point (탄약보급소)
ASR	Ammunition Supply Rate (탄약보급률)
ASRAAM	Advanced Short Range Air to Air Missile (신형단거리 공대공 미사일)
ATACMS	Army Tactical Missile System (육군 전술유도탄 체계)
ATBM	Anti Tactical Ballistic Missile (대 전술탄도탄)
ATCC	Air Traffic Control Center (항공교통 관제본부)
ATF	Amphibious Task Force (상륙기동부대)
ATP	Ammunition Transfer Point (탄약 전환보급소)
ATP	Ammunition Transfer Point(탄약전환보급소)
ATT	Army Training Test (육군 훈련 시험)
AUM	Air to Underwater Missile (공대수중 유도탄)
AV	Aviation (항공)
AW	Automatic Weapons (자동화기)
AWACS	Airborne Warning and Control System (공중경보 및 통제체제)

| B |

BAI	Battlefield Air Interdiction (전장항공차단)
BCD	Battle Coordination Detachment (전투협조처)

BCE	Battle Coordination Element (전투협조반)
BCTP	Battle Command Training Program (전투지휘 훈련계획)
BDA	Battle Damage Assessment (전투피해평가)
BDA	Bomb Damage Assesment (폭격피해판정)
BDU	Bomb Dummy Unit (모의탄)
BECS	Battlefield Electric CEOI System (전장 통신전자운영체계)
BEQ	Bachelor Enlisted Quarters (독신하사관숙소)
BHL	Battle Handover Line (전투이양선)
BL	Basic Load (Ammunition) (기본휴대량)
BM	Ballistic Missile (탄도 미사일)
BMD, BMP	Name of Russian Light Armored Vehicle (러시아제 경장갑차량)
BMNT	Beginning of Morning Nautical Twilight (행상박명초)
BOD	Biochemical Oxygen Demand (생화학적 산소요구량)
BOQ	Bachelor Officers' Quarters (독신장교숙소)
BOS	Battlefield Operating System (전장기능체계)
BP	Battle Position (전투진지)
BSC	Battle Simulation Center (전투모의센타)
BTCS	Battalion Tactical Computer System (대대전술 사격지휘체계)

▮ C ▮

C/S	Chief of Staff (참모장)
C4I	Command, Control, Communication, Computer and Intelligence
CA	Civil Affairs (민사)
CA	Coordination Altitude (협조고도)
CAD	Computer Aided Design (컴퓨터를 이용한 설계)
CAL	Caliber (구경)
CALO	Combined Air Lift Office (연합공수 사무소)
CAM	Computer Aided Manufacturing (컴퓨터를 이용한 제조)
CAP	Combat Air Patrol (전투공중초계)

CAS	Close Air Support (근접항공지원)
CASIC	Combined All Sources Intelligence Center (연합정보 종합상황실)
CATF	Combined Amphibious Task Force (연합상륙기동부대)
CB	Common Battery (공전식)
CBR	Chemical, Biological, Radiological (화생방)
CBU	Cluster Bomb Unit (확산탄)
CCC	Command and Control Center (지휘통제본부)
CCIR	Commander's Critical Information Requirement (지휘관 중요첩보요구)
CCP	Communications Check Point (통신확인점)
CCT	Combat Control Team (전투통제반)
CEOI	Communication Electronics Operating Instructions (통신전자운용지시)
CEWI	Combat Electronics Warfare Intelligence (전투전자전정보)
CF	Command Facility (지휘시설)
CFA	Covering Force Area (엄호부대 경계지대)
CFC	ROK/US Combined Forces Command (한미연합사령부)
CFL	Coordinated Fire Line (사격협조선)
CG	Commanding General (사령관)
CH	Cargo Helicopter (수송헬기)
CIA	Central Intelligence Agency (미 중앙정보부)
CID	Criminal Investigation Department (범죄수사단)
CIO	Chief Information Officer
CLF	Combined Landing Force (연합상륙군)
CLGP	Cannon - Launched Guided Projectile (레이저 유도포탄)
CMFC	Combined Marine Forces Command (연합 해병사령부)
COMSEC	Communication Security (통신보안)
COP	Combat Outpost (전투전초)
COP	Command Observation Post (지휘관측소)
CP	Check Point (확인점)
CP	Command Post (지휘소)
CP	Contact Point (접촉점)
CP	Control Point/Post (통제점/소)

CPMX	Command Post Maneuver Exercise (지휘조 기동연습)
CPX	Command Post Exercise (지휘조 연습)
CRAC	Combined Rear Area Coordinator (연합후방지역 조정관)
CRC	Control and Reporting Center (중앙관제소)
CRP	Control and Reporting Post (지방관제소)
CRTOC	Combined Rear Tactical Operations Center (연합후방 전술작전본부)
CS	Combat Support (전투지원)
CSCT	Combat Support Coordination Team (전투지휘협조반)
CSG	Chief of the General Staff (참모총장)
CSG	Corps Support Group (군단지원단)
CSOC	Combat Service Operations Center (전투근무 작전본부)
CSR	Controlled Supply Rate (통제보급률)
CSS	Combat Service Support (전투근무지원)
CSSOC	Combat Service Support Operation Center (전투근무지원 작전본부)
CT	Computer Tomography (컴퓨터 단층촬영)
CTB	Combined Targeting Board (연합표적위원회)
CV	Aircraft Carrier (항공모함)

▮ D ▮

DAG	Division Artillery Group (사포군)
DASC	Direct Air Support Center (직접항공지원본부)
DBA	Deep Battle Area (종심전투지역)
DBSL	Deep Battle Synchronization Line (종심전투통합선)
DCA	Defensive Counter Air (방어제공)
DCG	Depute CG (부사령관)
DD	Destroyer (구축함)
DEFCON	Defense Readiness Condition (방어준비태세)
DMZ	DeMilitarized Zone (비무장 지대)
DN	Drawing Number (도면번호)

DO	Duty Officer (당직장교)
DP	Dual Purpose (이중목적)
DS	Direct Support (직접지원)
DZ	Drop Zone (투하지역)

| E |

EA	Electronic Attack (ECM) (전자공격)
EC	Electronic Combat (전자전)
ECAS	Emergency Close Air Support (비상 근접항공지원)
EEFI	Elemetary Element of Friendly Information (우군첩보 기본요소)
EENT	End of Evening Nautical Twilight (해상박명말)
EFA	The European Fighter Aircraft (차세대 유럽형전투기)
EMERGCON	Emergency Condition (긴급/비상상황)
ENG	Engineer Joint/UNC (연합/유엔사 공병참모)
EOB	Enemy Order of Battle (적 전투서열)
EOD	Explosive Ordnance Disposal (폭발물 처리반)
EP	Electronic Protection(ECCM) (전자보호)
EPW	Enemy Prisoner of War (적 포로)
ES	Electronic Warfare Support(ESM) (전자전 지원)
ESCORT	Enhancement to Sensors, Correlation Reconnaissance and Targeting
ETA	Estimate Time of Arrival (도착예정시간)
EUSA	Eighth United States Army (미 8군)
EW	Electronic Warfare (전자전)

| F |

FA	Field Artillery (야전포병)
FAC	Forward Air Controller (전방 항공통제관)
FARP	Forward Arming and Refuling Post (전방무장 및 연료 재보급소)

FASCAM	Family of Scatterable Mines (살포식 지뢰)	
FAST	Forward Area Support Team (전방지역 지원팀)	
FB	Forward Boundary (전방전투지경선)	
FBI	Federal Bureau of Investigation (미 연방수사국)	
FCC	Flight Coordination Center (비행협조소)	
FD EX	Focus Dragon Exercise (맹룡 연습)	
FDC	Fire Direction Center (화력지휘소)	
FDO	Fire Direction Officer (화력지휘장교)	
FE/FDO	Force Enhancement/Flexible Deterrent Option (전투력 증강/신속억제방안)	
FE	Foal Eagle Exercise (독수리연습)	
FEBA	Forward Edge of Battle Area (전투지역전단)	
FFA	Free Fire Area (화력자유지역)	
FFIO	Field Artillery Intelligence Officer (포병정보장교)	
FFIR	Intelligence Requirement (우군첩보요구)	
FIDO	Fighter Duty Officer (전투비행 당직장교)	
FIST	Fire Support Team (화력지원팀)	
FL	Focus Lens (포커스렌즈 연습)	
FLOT	Forward Line of Own Troop (전선)	
FM	Field Manual (야전교범)	
FM	Frequency Modulation (주파수 변조)	
FMS	Foreign Military Sales (대외 군사판매)	
FO	Forward Observer (관측장교)	
FOP	Forward Orbit Point (전방대기지점)	
FOUO	For Official Use Only (대외비)	
FPF	Final Protective Fire (최후방어사격)	
FRAGO	Fragmentary Order (단편명령)	
FRMS	Formation Resources Management System (편성부대 자원 관리시스템)	
FROG	Free Rocket Over Ground (프로그 미사일-지대지)	
FS cell	Fire Support cell (통합화력지원실)	
FSCC	Fire Support Coordination Center (화력지원 협조소)	
FSCL	Fire Support Coordination Line (화력지원 협조선)	

FSO	Fire Support Officer (화력지원장교)
FTR	Fighter (전투기)
FTX	Field Training Exercise (야외 훈련 연습)

| G |

GBU	Guided Bomb Unit (항공유도 폭탄류)
GCA	Ground Controled Approach (지상관제접근)
GCC	Ground Component Command (지상구성군 사령관)
GEMSS	Ground Emplaced Mine Scattering System (지상살포식 지뢰)
GFAC	Groud Forward Air Controller (지상 전방항공통제관)
GIS	Geographic Infomation System (지형정보체계)
GLO	Ground Liaison Officer (지상군 연락장교)
GM	Guided Missile (유도탄)
GNP	Gross National Product (국민총생산)
GOB	Ground Order of Battle (지상군 전투서열)
GOP	General Outpost (일반전초)
GP	General Purpose (일반목적용)
GP	Guard Post (감시초소)
GPS	Global Position System (인공위성 항법장치)
GS	General Support (일반지원)
GSR	General Support and Reinforcing (일반지원 및 화력증원)
GV	Grid Variation (도북편각, 자편각, GM각)

| H |

H	Howitzer (곡사포)
HAHO	High Altitude High Open (고공 낙하산 개방)
HALO	High Altitude Low Open (고공강하)
HARM	High Speed Anti-Radiation Missile (고속 방사선 추적 유도탄)

HAWK	Homing All the Way Killer	
HE	High Explosive (고폭탄)	
HEAP	Hige Explosive Armorpiercing (대전차 철갑탄)	
HEAT	Hige Explosive Anti Tank (대전차 고폭탄)	
HEDP	High Explosive Dual Purpose (이중목적 고폭탄)	
HEI	High Explosive Incendiary (고폭 소이탄)	
HEI-T	High Explosive Incendiary-Tracer (고폭 소이예광탄)	
HF	High Frequency (고주파)	
HPT	High Payoff Target (핵심표적)	
HQ	Headquarters (본부사령부)	
HRP	Highway Regulation Point (육로조정소)	
HSLLADS	High Speed Low Level Air Delivery System (고속저공 공중투발체계)	
HUD	Head Up Display (계기판)	
HVDP	Heavy Drop (중장비투하, 대량투하)	
HVT	High Value Target (고가치 표적)	

❙ ❙

IAEA	International Atomic Energy Agency (국제원자력 기구)
ICAS	Immediate Close Air Support (긴급근접 항공지원)
ICBM	InterContinental Ballistic Missile (대륙간 탄도미사일)
ICM	Improved Capabilities Missile (개량미사일)
ICM	Improved Conventional Munition (개량탄)
ID	Infantry Division (보병사단)
IEW	Intelligence and Electronics Warfare (정보 및 전자전)
IFF	Identification Friend or Foe (적·아식별)
IGS	Inertial Guidence System (관성유도장치)
IIR	Imaging Infra-Red (적외선 영상)
ILL	Illuminating (조명탄)
IMF	International Monetary Fund (국제통화기금)
INS	Inertial Navigation System (관성항법장치)

INT	INTerdiction (항공후방차단)
IO	Input and Output (입출력)
IOC	International Olympic Committee (국제올림픽위원회)
IOE	Irregular Outer Edge (불규칙 지뢰지대)
IP	Initial Point (최초진입지점)
IP	Internet Protocol (인테넷 접속장치)
IPB	Intelligence Preparation of the Battle Field (전장정보분석)
IPIR	Initial Photographic Interpretation Report (최초사진판독)
IR	Infrared (적외선)
IRBM	Intermediate Range Ballistic Missile (중거리 탄도유도탄)
IROAN	Inspect Repair Only As Necessary (아이론 정비)
ISO	International Standard Organization (국제표준화기구)
ITO	Integrated Tasking Order (통합임무명령서)

| J |

JAAT	Joint Air Attack Team (합동공중공격반)
JAM	Jamming (전파방해)
JCS	Joint Chiefs of Staff (합동참모본부)
JRAC	Joint Rear Area Coordinator (합동후방지역조정관)
JSA	Joint Security Area (공동경비구역)
JSEAD	Joint Suppression of Enemy Air Defence (합동적방공제압)
JSTARS	Joint Surveillance and Target Attack Radar System (합동감시 표적공격 레이다 체제)
JTF	Joint Task Force (합동기동부대)
JUSMAG-K	Joint United States Military Affairs Group to Korea (주한미합동군사업무단)

| K |

KACC	Korean Airspace Control Center (한국 공역통제본부)

KADIZ	Korea Air Defence Identification Zone (한국방공식별구역)
KAIST	Korea Advanced Institute for Science and Technology (한국과학기술원)
KALCC	Korea Air Lift Control Center (한국 공수통제본부)
KAME	Korean Air Mobility Element (한국 공중기동반)
KAMO	Korea Airlift Management Office (한국 공수관리소)
KATUSA	Korean Augmentation To United States Army (미육군 배속 한국군)
KCOIC	Korean Combat Operations Intelligence Center (한국 전투작전정보본부)
KCRCC	Korean Combined Rescue Coordination Center (한국 연합구조협조본부)
KEDO	Korean Energy Development Organization (한반도 에너지개발기구)
KFP	Korea Fighter Program (한국군 차세대 전투기사업)
KIST	Korea Institute of Science and Technology (한국과학기술원)
KMAC	Korea Army Mapping Center (한국육군지도창)
KNR	Korea National Railroad (한국철도청)
KS	Korea (Industrial) Standards (한국표준)

∥ L ∥

LA	Live Ammunition (실탄)
LAN	Local Area Network (근거리통신망)
LANTIFN	Low Altitude Navigation Targeting Infrared for Night
LAPES	Low Altitude Parachute Extraction System (저공낙하산 추출장치)
LATN	Low Altitude Tactical Navigation (저고도 전술비행)
LAU	Launcher Unit (발사대)
LAW	Light Antitank Weapon (경 대전차화기)
LB	Local Battery (자석식)
LC	Line of Contact (접촉선)
LCM	Landing Craft Medium (상륙정)
LCU	Landing Craft Utility (보급상륙정)
LD	Line of Departure (출발선/공격개시선)
LF	Landing Force (상륙부대)

LGB	Laser Guided Bomb (레이저 유도폭탄)
LGM	Laser Guided Missile (레이저 유도미사일)
LMG	Light Machine Gun (경기관총)
LNG	Liquefied Natural Gas (액화천연 가스)
LO	Liaison Officer (연락장교)
LOC	Lines of Communication(Logistic routes) (병참선)
LP	Listening Point (청음초)
LP	Loading Point (적재지점)
LPG	Liquefied Petroleum Gas (액화석유가스)
LPG	Liquefied Propane Gas (액화프로판가스)
LRBM	Long Range Ballistic Missile (장거리 탄도 미사일)
LST	Landing Ship Tanks (전차상륙함)
LZ	Landing Zone (착륙지역)

▎ M ▎

M-day	Mobilization-day (동원개시일)
M/F	Maintenance Float (정비대충)
MARV	Maneuverable Reently Vehicle (핵탄두 유도탄)
MASP	Mobil Ammunition Supply Point (가동 탄약보급소)
MBA	Main Battle Area (주전투지역)
MBT	Main Battle Tank (전투용 주전차)
MC	Medical Command (의무사령부)
MCA	Movement Control Agency (이동관리대)
MCM	Military Committee Meeting (군사위원회 회의)
MCRC	Master Control and Reporting Center (중앙방공통제소)
MDL	Military Demarcation Line (군사분계선)
METT+TC	Mission, Enemy, Terrain, Troops and Time available, Civil affairs
MI	Military Intelligence (군사정보)
MICR	Magnetic Ink Character Reader (자기잉크 문자판독기)

MLRS	Mutiple Launch Rocket System (다련장 로겟 체계)	
MOPP	Mission Oriented Protection Posture (임무형 보호태세)	
MOS	Military Occupational Specialty (군사주특기)	
MOT	Mortar (박격포)	
MP	Military Police (헌병)	
MRBM	Mid Range Ballistic Missile (중거리 탄도미사일)	
MRE	Meals Ready to Eat (전투식량)	
MRL	Multiple Rocket Launcher (다련장 로켓 발사대)	
MRR	Minimum Risk Route (최소위험경로)	
MSD	Minimum Safe Distance (최소안전거리)	
MSK	Mun Shu Ko Bunker	
M&A	Merger and Acquisition (기업합병)	

▌N▐

NAD	Not on Active Duty (예비역)
NAI	Named Area of Interest (중요감시지역)
NASA	National Aeronautics and Space Administration (미 항공우주국)
NATO	North Atlantic Treaty Organization (북대서양 조약기구)
NBC	Nuclear, Biological, Chemical (화생방)
NCC	Naval Component Command (해군구성군 사령부)
NCO	Noncommissioned Officer (하사관)
NFA	No Fire Area (화력금지구역)
NFL	No Fly Line (비행금지선)
NOD	Night Observation Device (야관관측장비)
NOS	Network Operating System (통신망 운영체계)
NP	Nepalm Incendiary (네이팜소이탄)
NPT	Nuclear Non-Proliferation Treaty (핵 확산금지 조약)
NVG	Night Vision Goggle (야시장비)
NVS	Night Vision Sight (야간관측기)

| O |

OA	Office Automation (사무자동화)
OAC	Officer's Advanced Course (고등군사반)
OB	Order of Battle (전투서열)
OBC	Officers' Basic Course (초등군사반)
OCA	Offensive Counter Air (공세제공)
OCR	Optical Character Reader (광학 문자판독기)
OECD	Organization for Economic Cooperation and Development (경제협력 및 개발기구)
OMG	Operational Maneuver Group (작전기동단)
OMR	Optical Mark Reader (광학 표시판독기)
OP	Observation Post (관측소)
OP	Orbit Point (선회대기지점)
OPCON	Operational Controls (작전통제)
OPLAN	Operation Plan (작전계획)
OPMS	Officer Personnel Management System (장교 인사관리체계)
OPORD	Operation Order (작전명령)
OPSEC	Operation Security (작전보안)
OT	Observer Target (관목선)
OVM	On Vehicle Material (차량부수기재)

| P |

PC	Personnel Command (인사사령부)
PGM	Precision Guided Munition (정밀유도폭탄)
PIR	Priority Intelligence Requirements (우선정보요구)
PKO	Peace Keeping Operations (유엔 평화유지활동)
PL	Phase Line (통제선)
PLADS	Parachute Low Altitude Delivery System (저고도 낙하산 투발체계)
PLL	Prescribed Load List (규정휴대량 목록)

PM	Pulse Modulation (펄스변조)
PR	Public Relation (공공관계/홍보)
PRC	Portable Radio Communication (휴대용 무선 통화장비)
Pre-ITO	Prepositioned Integrated Tasking Order (기계획 통합임무명령서)
PRI	Preliminary Rifle Instruction (사격술예비훈련)
PT	Physical Training (체력단련)
PZ	Pickup Zone (인수지대, 이륙지대)

▎R▎

RAAM	Remote Anti Armor Mine (원격조정 대전차지뢰)
RADAR	Radio Detection And Ranging (레이다)
RAOC	Rear Area Operations Center (후방지역작전본부)
RAP	Rocket Assisted Projectile (로켓보조탄두)
RAPCON	Radar Approach Control (레이다 접근관제)
RCT	Regimental Combat Team (연대전투단)
RDO	Reconnaissance Duty Officer (정찰담당장교)
RECCE	Reconnaissance (정찰)
RF	Reinforcing (화력증원)
RFA	Restrictive Fire Area (화력제한지역)
RFL	Restrictive Fire Line (사격제한선)
RISTA	Reconnaissance, Intelligence, Surveillance and Target Acquisition
RJ	Road Junction (교차점)
ROA/ROZ	Restricted Operations Area/Zone (작전제한구역/지대)
ROE	Rules Of Engagement (교전규칙)
ROP	Rear Orbit Point (후방 선회대기지점)
ROTC	Reserve Officer's Training Corps (학군단)
RP	Release Point (분진점)
RP	Rendezvous Point (집결지점)
RPV	Remotely Piloted Vehicle (원격조정 무인정찰기)

RSOI	Reception, Staging, Onward movement and Intergration (수용, 대기, 전방 이동 및 통합)
RSR	Required Supply Rate (소요보급률)
RTB	Return To Base (기지귀환)

∥ S ∥

SACC	Supporting Arms Coordination Center (지원화기 협조본부)
SAH	Semi-Active Homing (반능동 유도장치)
SALT	Strategic Arms Limitation Talk (전략무기제한 협정)
SAM	Surface to Air Missile (지대공미사일)
SCM	Security Cooperative Meeting (한미 안보협조회의)
SCUD	Medium/Long Range Ballistic Missile(NK)
SDI	Strategic Defence Initiative (전략방위구상)
SEAD	Suppression of Enemy Air Defence (적방공제압)
SF	Special Forces(Ranger/Commando) (특수부대)
SITREP	Situation Report (상황보고)
SLBM	Sea Launched Ballistic Missile (함상발사 탄도유도탄)
SLBM	Submarine Launched Ballistic Missile (잠수함발사 탄도유도탄)
SLCM	Sea Launched Cruise Missile (함상발사 순항유도탄)
SLOC	Sea Lines Of Communications (해상병참선)
SN	Serial Number (일련번호)
SOCKOR	Special Operations Command Korea (주한미 특전사령부)
SODO	Senior Operations Duty Officer (선임작전 당직장교)
SOI	Signal Operation Instructions (통신규정)
SOP	Standing Operation Procedure (부대예규)
SP	Start Point (출발점)
SQ	Squadron (비행대대)
SRAGM	Short Range Ait to Ground Missile (단거리 공대지 유도탄)
SRAM	Short Range Attack Missile (단거리 공격용 유도탄)

SRBM	Short Range Ballistic Missile (단거리 탄도유도탄)
SRH	Semiactive Radar Homing (반능동 레이다 추적)
SSBM	Strategic Submarine Ballistic Missile (전략잠수함 탄도미사일)
SSM	Surface to Surface Missile (지대지 미사일)
STAFF	Smart Top Attack Fire and Forget (비유도 스마트탄)
STOL	Short Take Off and Landing (단거리 이착륙)

ㅣT ㅣ

TA	Table of Allowance (할당표)
TA	Table of Authorization (인가표)
TAACOM	Theater Army Area Command (전구 육군 지역사령부)
TACAN	TACtical Air Navigation (전술항법 보조장치)
TACC	Theater Air Control Center (전구 항공통제본부)
TACP	Tactical Air Control Party (전술항공통제반)
TACS	Theater Air Control System (전구 항공통제체제)
TAI	Target Area of Interest (관심표적지역)
TAL	Tactical Action Line (전술조치선)
TAL	Theater Air Lift (전구공수)
TALO	Tactical Air Lift Liaison Officer (전술공수 연락장교)
TAR	Tactical Air Reconnaissance (전술항공정찰)
TASE	Tactical Air Support Element (전술항공지원반)
TCP	Traffic Control Point (교통통제소)
TD	Table of Distribution (분배표)
TE	Table of Equipment (장비인가표)
TF	Task Force (특수임무부대)
TG	Tear Gas (최루탄)
TGT	Target (표적)
TM	Technical Manual (기술교범)
TMD	Theater Missile Defense (전구 미사일방어)

TMO	Traffic Management Office(r) (교통관리소)
TNT	Trinitrotoluence (트리니트로톨루엔, 강력 폭약)
TO	Table of Organization (편성표)
TOD	Thermal Observation Device (열상관측장비)
TOD	Time Of Departure (출발시간)
TOT	Time On Taget(Artillery Support) or Time Over Taget(Air Support)
TOW	Tube-launched, Optically tracked, Wire guided Missile
TP	Target Practice (표적연습용)
TPFDO	Time-Phased Force Deployment Data (시차별 부대전개제원/증원전력)
TS	Team Spirit (팀스피리트 훈련)

▌U▐

UAV	Unmanned Aerial Vehicle (무인항공기)
UFL	Ulchi-Focus Lense (을지포커스렌즈 연습)
UH	Utility Helicopter (다목적용 헬기)
UHF	Ultra High Frequence (극 초단파)
UNC	United Nations Command (유엔군 사령부)
UNICEF	United Nations Children's Fund (유엔 아동기금)
UNO	United Nations Organization (국제연합기구)
USAFK	United States Air Forces, Korea (주한 미공군)
USFK	United States Forces, Korea (주한 미군)
USMFK	US Marine Forces, Korea (주한 미해병대)
USNFK	US Naval Forces, Korea (주한 미해군)
UTM	Universal Transverse Mercator (만국횡단 마케이터)

▌V▐

VCR	Video Cassette Recorder (비디오 녹화기)
VHF	Very High Frequence (초단파)

VIP   Very Important Person (귀빈)
VSTOL   Vertical and Short Take Off Landing (수직 및 단거리 이착륙)
VT   Variable Time fuse (가변시한신관)
VTOL   Vertical Take Off and Landing (수직이착륙)
VUL   Vulcan (발칸포)

▮ W ▮

WEI   Weapon Effectiveness Index (무기효과지수)
WG   Wing (비행단)
WGS   Worldwide Geological System (범세계 지도체계)
WHNS   Wartime Host Nation Support (전시지원)
WHO   World Health Organization (세계보건기구)
WOC   Wing Operations Center (비행단 작전본부)
WP   White Phosphorous (백린탄)
WRSA   War Reserved Stock For Allies (동맹군을 위한 전시 예비 비축물자)
WS   Weapons System (무기체계)
WTO   Warsaw Treaty Organization (바르샤바 조약기구)

▮ X ▮

X   Experimental (실험용)
XINT   Air Alert Interdition (공중대기 후방차단)
XO   Executive Officer (보좌관, 부지휘관)